DISABLED PEOPLE'S NARRATIVES ON PRENATAL TESTING: THE LIVED EXPERIENCE OF DISABLED INDIVIDUALS

DISABLED PEOPLE'S NARRATIVES ON PRENATAL TESTING: THE LIVED EXPERIENCE OF DISABLED INDIVIDUALS

生きられた障害

障害のある人が、妊娠、出生前検査、
親や子どもについて、語ったこと

二階堂祐子
Nikaido Yuko

洛北出版
Rakuhoku Shuppan

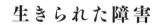

NIPT等の出生前検査に関する専門委員会 第七回
発生するのではなく生活において発生する
染色体疾患
正常な児
遺伝子変異

凡例

Explanatory note

- 本書では、インタビューに協力してくれた十一名のことを「協力者」と略記している。
- 「協力者」の方々の名前はすべて仮名である。その語りと本文中の表現は、プライバシーを保護するために、固有名などの変更や修正を行なった箇所がある。
- インタビューおよび註の中の［ ］内は、著者・二階堂による補足や註記である。また、引用文中の［…］は、中略・前略・後略を示し、／記号は改行位置を示す。インタビュー中の（ ）内は、二階堂による発言である。
- ▼99といった数字は、著者による註の位置を示す。
- ［→99頁］という表記は、「本書の99ページ以下を参照」を意味している。そのページ以下に、関連する記述や用語説明があることを示している。煩雑だとお感じの場合は無視して読み進めていただきたい。本書の巻末の「索引」からも該当ページを知ることができる。
- 本文のなかの〈 〉記号は、語のまとまりを示すために使用している。たとえば〈名としての障害〉〈性と生殖にかんする健康と権利〉などである。また〈私〉という表記は、二階堂が使う一人称「私」と区別するために使用している。

●引用文中に出現する場合を除いて、本書では「障害者」という表記を用いている。「障害者」の置かれた歴史的文脈（軌跡）は補章と第8章において考察した。

●日本語以外の文献のうち、日本語訳がある場合はその訳文を参照した。訳書は知りえた限りの書誌情報を記した。参照させていただいた訳者の方々のお仕事に感謝を申しあげる。

●インタビューした日時は以下である。

エ　リ　二〇一一年八月二三日、二〇一四年二月一五日
メグミ　二〇一一年八月二四日、二〇一四年二月一〇日
アサコ　二〇一一年八月二五日
ヒサコ　二〇一一年八月二五日
ケイコ　二〇一一年八月二七日
リ　カ　二〇一一年九月一七日
ヒロト　二〇一一年九月二四日
トモコ　二〇一一年一二月二五日
サ　エ　二〇一一年一一月一六日、二〇一二年七月一一日
タクヤ　二〇一二年七月一九日
トオル　二〇一二年一二月一六日

、、倍
の目的がある

遺伝病の
選別（25%をみつける
。選別による中絶
堕胎
あり

真の目的を意図する
染色体疾患の罹患率
胎児に染色体疾患
染色体疾患に罹患している確率
染色体疾患

胎児が…
疾患ある？、罹患している？
染色体疾患

（NI
由

"疾患は身体のなかで発生するのではなく生

理論的な洞察が既存の限界を超え、新しい
"理論が実在についての真なる知識を与え

→ 生まれるのであり、生まれてくる運命？がひろい
誰によって？出生前診断によって
医師の直接関与する

両親の意志
（75%を
を堕胎から救う　救み）
正常な胎児
胎児にとっての
＝運命
に
く作用する」
から救う

周産期医療遺伝学習マニュアル

救う　危険にさらされている
状態から救い、胎児の診断？
助け出すこと　胎児が疾患を有する？
妊娠中に胎児の疾患や正確な病態
児に何らかの異常があったとき？
児の疾患が判明し、妊娠継続の可
検査で児の疾患が判明した場
健常児を中絶してしまう可能性
検査で発見可能な染色体疾患
検査では発見できない染色体疾患
単一遺伝子疾患
障害を有する胎児　心配
罹患児または障害のある児であれば
胎児異常　「染色体異常」
胎児の先天性疾患
胎児異常　「染色体異常は
胎児異常　「遺伝子変異」
疾患児（P127）

染色体
胎児
染色
染色

~~出生前診断が救うのは~~
「正常な胎児」。
何から救うのか？「両親の意

要染色体常染色体遺伝の
疾患児出産の既往のある妊婦

出生前診断によって
医師のすすめに

医師が介在する
救う力は、
「正常でない胎児」には
~~助けられない。~~
堕胎しようとする
「両親の意志から」
救うことはしない

険にさらされている
状態から救い出す
助け出すこと
胎児の権利を認めて

トリソミーに罹患している可能性
半分以上
おなかで　過半
→ までに乗っていない
→ どのくらいのものるのか
データはあるのか

不必要 ↔ 必要
「必要」 「堕胎
つまり、 選択的染色体疾患に罹患した児
いらない＝治らない

← 罹患児 正常な胎児の
苦しんでいる、 希望の堕胎
異常のある胎児を心配する　染色体以外の染色
堕胎させる堕胎
生まれるのであり、生まれてくる運命
誰によって？ 出生前
誰によって、両親の意志

色体疾患の罹患率
胎児に染色体疾患
染色体疾患に罹患している確率
染色体疾患　正常な児
異常所見
染色体正常
態？

真の目的 → 胎児を堕胎から救う（75%を救み）
どんな胎児？正常な胎児
胎児にとっての
＝運命
に　「両親の力は
を左右す　胎児の意志に
かかわりなく作用する」

救う　危険
状態
助け

胎児を
堕胎させる運命から救う
出生前診断

~~出生前診断が救~~
「正常な胎児
何から救うのか？

の可否を判断とする場合
場合
命つまり、生まれてくる
誰によって？出生前診断によって
医師のすすめに

誰が妊娠する？　要染色体常染色体遺伝の
の中で存在を考える　疾患児出産の既往のある妊婦
生まれてくる

序章

この本の内容と方法

親と子やきょうだいの関係は、生まれてくる前に定まっていると受けとめられている。妊婦だけでなく、そのパートナーや近《ちか》しい人たちにとっても、さまざまなケースはあるにしても、きっと同じような認識が多いだろう。たとえば「第二子として出生」すれば、親と子の関係やきょうだいの出生順はその後の生涯にわたって変わらず、ほとんどの場合、その子は二人めの子という属性《ぞくせい》を受けとめていくことになる。

では、「障害児として出生する」場合はどうであろうか。出生前から出生後の生涯にわたって、ずっと同じ属性を引き受けることが定まっていると言えるのだろうか。

たとえば、ある人に何らかの障害名が属性として診断された場合、それが「出生前に検知できた障害」かどうかは、それほど明白なことではない。私たちが「障害」と見なしうるものすべてを出生前に検知することはとても難しく、これからもそうであろう。

では、何をもって検査の対象が定められているのだろうか？　医療技術の実用、法制度の適用、医療者が決める倫理規定などによって、検査対象は定められていく。

たとえば将来、あなたという人物とは切り離しがたい属性または個性が、検査や診断の対象になるかもしれない。ただし、あなたがすでに生まれている以上、その属性が検査対象とされることや、属性の有無を理由として誰かが子宮に戻す受精卵を決めたり、産むか産まないかを決めたりすることは、あなたの今の生存には直接に影響しない。生まれる前に排除されていたら、今のあなたはここにいないわけなので、排除されなかったあなたが、あたかも排除された者であるかのような立場から、自分を産まないことに反対する言動には無理がある。不在や非在のままで何らかの表明をする身振りには、論理的な不可能や時系列の転倒がつきまとう。

しかし、「障害」の属性を自認する人たちは、このような不可能や転倒にもかかわらず、生まれてくることを出生前に中止する医療技術に対して、「大きな侮辱《ぶじょく》」を感じると主張してきた[Saxton, 2010: p.121]。そして政府や医療の専門家集団が、出生前検査や着床《ちゃくしょう》前診断の実施に前のめりになるたびに、反対や違和《いわ》を表わしてきた。▼1 また、医療者をはじめとした「社会の側」は、その声を受けとめなければならないと考えながらも、ずっと技術の実用化の道を探ってきた。▼2

ここであらためて考えてみたい。はたして「社会の側」は、その声に耳を澄《す》ませてきただろうか。「障害」のある人たちは、出生前検査や着床前診断の実施への反対や違和を表わすことで、いったい何を訴えていたのだろうか。この本では、この問いに取り組む。

研究の背景

出生前検査[3]は、イギリスやフランスなどのいくつかの医療先進国で、胎児スクリーニング〔胎児の選別〕として、健康保険などの公的保険を適用する政策がとられている[4]。アメリカでは、公的保険が限定的であるために、民間保険の適用になっていることが多い。日本においては、出生前検査にかんするスクリーニング政策はとられておらず、健康保険の

1―― たとえば、「命が脅かされている」〔神経筋疾患ネットワーク、二〇一三〕、「生きる権利と命の尊重の否定につながる」〔DPI女性障害者ネットワーク、二〇一三〕、あるいは「不快」〔Shakespeare, 2014: p.127〕などの表現がある。

2―― 慶応義塾大学の医師の吉村泰典は、「私は日産婦の倫理委員長や理事長として、この技術〔着床前診断〕と長く向き合い、様々な障害者団体の方と慎重に議論を繰り返してきた。「命の選別や障害者の存在否定につながる」との批判があるからだ」、また、「〔申請ごとに審議し承認する手続きについて〕時代遅れと言う人もいるが、とんでもない。障害のある方との合意を得る体制《ママ》を作ることが重要だ」と述べている〔「読売新聞」、二〇一四年一月一〇日〕。

適用もない。二〇一六年を例にとると、市町村に妊娠届を出した人のうち、母体血清《ぼたいけっせい》マーカー検査を受けた人は三・五六%、羊水《ようすい》検査は一・八四%、NIPTは一・三五%である。[5] しかしこれらの受検《じゅけん》者数は、医療者による独自推計である。日本政府は一九九七年以来、検査受検数の実態調査をしていないのが現状である[6]［三宅、二〇一四：二一五頁］。

着床前診断[7]は、二〇〇四年にデュシェンヌ型筋《きん》ジストロフィーの事例でPGT-M（疾患を発症しない胚《はい》の移植を目的として、特定の遺伝性疾患を発症する胚かどうかを診断する検査）の一例めが実施され、二〇一五年度までに日本国内で承認されたPGT-Mは一二五例、非承認は六例となっており、同年の一年間だと、二六例が約二〇の疾患について実施されている［榊原、二〇一七：一九一七-八頁］。一方で、欧州ヒト生殖医学会の同年の集計では、一年間に二六六一例が実施され、対象疾患の種類も数百以上となっている。イギリスでは「過去に健康な子どもが生まれていない」などの条件つきで、公的な医療費を受けられる場合もある［田村、二〇二一：七五-六頁］。このように、他の医療先進国と比べると、日本の出生前検査や着床前診断をめぐる状況は、さまざまな点において独特であると言えよう。

その理由はいくつか指摘されてきた。たとえば、医療人類学を専門とする柘植《つげ》あづみは、人工妊娠中絶をめぐる三つのアクター――国家の人口政策、女性による運動、障害者による運動――が、出生前検査をめぐる日本の状況に深くかかわってきたことを指摘している［Tsuge, 2015］。これらのアクター（「国」「女性」「障害者」）が、出生前検査をめぐる議論においても強く作

3―― 主な出生前検査を紹介しておく。

◎**超音波検査**

妊婦のお腹に超音波を照射して、胎児の形態を調べる非確定的（ある／ないを確定できない）検査。妊婦健康診査としてルーチンに実施される通常の超音波検査は、胎児の成長確認のために行なわれる。胎児の形態を調べる超音波検査のほうは、胎児に「障害」や「疾患」があるかどうかを調べるために用いられる。妊娠一一週以降に実施する。

◎**羊水検査**

妊婦の子宮内に針を刺して羊水を採取し、胎児に「障害」や「疾患」があるかどうかを調べる確定的検査。妊娠一五週以降に実施する。

◎**母体血清マーカー検査**

採血によって妊婦の血液中の物質を採取し、胎児に「障害」や「疾患」がある確率を調べる非確定的検査。妊娠一五～二〇週に行なわれる。結果は、妊婦の年齢を加味した上で確率で算出される（たとえば1／67といったように）。

◎**NIPT**（Non Invasive Prenatal genetic Testing 非侵襲的出生前遺伝学的検査）

採血によって、妊婦の血液中の胎児由来のDNAを採取し、胎児の染色体の数的異数性を調べる非確定的検査。妊娠九～一〇週以降から実施できる。結果は、陽性か陰性かで示される。結果が陽性の場合だったとしても、妊婦の年齢によって、胎児に染色体の数的異数性が実際にある人の割合は変わり、若年になるほど誤って陽性と判断される割合が高くなる。結果が陰性の場合は、妊婦の年齢にかかわらず、九九％の割合で実際に陰性である。

これらの出生前検査は、胎児に「障害」や「疾患」があるかないかを調べるのであるが、もちろんすべてを検査で「発見」できるわけではない。障害原因の約八割は後天的なものであり、NIPTを含め、現在の市場化されている出生前検査によって判明するのは、染色体異数性などに由来するわずか数種類である。医師の澤井英明は「出生前診断の対象となる可能性のある染色体異常は全新生児の〇・七％程度、単一遺伝病は〇・三％程度に認められる」と述べている［澤井、二〇〇八：N－三二四頁］。遺伝性疾患や遺伝形質の種類は、ヒト遺伝学データベース（OMIM）によると、二〇一五年九月二九日現在で、二三一四二種が登録されている（http://omim.org/statistics/entry）。二〇一二年一月～一五年九月までを例にとると、毎月平均約五〇の「疾患」が新たに登録されていた。

用してきたと言えるだろう。[8] とりわけ、妊娠をめぐる選択（避妊、検査、妊娠の継続／中断、婚姻などをめぐるさまざまな選択）を行なう女性たちの存在は、もっとも重要なアクターである。パートナーと相談する（ことが想定されている）とはいえ、検査を受けるか受けないかの最終決定を委《ゆだ》ねられ、その結果を生身《なまみ》の身体で引き受けるのが、妊婦だからである。また、先述のように、障害者もまた、重要なアクターであることは言うまでもない。障害者は、出生前検査や着床前診断を受けるか受けないかの決定の場面では、自身の存在は「不在」［立岩、一九九七］、または「非在」［加藤、二〇〇七］であるとはいえ、「障害」の属性を自認しながら現に日々を生きている存在だからである。

　現在、日本で出生前検査を受けると、その検査結果によっては人工妊娠中絶を選択することが可能である（妊娠二二週まで）。日本では、刑法の第二九章二一二条により堕胎《だたい》は罪であるが、母体保護法が条件つきで人工妊娠中絶の違法性を阻却《そきゃく》している[9]（違法性がないとしている）。このため人工妊娠中絶を希望する場合は、「人工妊娠中絶に対する同意書[10]」を提出することで、母体保護法指定医による施術《せじゅつ》を受けることができる。胎児に〈名としての障害[11]〉があることを理由とした人工妊娠中絶も、「身体的または経済的」事情を理由として施術を受けることができる。

　出生前検査に限らず人工妊娠中絶もまた、胎児という「人になりつつある存在」の処遇《しょぐう》をめぐる行為である。したがって、「人になりつつある存在」を存在させるかどうかにかかわる、いわゆる「胎児の生命権」と、胎児をその身体に包する「女性の自己決定権」という、両方の問

4―― スクリーニングの実施率は、たとえば、イングランドが七四%（二〇一一）、フランスが八四%（二〇一〇）、デンマークが九〇%（二〇一〇）である［佐々木他、二〇一八］。

5―― 厚生労働省「平成二八年地域保健・健康増進事業報告」によると、二〇一六年の妊娠届の総数は一〇〇万八九八五件であり、同じ年の母体血清マーカー検査の受検者数は推計で三万五九〇〇件、羊水検査は一万八六〇〇件であった［佐々木他、二〇一八］。また「第四回NIPT等の出生前検査に関する専門委員会（令和三年一月一五日）参考資料三」によると、二〇一六年のNIPTの受検者数は一万三六二八件であった。

なお、妊娠届出は、母子健康手帳の交付、妊婦健康診査、両親学級、産前産後サポート事業などの、母子保健サービスを住民に提供するための、母子保健法にもとづく法制度である。妊娠届出時期の時限は定められていないが、厚生労働省では、妊娠一一週以下の時期の届出を勧奨しており、二〇一八年度には九三・三%の妊婦が妊娠一一週までに届出を行なっている。［二〇二一年八月三日取得 https://www.mhlw.go.jp/stf/newpage_14095.html］

6―― 厚生省心身障害研究『出生前診断の実態に関する研究』平成九年度研究報告書　主任研究者松田一郎（二〇一五年九月一六日取得 http://www.niph.go.jp/wadai/mhlw/ssh_1997_06.htm）

7―― 着床前診断は、「重篤《じゅうとく》な遺伝性疾患児を出産する可能性のある遺伝子変異ならびに染色体異常を保因する場合、および均衡型染色体構造異常に起因すると考えられる習慣流産（反復流産を含む）の場合にのみ」行なってよいとされている。この「重篤な遺伝性疾患」の意味するところは、「成人に達する以前に日常生活を著しく損なう症状が出現したり、生存が危ぶまれる状態になる疾患」とされている（二〇二一年八月現在）。

8―― 「国」は一九九八年に、厚生省厚生科学審議会先端医療技術評価部会・出生前診断に関する専門委員会「母体血清マーカー検査に関する見解（七月二一日）を発出している。また、二〇一九年には、およそ二〇年ぶりに「母体血を用いた出生前遺伝学的検査（NIPT）の調査等に関するワーキンググループ」を設置して、二一年五月に報告書を公表し、同年末時点では「出生前検査認証制度等運営委員会」において提供のあり方の検討がすすめられている。

9―― 母体保護法では人工妊娠中絶の違法性が阻却《そきゃく》されており、刑法の第二九章二一二条の堕胎《だたい》罪は空文化していると言われている。母体保護法では、第一四条の①「妊娠題から切り離せない。この両方の問題をめぐる議論として、社会学者の加藤秀一《かとうしゅういち》と法哲学者の井上達夫《いのうえたつお》による論争がある。加藤はまず、「妊娠した女性にとって、胎児は自己の一部であるとともに他なるものでもあるという、両義的存在として感得される」と述べる。そしてこの視座から、「女性の自己決定権」と「胎児の生命権」の相克《そうこく》という問題構成を疑うことに、自身の立論の重心を置いていると述べている〔加藤（一九九一）一九九六：五四頁〕。つまり、「胎児」を「権利主体」もしくはその「所有物」にのみ限定する「従来の法律用語」への強い疑念を加藤は抱いていると言えよう〔江原、一九九六：三三六頁〕。本書も、胎児は「権利主体」でも「権利主体の所有物」でもないという視座に依拠《いきょ》しながら、以降の議論をすすめていく（その理由も後の章で述べる）。

先行研究

国内

医師の左合治彦《さごうはるひこ》は、「日本においては過去に一九七〇年代と一九九〇年代に出生前診断が社会問題となったが、冷静に十分な議論がなされたとは言えない」と述べている〔左合、二〇一四：一一四一頁〕。また、九〇年代に出生前検査の報道にたずさわった隈本邦彦《くまもとくにひこ》も、「出生前診断に関しての議論では、論理的なものがほとんどだったが、一方でごく一部に過激な反対運動もあった。それによって、議論を避けるかのような、「寝た子を起こすな」という風潮がうまれた[12]」と指摘している。

「冷静に」十分な議論がされたとは言えない、あるいは「過激な反対運動もあった」といった文言は、逆に、非障害者の側が障害者運動をどのように評価してきたのか、あるいは評価しているのかを私たちに知らせる。もし「寝た子を起こすな」という風潮によって出生前検査にか

の継続又《また》は分娩が身体的又《また》は経済的理由により母体の健康を著《いちじる》しく害するおそれのあるもの」、②「暴行若《も》しくは脅迫によって又《また》は抵抗若《も》しくは拒絶することができない間に姦淫《かんいん》されて妊娠したもの」、これらについては、医師による人工妊娠中絶を認めている。

10—— 中絶手術に必要な「人工妊娠中絶に対する同意書」には、配偶者の自署押印の欄《らん》が設けられている。よって婚姻関係にある配偶者のいる女性の人工妊娠中絶には、原則として、配偶者の同意が必要となっている。国連女性差別撤廃委員会は、日本政府に対して二〇〇九年と一六年の二度にわたり、女性差別撤廃の観点から配偶者の同意要件の見直しを求めたが、日本政府は応じていない。

11—— 詳しくは次章から述べていくが、本書では、いま生きている人に付与《ふよ》されている医学的な分類名や、受精卵や胎児が出生後にもつ身体の機能や形態についての予期にもとづき適用される診断名を、〈名としての障害〉と表わしている。そして、この〈名としての障害〉をめぐってインタビューの協力者たちが語った自身の経験の軌跡《ライン》を〈生きられた障害〉と表わした。後の章でも繰り返し述べる語なので、ここは読み流してもらってよい。

12—— 二〇一四年三月一四日の国際シンポジウム『出生前診断とその国際動向』、隈本邦彦（当時・江戸川大学メディアコミュニケーション学部マス・コミュニケーション学科教授）の発言。

んする今日の社会的な議論が忌避《きひ》されてきたとしたら、それは、風潮に加担した者たちの姿勢があらためて問われるべきであろう。

出生前検査をめぐるさまざまな主張にかんして、特に一九七〇年代の障害者運動に焦点を合わせて初めて資料分析したのは、社会学者の立岩真也《たていわしんや》であろう〔立岩、一九九七〕。ここではその考察の仔細を紹介することはできないが、本書に関連するであろう論点を素描しておく。

従来から、障害者運動と女性運動の場では、「差別の意図はない」「いやそれは差別だ」の応酬、そして被差別の心情の吐露《とろ》があり、やがて沈黙が訪れるといった一連のやりとりが繰り返されてきた〔同書：四三四頁〕。

立岩はこの複雑に絡《から》まったやりとりを整理してまず、出生前検査は「障害者を抹殺する」ことと同じだとする障害者運動による主張は、論理的に成り立たないと述べている。しかし、成り立たないにもかかわらず、この検査の前提に「障害者はいない方がいい」という考えが折り込まれていることを指摘している。つまり、「〔出生前検査の〕禁止の是非と、検査を受けるという行為の是非との関係」や、「障害を避けたいと感ずることが即ち《すなわ》「差別意識」だという主張に違和感が表明されながらも、ではどう考えるかはっきりと」していないのが現況である〔同書：三八七頁〕。

しかも、「障害を避けたい」がための人工妊娠中絶は、「女性の問題として現れている」点をいかに考えるかという切迫した問いがせりあがってくる〔同書：三九三頁〕。そのうえで、「障害を避けたい」がために出生前検査を受けることは、実際に生きている人に危険を及ぼしはしないが、その人のような存在が現われることが拒まれるという点において大きな問題があると、立岩は考察している〔同書：三九三頁〕。また、出生前検査への異議を唱えるために、差別を受けている側が検査対象の属性を「何か大切なもの」として自己掲示しなくてはならない文脈にも問いを投げかけている。そしてこのような課題が山積する現況ゆえに、出生前検査をめぐる議論に「不幸であるという声に抗して生きている障害・病をもつ者の参与を求めていく」ことが不可欠であると指摘している〔同書：四一七頁〕。

立岩に続いて出生前検査を考察した論考として、臨床心理学者の玉井真理子《たまいまりこ》のものがある〔玉井、一九九九〕。玉井は、選択的中絶を、①障害をもって生まれてきたら本人が不幸になる、②障害児が生まれると家族が苦労する、という二点を理由に行なわれる行為として位置づけている。そのうえで、①は本人の幸／不幸を他人が判断することは原理的にできないため成り立たず、②の家族の負担は社会的に解決されるべき課題だとする。つまり選択的中絶には「障害に対する否定的価値観が内包《ないほう》されて」いる現状をあぶりだしている〔同書：一一六頁〕。そして出生前検査の開発の普及を支えている論理が、このような「本人の不幸」と「家族の負担」であるなら、「出生前検査と選択的中絶が障害者の出生回避のために行なわれ、それが「本人の不幸」と

「家族の負担」によって正当化されつづける以上、検査技術の精度の向上や検査時期の早期化が実現しても問題の本質は変わらない」と指摘している［同書：一一六頁］。

このように、立岩と玉井は、私たちが「障害」をいかに捉えているのか、つまり「障害」について私たちがもっている価値観を洗い出して再考するよう促している。そしてそのためには、多数の非障害者から「不幸」であろうと見なされている「障害」や「病い」のある者たちが、出生前検査をめぐる議論に参与できる状況にしていく取り組みが必要であると指摘している。

国外

「障害」の属性のある者たちが出生前検査をめぐる議論に参加して行なわれたのが、アメリカのヘイスティング・センター（Hasting Center）での共同研究である［Parens and Asch, 2000］。センターでは一九九七年から、障害当事者、社会科学者、遺伝学者、医師などから構成された研究グループによって、出生前検査に対する障害者からの批判について議論するプロジェクトがすすめられてきた。複数回にわたる議論では、出生前検査の対象となる障害名の線引きを決定するに至る意見の一致をみなかったものの、障害者の抱く関心や危惧《きぐ》を世間に訴えて情報を公開した。そして、出生前検査のあり方――遺伝カウンセリングを受ける前に「障害」にかんする十分な情報提供をする態勢《たいせい》づくりやその結果の伝え方など――について、関係機関に勧告《かんこく》を行なった。[13] これら議論の成果をまとめた報告書は、研究者、医師、選択的中絶を経験した女性、障害者など、さまざまな属性をもつ委員たちによる、グループ討議の報告と個人的見解の記述という重層的な編纂《へんさん》がなされている。しかしながら、たとえば選択的中絶を経験した女性と生命倫理学者と障害者の意見は、それぞれがフラットに並記されるにとどまっている。つまりこのプロジェクトにかんして言えば、残念ながら、多様な背景をもつ構成員たちが、互いの視座を交差させたり関心を共振させたりしながら議論を深めていけなかったことが、報告書から垣《かい》間《ま》みえる。[14]

また、イギリスで障害学を牽引《けんいん》してきたトム・シェイクスピアは、新優生学《ゆうせいがく》（new genetics）や遺伝学、そして〈性と生殖《セクシュアル・リプロダクティブ・》にかんする健康《ヘルス／》と権利《ライツ》 Sexual and Reproductive Health and Rights〉の領域における運動や社会モデル[15]について、一九九〇年代半ばから継続して論じている［Shakespeare, 1995, 1999, 2013］。遺伝学分野における医療者の言説《げんせつ》を障害当事者運動の主張とあわせて分析した論考においては

13―― パレンス＆アッシュ「出生前遺伝子検査に対する障害者の批判：考察と勧告」、『ヘイスティングス・センター・リポート』二九巻五号（一九九九年九‐一〇月号）、特別付録一‐二二頁（土屋貴志訳）（二〇一二年六月九日取得 http://www.arsvi.com/1990/199909.htm）

14―― 土屋貴志による「アメリカ障害学会第10回年次大会参加報告」は、プロジェクトのメンバーの学会報告の様子を伝えるものとして参考になる（二〇一六年一月六日取得、http://www.lit.osaka-cu.ac.jp/user/tsuchiya/gyoseki/etc/SDS97.html）。

［Shakespeare, 1999］、遺伝学分野には「障害」に対する無理解や先入観が内在していること、他方の障害者の主張は、出生前検査に疑心や怒りの感情をもつことに無理はないとはいえ、ナチスドイツの政策や優生思想のイメージに偏った見解が含まれていることを指摘している。そのうえでシェイクスピアは、障害者に疑心や怒りの感情があるからこそ、出生前検査などの技術に対して直情的に反応するのではなく、疑心や怒りの背景や理由をその都度表明していく必要があると述べている［*ibid.*, p.679］。さらに、「障害」のある胎児の選択的中絶は安楽死であるといったような、極端に単純化した障害者たちの主張は、障害者たちによる技術への真摯《しんし》な批判をみずから矮小化《わいしょうか》してしまう恐れがあり、その結果、遺伝学者や政策立案者が障害者たちを蚊帳《かや》の外に追いやることにつながりかねないと、シェイクスピアは警鐘《けいしょう》を鳴らしている［*ibid.*, p.681］。

また彼は、社会モデル（社会の制度的・物理的・文化的な障壁が障害をつくっているとする考え方）は、障害者の人生におけるインペアメント（機能障害 impairment）がもつ意味を十分に考慮してこなかったとも指摘している。というのも、「もしディスアビリティ［社会的障壁 disability］が社会関係にあり、身体的／知的なインペアメントにないなら、インペアメントの減少に反対することに論理的な根拠はない」［*ibid.*, p.682］にもかかわらず、出生前検査などの技術に対する強い反対が唱えられてきたからである。

シェイクスピア自身は、ある特定の遺伝性の「障害」のある人が、自身の「障害」を子に引き継がないための選択として出生前検査を利用することは、特定の障害者の利益になる場合もあると考えている[Shakespeare, 1995: p.34]。シェイクスピアは、今後の障害者運動の主張は、急進的で単純な感情論から脱して、〈性と生殖にかんする健康と権利《セクシュアル・リプロダクティブ・ヘルス／ライツ》〉にかんする女性運動とも連携《れんけい》して、障害者運動の内外で、そして遺伝性の「障害」のある人もない人も含めて、相互に議論していくべきであると呼びかけている。

その後のトム・シェイクスピアは、イギリスにおけるディスアビリティ・スタディーズ（障害

15―― 障害学が提唱する「障害の社会モデル」では、「障害」をインペアメント（impairment）とディスアビリティ（disability）に分けて捉える。そして、ディスアビリティとは個人に属するものではなく、社会が個人に抱え込ませるものとする。英国障害学の創設の礎となる理念構築に貢献したＵＰＩＡＳ（Union of the Physically Impaired Against Segregation 隔離に反対する身体障害者連盟）が、一九七六年に両者を以下のように定義づけている[→224頁でも後述する]。

「我々の見解においては、身体障害者を無力化しているのは社会である。ディスアビリティとは、私たちが社会への完全参加から不当に孤立させられたり、排除させられることによって、私たちのインペアメントを飛び越えて外から押し付けられたものである。このことを理解するためには、身体的インペアメントと、それをもつ人々の置かれている社会的状況との区別が不可欠であり、後者をディスアビリティと呼ぶ。」[杉野、二〇〇七：一一七頁]

イギリスの障害学では、「障害者」をdisabled peopleと表わし、その意味は「できなくさせられている人々」である。ちなみに、アメリカの障害学では、「障害者」はpeople with disabilityと表わされ、「障害というアイデンティティをもつ人」の意味あいで使われることが多い。「障害」と「非障害」は連続的なものであり、語られる場所や文脈などによって変化する（たとえば、高齢になると誰もが「障害」の当事者になりうるように）。この連続性を「障害の普遍化モデル」として提示したのは、アメリカの障害学の父と言われるアーヴィング・ゾラである[杉野、同書：七五頁]。

学）の成果と課題を総合的に論じたテキストにおいて、障害者運動が出生前検査に対してどのような抗議・反対の主張を行なってきたのかを整理している［Shakespeare, 2014］。そのなかでまず、出生前検査に反対する意見として、これまで大きく二つの立場があったと述べている。ひとつは、出生前検査は優生学であるという批判、もうひとつは、出生前検査は差別であるという批判である。

前者に対してシェイクスピアは、出生前検査に内在する考え方がそもそも優生学的であり、それゆえ公共政策が間接的にダウン症や二分脊椎《にぶんせきつい》のある赤ちゃんの数を減らそうとしていることは疑いようがないと認めている。しかしながら、実質的には、出生前スクリーニングによって「障害」のある人の総数を減らすことは実現していないのが現実なので、シェイクスピアは「出生前検査は優生学である」という主張は妥当でないと述べている［*ibid.*, pp.114-6］。

そして、「出生前検査は差別である」という批判に対しては、「表出《ひょうしゅつ》（表明）主義者による抗議 expressivist objection」と呼ばれる一連の主張を引いて説明している。▼16 その主張とは、(i)出生前検査において使用される用語と、そこに込められているメッセージとが、「障害」に対するネガティブな見方を促す、(ii)特に先天的な「障害」のある人にとって、インペアメントはアイデンティティのひとつであり、自身から切り離せるようなものではない、という主張だ。さらに、「表出（表明）主義者による抗議」においては、出生前スクリーニングに対する障害者自身とその周囲の人びとの抱く、感情的なインパクトも強調される。つまり、遺伝的な「障害」のある人が検査のはたらきを知って、即座に「もしかしたら自分の両親は検査を利用したかもしれない」と想像し、自分が生きていることを家族や社会から拒否されているかのような恐怖がもたらされる事態を意味する。これが「私は生まれていなかったかもしれない I would not have been born.」と表わされる主張である。

シェイクスピアは、こういった主張は、個人的な感情経験として尊重されるべきであっても、論理的妥当性はないと結論づけている［*ibid*., pp.118-9］。また、出生前検査にまつわる用語が「障害」に対するネガティブな見方を促すこと、そしてインペアメントは自身のアイデンティティから切り離せるものではないといったこれらの主張は、「障害」という語を、たとえば「人種」や「性別」に置き換えても適用可能な主張でもある。したがって、私たちがまず取り組むべき課題は、現に生きている障害者へのネガティブな価値を、「障害」を予防するという検査の局面で持ち出すありかたを見直すことであると提起している［*ibid*., p.120］。

さらにシェイクスピアは、選択的中絶については、「障害」のある子どもが生まれてくることの予防と、今を現に生きている障害者の権利擁護とは両立すると捉えており、選択的中絶の

16――expressivism（表出説／表明説）とは、道徳的判断は、感情や態度を表明するもので、信念を記述したものではないと考える立場である（Simon Blackburn, 1994, Oxford Dictionary of Philosophy. 二〇一六年一月六日取得 https://plaza.umin.ac.jp/kodama/ethics/wordbook/expressivism.html）。

問題はあくまで、産む女性の問題であると結論づけている。彼は、出生前検査の争点は、困難な選択を迫《せま》る中絶にあると考えている[ibid., p.136]。もし選択的中絶に強く反対する人がいたとしたら、その人は、中絶そのものに反対の考えをもっているのかもしれない。そういう人に対しては、シェイクスピアは、妊娠第一期および第二期の中絶は合法であるべきであると唱えている[ibid., p.129]。

結論としてシェイクスピアは、出生前検査は直接の優生学ではなく差別でもないとはいえ、この検査による胎児や受精卵への遺伝的介入は、障害者問題の解決にはならないと述べている。そして、出生前検査の提供のされ方は注視していかねばならないが、原則として反対すべきものではないし、障害者の権利に反するものでもないと言う[ibid., pp.135-6]。つまり、出生前検査は優生学だという批判に対しては、実質（現実）はそのように機能していないという理由で退け、また、表出（表明）主義者の心情に一定の理解を示しながらも、出生前検査は障害者差別であるとする主張も退けていると言えよう。つまり「障害」の属性を自認する人が、この検査への不快や違和を表明するとき、検査は障害者差別であると応答することには限界がつきまとうと指摘しているのである。そしてその限界を超えるためには、インペアメントの経験を言語化していく必要があると唱えている（インペアメントにかんしては本書の第6章であらためて言及する）。

目的と方法

　ここまでみてきたように、これまでの出生前検査の社会的・倫理的課題をめぐる議論では、課題への対応として、社会モデル的なアプローチ、すなわちインペアメント（機能障害）はさておき、ディスアビリティ（社会的障壁）の除去を求める実践が展開されてきたことがわかる。とともに、その限界も指摘されてきた理由も見てとれるであろう。というのも、たしかに排除や差別は構造の問題であり、構造の問題の解消には社会モデルが役に立つのだが、「私は生まれていなかったかもしれない」とか「生存権の否定」といった心情は、論理性のなさを理由に、行き所がない、いい、いい、いい、なくなってしまっているからだ。

　繰り返し発せられてきたこれらの不快や違和は、一九九九年に厚生科学審議会が出した母体血清マーカー検査にかんする見解として、「現在、先天異常などでは、治療が可能な場合が限られていることから、この技術の一部は障害のある胎児の出生を排除し、ひいては障害のある者の生きる権利と命の尊重を否定することにつながるとの懸念《けねん》がある」という表現を通して受け止められたこともあった［「母体血清マーカー検査に関する見解（報告）」厚生科学審議会先端医療技術評価部会出生前診断に関する専門委員会、一九九九年六月二三日〕。九九年に国の審議会によって示されたこの「障害を有する者の生きる権利と命の尊重を否定することにつながる懸念」という文言は、日本産科婦人科学会によって二〇一三年に公表された「母体血を用いた新しい出生前遺伝学的検査に関する指針」（**付属資料**4〔↓398頁〕）の前文にも引き継がれている。[17] つまり二〇一〇年代に入った後も、いま「障害」のある人が現に生きていることの否定になりうる、という危険の感覚は共有されていると言えるだろう。

人びとは「生きる権利と命の尊重の否定」といった言葉に、「障害」の属性を自認する人びとの歴史がたたみ込まれていると直観しているのではないだろうか。本書は、この文言「命の尊重の否定」が選ばれてきた歴史的な経緯（縦糸）と生活の文脈（横糸）をみていく必要を強く感じている。たんに「あなたのことを排除しているわけではない」と一蹴《いっしゅう》するのではなく、この言葉がどのような文脈で紡《つむ》ぎあげられているのか、この言葉を用いる人たちの抱えている現実とはどのようなものか、この言葉を発することが社会的にどのように機能してきたのか、これらの問いから目を離すことなく、こんにちの諸課題をつかまえる必要がある。

したがって本書では、出生前検査の社会的・倫理的課題をめぐり、「障害」の属性を自認する人たちが、これまでどのようにこの問題を受け止めてきたのか、そして出生前に医療技術によって生まれてくることが中止されることへの不快や違和の表明によって、何を訴えようとしているのか、これらの主張の成り立ちを明らかにしたい。その方法として、二〇一〇年代を生きる障害者たちに妊娠や出生前検査について尋ねたインタビュー調査分析と、一九七〇年代に神奈川県で展開された「胎児チェック反対運動」にかんする資料分析との、ふたつを用いる。

本書の構成

この本は、「障害」のある人を対象としたインタビュー調査の概要《がいよう》と結果分析を、第1章から第8章においてまとめ、そして章と章のあいだに、インタビュー調査に協力してくれた八名による〈生きられた障害〉をめぐる語りを、一篇《いっぺん》ずつ挟《はさ》み込んでいる。また、第7章の後に、出生前検査をめぐる障害者運動についての資料分析を、「補章」として添えている。つまり本書は、おおきくは三つのまとまりから成り立っている。

17――日本産科婦人科学会によるＮＩＰＴの実施指針［二〇一三年］ではその前文で、「治療の対象とならない先天的な異常については、出生前診断を行うことにより、障害が予測される胎児の出生を排除し、ついには障害を有する者の生きる権利と命の尊重を否定することにつながるとの懸念がある」と記されている［日本産科婦人科学会「母体血を用いた新しい出生前遺伝学的検査に関する指針」二〇一三年三月（二〇一五年六月一七日取得 http://www.jsog.or.jp/news/pdf/guidelineForNITP_20130309.pdf）］。

第1章から第8章は、私（二階堂）が二〇一一年から一四年にかけて実施したインタビュー調査「障害のある女性／男性の語る妊娠・出産・出生前検査」の結果にもとづいて考察している。第1章では、まず調査の概要を述べる。インタビューの依頼方法、調査期間、場所、インタビュー方法、依頼時およびインタビュー当日の配慮事項、倫理手続き、そして分析方法について言及する。また、調査への協力者（以下、**協力者**と略記する）一二名の年齢や職業、パートナーの有無、出産の既往歴《きおうれき》、「障害」の原因、またその障害名が現在利用できる出生前検査や着床前診断の対象となるかどうかについても述べる。

つぎの第2章では、出生前検査にかんして、「障害」の属性のある人を対象とした調査方法論の検討のために、観察者としての私の視座と調査の構《かま》え、インタビューへの協力を求めたさいにあらわされた協力者たちの態度について見ていく。

第3章では、私が協力者たちに「障害」について尋ねた際に、協力者たちは自分の身体《からだ》の機能や形態、そしてそれらをめぐる経験について、どのように語ったのかを見ていく。そのうえで第4章では、協力者たちが五歳前後から一一歳頃までを振り返って、自分自身の身体や〈生きられた障害〉の経験についてどのように語ったかを検討する。

そして第5章では、「障害」のある人が出生前検査というものがあることを知ったさいに、心象として抱く「胎児」イメージを検証する。協力者たちは、「かつて胎児だった私」のイメージと、出生前検査で下された診断名――〈名としての障害〉――がある「胎児」イメージとを、どのように切り分けているのだろうか。この問いをさらに考察するために、第6章においては、「障害」という言葉がそれぞれの文脈において、どのように機能しているのかを検討する。

第7章では、生まれてくる子の母や父になる可能性のある存在という協力者たちの側面に焦点を絞って、「生殖にかかわる女性の自己決定権」をめぐる語りを見ていく。〈名としての障害〉のある胎児を妊娠しうる属性がある協力者のうちの、出産経験をもつ女性たちの語りもあわせて検討する。そのうえで、出生前検査の「適応」者と見なされることが、いったいどのような経験であるのかを考える。

そして第7章と第8章とをつなぐための「補章」を置いて、第8章の扉を開くための蝶番《ちょうつがい》としている。この「補章」では、一九七〇年代に自治体が羊水《ようすい》検査〔↓17頁〕を公費で実施しようとしたことに対して、脳性麻痺《のうせいまひ》者の当事者団体「青い芝の会」神奈川県支部が展開した「胎児チェック反対運動」の主張について検討している。資料には、当時の青い芝の会のメンバーが残した手記や会報を使用する。つまり、第1章から第7章までは、協力者一人ひとりの個人の経験の足跡《ライン》を考察するのに対して、この「補章」そして第8章では、一九七〇年代から二〇一〇年代までの歴史の軌跡を考察に織り込む。

その第8章では、第1章から第7章までの検討で得た知見、そして一九七〇年代の障害当事者運動から二〇一〇年代のインタビュー協力者たちへと継承された社会的経験を踏まえ、さらに考察を深めていく。
そして、それぞれの章と章のあいだには、第1章から第8章で取りあげた一二名の協力者のうちの八名の、〈生きられた障害〉をめぐる語りを、一篇ずつ掲載している。声音までは再現できないが、一人ひとりの協力者がそれぞれどのように語っているのか、文字から想像して耳を傾けてくだされればと願っている。

では、次の第1章で、どのようなインタビュー調査をしたかについて述べていく。とりわけ、各章で顔を出すエリ、メグミ、アサコ、ケイコ、ヒロト、ヒサコ、タクヤ、トオルの人物像を知っていただければと思う。

1 どんな人たちに話を聞いたのか

この章では、私が二〇一一年八月から一四年五月に行なった「障害のある女性／男性の語る妊娠・出産・出生前検査」について、インタビュー調査の方法、結果の分析方法、協力者の属性、本書に登場する協力者の横顔（面会に至るまでの経緯）を紹介していく。

調査方法

調査協力の依頼方法

インタビュー調査への協力の依頼は、複数の方法で行なった。障害当事者団体や患者会を介した協力依頼と、私の知人への依頼、そしてインタビューを終えた協力者から紹介していただいた方への依頼である。

団体や患者会への依頼は、現在国内で利用できる出生前／着床前《ちゃくしょうまえ》診断の検査対象とされている「障害」名を冠《かん》した当事者団体／患者会二件と、障害者団体の全国組織一件に行なった。

当事者団体／患者会については、一件はホームページに記載されている問い合わせ先に依頼メールを送り、もう一件は団体の関係者である知人を通して依頼を行なった。しかし前者の団体からは応答がなかった。後者の団体には、知人を通して調査の主旨を記したメールを事務局に送った後、事務局に電話をかけ、あらためて調査の目的を伝えた。後日、依頼文書「「障害のある女性／男性の語る妊娠・出産・出生前検査」インタビュー調査ご協力のお願い（二〇一一年八月）」（**付属資料1**［↓405頁］）を送った。数日後に事務局より三名を紹介いただき、このうち一名が調査に協力してくださった。協力いただけなかった他二名は、一名の方にはメールを送ったが応答がなく、もう一名からは協力するとの返事をいただいたが、その後に調整がつかなくなった。よって、団体や患者会に依頼してインタビューが実現したのが一名、実現しなかったのが二名であった。

障害者団体の全国組織については、団体のメーリングリストに、調査の主旨と連絡先を記した依頼を送信したところ、二名の方より協力の申し出をいただいた。連絡をくださった時点で依頼文書を送り、内容を確認いただいた後に、この二名にインタビューを行なった。

私の知人への依頼はまず、直接の電話やメールでおおまかな主旨を伝え、協力の意思があるという返答を得た時点で、あらためて依頼の主旨を記した文書をメールや郵送で送った。六名の方に協力を申し入れ、実際に協力していただいたのは五名であった。また、私の知人にインタビューの主旨を伝え、その知人より紹介いただいてインタビューが実現した方が一名いた。さらに、インタビューを終えた協力者のうちの四名に、それぞれ一名ずつ紹介いただき、協力を得られた方が三名、断られた方が一名であった。ここまででわかるように、協力者への協力依頼は無作為ではなく、一二名のうち五名は私の知人であった。

調査期間・場所・方法

調査は、二〇一一年八月から一四年五月に実施した［↓9頁の「凡例」］。このうち、同じ協力者にインタビューを二度行なったのは、一二名のうち三名であった。

調査場所は、喫茶店、協力者の職場の会議室、協力者の自宅など、プライバシーを確保できる場所を、協力者と相談して決定した。同じ協力者への二度めのインタビューが電話でのインタビューとなった方が一名いた。

インタビューの方法は、半構造化面接調査《はんこうぞうか》（一定の質問に従って面接を進めながら、協力者の反応によって質問の順序や内容や表現を変えていく調査法）を採用した。したがって、あらかじめ準備した質問項目（**付属資料**3［↓401頁］）をもとにインタビューを進めつつ、会話の流れによって順序を変えたり、調査票には記していない確認のための質問を加えたりしていった。

インタビューは、すべて協力者の承諾を得て録音し、文字起こしをして資料とした。一人あたりのインタビュー時間は、約一時間半から三時間くらいであった。

調査環境の整備と謝礼

協力者には薄謝《はくしゃ》を用意し、インタビュー終了後にお渡しした。また、「インタビューにご協力いただくためにかかった交通費や手話通訳者やパソコン文字通訳者など情報保障者および介助者への謝礼（二千円＋交通費／回）、駐車料金などの経費は、お支払いたします」とも明記したが、交通費や情報保障者や介助者への謝礼が発生することはなかった。

視覚障害のある協力者の四名とはすべて、インタビューを行なう場所付近で落ち合い、プライバシーに配慮した個室（飲食店の個室や職場の会議室）へ移って聞き取りを行なった。このうち一名にはインタビューを二度行なったが、二度めはガイドヘルパー同席のうえで行なった。

四肢《しし》機能障害のある五名の協力者のうちの一名は、同じ部屋のついたてを隔てた向こう側に介助者が同席して、インタビューを行なった。また別の一名は、協力者からの希望で、パートナー（非障害者）がご本人の隣《となり》にいる状態でインタビューを行なった。前者は、インタビューの途中で体位転換と飲み物を飲むための介助があり、後者は、インタビュー中のサポートはなく、インタビュー場所までの送り迎えのサポートがあった。その他の三名は、インタビュー開始直前まで介助者や本人の母親が付き添い、飲み物の準備や体位の調整を行なったのち、インタビュー開始直前に個室（飲食店の個室や職場の会議室）を退出した。協力者たちが、これらの環境の準備、そして日程の調査と手配をしてくれた。

聴覚障害のある協力者の三名については、もっとも適したインタビュー場所を前もって相談し、できるかぎり静かな場所で、主に音声によるコミュニケーションで行なった。三名のうち手話ユーザーは一名であった。私は簡単な手話を使用するため、音声と手話を併用する場面もあった。また、インタビューの場には紙とペンを準備し、必要に応じて利用した。トランスクリプト（音声を文字起こししたテキストデータ）の作成において、協力者の発話の聞き取れない部分は、書き起こしたデータをメールで送り、内容の確認と修正を依頼した。そのうえで修正を終えたものを、文字起こしの資料とした。

倫理的配慮手続き

調査方法や手順、プライバシーの保護、調査倫理などについては、東京の明治学院大学社会学部社会学科に設置されている調査・研究倫理審査委員会の審査を経て、二〇一一年七月に調査実施の承認を得た（申請受理二〇一一年七月一三日／倫理審査結果通知二〇一一年七月二九日／承認番号SG一一―〇二）。先述したように、協力者には、あらかじめ依頼書を送付して依頼内容の確認を求めたうえで協力をお願いした。インタビュー当日に調査への協力について再度お願いをし、承諾書

（付属資料2〔↓402頁〕）への署名を得た。

そして、本書に登場する十一名の協力者たちには、各自に該当するページの原稿を読んでもらい、またインタビューの語りを本書に掲載した八名については、各自のページを見てもらった（プライバシー保護の観点から固有名詞などの文言の変更や削除をした）。協力者たちからの意見や感想を知ることで、語られた言葉や身振りだけではなく、その文脈も含めて聞き取りたいと考えたためである（後述の「厚い記述」〔↓69頁〕）。この過程を踏むことによって、語られた言葉をまったく逆の意味に転化してしまったり、その言葉にたたみこまれた意図を捨象《しゃしょう》したりしないよう努めた。協力者たちからの意見や感想は、手紙、ウェブ会議システム、面会、メールなどの手段によって得た。

結果の分析方法

音声データの文字起こしをしたトランスクリプトは、匿名化の後に、協力者ごとにコード化——語りをセンテンスごとに解釈して、その意味内容を私なりの言葉に言い換えた上で、カテゴライズと命名をする作業——をした。また、それぞれの協力者たちのモンタージュ——各協力者ごとの年表——を作成した。これは、西暦単位の各協力者の年齢を軸として、出生年からインタビュー時点までの経験やキャリア、出生前検査や着床前診断にかんする動向やその報道などを時系列に整理した年表である。そこに協力者の家族、医療者、友人などによる発言も書き込んだ。

そして、このコード化したデータとモンタージュにもとづいて、協力者の語りを「かつて胎児だった私」、「中絶されずに大人になった私」、「孕《はら》むかもしれない私」、「孕み産んだ私」の四つのカテゴリーに分けた後に、さらなる分析を試みた。

このうち「かつて胎児だった私」は第5章に、「中絶されずに大人になった私」は第3章と第4章に、「孕むかもしれない私」と「孕み産んだ私」は第7章において、分析と考察をまとめた。ただし「孕み産んだ私」については、第7章で一部触れたものの、今回の分析の主要テーマとして扱うことはできなかった。

協力者の属性

この調査の協力者は計一二名であった。年齢の内訳は、四〇代が五名、三〇代が四名、二〇代が三名であった。性別は、女性が八名、男性が四名であった。

教育歴は、高等学校卒が三名、大学卒が三名、短期大学卒が一名、専門学校卒が一名、大学院博士前期課程修了が二名、大学院博士後期課程修了が二名であった。そして、就業をしている方が一〇名、就学中の方が二名であった。就業者のうち、障害者の自立生活センターにかんする仕事に従事している方が一二名のうち四名いた。

出産経験のある女性は八名のうち五名（二〇代一名、三〇代二名、四〇代二名）であった。男性の協力者四名のなかに、パートナーに出産経験のある人はいなかった。出産経験のある女性の子どもの年齢は、六歳から一五歳までの学齢期にあり、うち一名に四肢《しし》機能の「障害」があった。幼少期から学齢期にかけて整形外科手術を受けた人が二名、日常的な補助具として車いすを利用している人が三名、補聴器が一名、白杖《はくじょう》が一名、身体状態の維持のために経口薬《けいこうやく》の処方を受けている人が三名、幼少期から現在まで継続的にリハビリを受けている人が一名いた。

協力者の横顔
——面会に至るまでの経緯

以下では、第1章から第8章にかけて頻出《ひんしゅつ》し、また各章のあいだの八篇を語ってくれた八名の協力者たちを紹介する。協力者と私がインタビューの場で向かいあってICレコーダをオンにするまでの出会いの経緯や、レコーダをオフにしてからのやりとりなどを描出する。

エリ

エリ（四〇代）には、以前に私が勤めていた職場で、大学生向けに企画したピアカウンセリング▼1講座の講師に迎えたのが初対面だった。歯切れよくてきぱきと話し、一緒に仕事をすることで安心感を得られる、そんな頼もしい人だった。今回の調査で、一番最初にインタビューをさせていただいたのは、エリであった。一番初めにインタビューをする人はとても重要だと、博士後期課程の指導教員から言われていたので、それならエリだ、と思ったからである。インタビューでは、私の質問の意図を的確に捉え、めいっぱい言葉を紡《つむ》いでくれた。

二回めのインタビューをお願いしたときは、スカイプでということになったのに、当日の通信がうまくつながらなかった。エリはスカイプを使っての会議を何度も経験していたようだったので、わたしの設定がまずいことは明らかであった。電話をかけて、何が悪いのだろうと話す。その後のエリの決断ははやく「もう電話でしましょう」と返事があり、すぐに電話インタビューに切り替えた。

メグミ

メグミ(二〇代)には、私が社会人一年めのとき、当時勤務していた大学で、職員と学生として出会った。新学期はいつも、メグミにとってはじめての教室の場所を、私が案内した(次回以降はメグミが一人で行けるようになることが目的だった)。履修するすべての講義の第一回めは、授

1——ピアカウンセリング(Peer Counseling)とは、障害のある当事者同士が経験や悩みを聞きあうカウンセリングのことである。「ピア Peer」とは「仲間」や「対等な関係の人」という意味をもつ[↓後述の345頁]。

業開始時間の少し前に教務課で待ち合わせをし、私の腕を持ってもらったうえで構内をうろうろした。彼女は時間割と教室名を完璧に覚えていて、私はただ彼女の目になって、段差に気をつけて、送り届けるだけだった。

ガイドをしている最中は、友人でもない二人が隣りあって歩くことになるのだが、ずっと押し黙っているのもおかしな気がして、私は少々気まずい。メグミは、もちろん私よりも年下だったが、たいへん気遣《きづか》いのできる人で、ガイドをしているときはいつも、メグミのほうから、にこにこしながら何かしら私に話しかけてくれた。

私が、出産のために契約更新ができず、この大学を泣くなく退職し、そして彼女が社会人になって何年か経った頃、私の自宅に遊びに来てもらったことがあった（ちなみに、妊娠出産を理由とする雇止めなどが男女雇用機会均等法で禁止されたのは二〇〇七年以降で、私の出産はそれより前のことだった）。当時公務員をしていた彼女は、あいかわらず朗《ほが》らかであったが、仕事のことは多く語らなかった。それから数年後、電話をかけてインタビューへの協力をお願いしたところ、快諾《かいだく》してくれた。彼女への一回めのインタビューは、彼女の職場近くの飲食店の個室で、二回めは駅近くの飲食店で、ガイドヘルパーも一緒にインタビューをした。

アサコ

アサコ（三〇代）はエリに紹介をしてもらった。快活な雰囲気の人で、パートナーともども手話ネイティブとのことだったが、インタビューでは音声で話をしてくれた。同い年くらいで、お互いに子どもが二人、子どもたちの年齢も近いとわかったときから、距離がぐっと縮まった気がした。インタビューをとおして、手さぐりの子育てや、仕事への考え方などの話もすることができた。

このときから何年か後に、出生前検査関係のある講演会で私が話をしたとき、思いがけず再会できた。講演前、会場に手話通訳者がおり、どなたが手話ユーザーなのかなと思っていたら、開始直前、アサコが壇上にいる私のほうをみながら、笑顔で手話通訳者の前に座った。驚いたとともに、とってもうれしかった。

ケイコ

ケイコ（二〇代）にも、私が社会人一年めのときに、職員と学生として出会った。話し始めると一直線のマシンガントークで、矢継《やつ》ぎ早《ばや》に言葉が流れ出てくる。ざっくばらんな人だなというのが第一印象だった。日々の大学生活で顔を合わせる機会はさほど多くなく、私は定期試験のさいに別室を手配したり、構内への車両入構許可書を発行したりといった後方支援をした。

私がその大学を退職し、県内の別の大学に移ってからもときどき連絡をとっていたこともあり、私の母が病気になり車いすが必要になったときには、ケイコの知り合いの業者の人に車いすのカタログを送ってもらったりして、お世話になったこともあった。

インタビュー当日は、ケイコの自宅に伺い、用意してくれたお菓子とお茶をいただいてから、ICレコーダをオンにした。

ヒロト

ヒロト（四〇代）は、エリに紹介してもらった。静かに、論理的に、説得的に話す人で、インタビュー中も、こちらの質問を理解してくれているという感覚をもてた。そのため、質問の見当違いや言葉足らずに私が気をまわしすぎることなく、インタビューをすすめることができた。

この調査で話をうかがった協力者のうち、男性は四人いたが、ヒロトはその最初だったこともあり、どのように話をすすめるとよいのか調子がわからず、ぺらぺらと家族の話を長時間してしまった。性交、中絶などについて尋ねる段になったときも、障害当事者運動の動向をめぐって私が自説を披歴《ひれき》するばかりで、なかなか本題に入れずにいた。しかし、じっと耳を傾けてくださる。ええ、うん、と相槌《あいづち》を打ちながら、「この人いつまでしゃべるのかな」、「いいのかな、このままで」と思っているだろうことが、相対《あいたい》する向こう側から伝わってくる。でも止められない。すると、意《い》を決して息を吸って「あの、いいですか」と割って入ってくれた。よかった。こんな初歩的な、場のコントロールのところまで頼ってしまった。インタビューは、エリと同じ事務所で、エリとは別の日に行なった。

ヒサコ

ヒサコ（四〇代）は、障害当事者が中心になって運営されているメーリングリストに協力依頼のメールを流したところ、個別に連絡をくれて、インタビューが実現した。初めて会ったときの印象は、凛《りん》とした緊張感と物腰《ものごし》のやわらかさ、話し方やふるまいの洗練を感じた。

インタビューを始める前には、「何人にもインタビューするの、疲れるでしょう？」と気《き》遣《づか》ってくれて恐縮した。インタビューを終えて、同じ駅に向かうので一緒にということでガイド役をしたが、私は極度の方向音痴《おんち》なので、ここは道を間違ってはならぬと、最短距離ではなく、時間はかかっても確実にたどり着ける「直角を重ねて曲がる」方式で駅に向かった。他愛もない話をしながら歩いていると、途中で「あれ、この道……」と訝《いぶか》しがられた。理由を説明しつつ、通常のルートではないけれどちゃんと着くはずですと言うと、安堵《あんど》された。駅には無事にたどり着くことができた。

タクヤ

タクヤ（三〇代）とは、勤めていた大学の教務課カウンターに彼が現われたときが初対面だった。色の入ったためがねをかけて、ちょっと斜めにかまえて、A４一枚の紙を手に持ち「これを教員に自分で渡したいが、いいか？」と尋ねられた。それは教員向けの配慮《はいりょ》依頼《いらい》文書というもので、授業を履修《りしゅう》するにあたって教員に配慮を依頼したい事柄を記したもので、通常は教務課が用意した。

タクヤが用意をした文書は、弱視ゆえにレジュメをデータで欲しい（見えやすい形式にして読むことができるように）といった内容であったと思うが、自分で自分のことを説明するためにこれだけのことを書けて、教員への依頼事項も具体的で、しかも自分で渡すとは、なんてしっかりしているのだろうと思い、どうぞお願いします、と伝えた気がする。後からわかったのだが、彼は当時一八や一九歳ではなく、二三歳であったようだ。こんな具合だったので、タクヤが大学生で私が職員であったこの期間、授業の履修や学生生活にかんすることで相談を受けた記憶は、ほぼない。

その後、私が同じ県内の別の大学に移り、その大学が主催するシンポジウムで障害学生支援の講演をする機会があった。講演を終えて出口近くに行くと、タクヤがにこにこして「聴きに来ました」と立っていた。驚き、そして、とてもうれしかった。インタビューの後に何年かして、偶然にある仕事場で出会ったときは、一緒に来ていたパートナーを私に紹介してくれた。とてもとてもうれしかった。インタビューは、タクヤが指定した喫茶店で行なった。

トオル

トオル（三〇代）に出会ったのは、どこか地方で催《もよお》された会合に参加したときのことで、なぜ移動する必要があったのかは定かではないが、移動の電車で一緒になった。このとき初めて話をしたのだと思う。補聴器に気づいたので、顔を見て話したが、ホーム内を歩きながら、電車に乗りながら、ずっと話しつづけた。電車ではひとつだけ空いた席をゆずってくれて、私は座ってトオルは吊革《つりかわ》につかまった。ひとあたりがよく、スマートな人だなぁという印象だった。物言いは丁寧で、皮肉やユーモアもさらっと言ってのける。こちらはくすっとしてしまう、いかにもモテそうだと思った。このときにインタビューに協力してもらえるか尋ね、快諾《かいだく》を得て後日に実現した。

インタビューは、当時のトオルの仕事場と私の仕事場の兼《か》ねあいから、駅近くの大学関連施設のロビーにて、自動販売機の飲み物を買い求めて行なった。

エリの語り

―― えっと、診断というか……。

エリ 障害名がわかったのは、三歳のときに、県立こども病院で、A県の。

―― お母さんに連れて行かれて？

エリ そうですね。いくつか病院を回ったらしいんですけど、最終的にわかったのが県立こども病院で。で、進行性脊髄性筋萎縮症《せきずいせいきんいしゅくしょう》っていう。

―― そのときにも［診断が］出たんですね。

エリ そうですね。でもその頃、この障害メジャーじゃなくて［笑］。子どもの頃は「筋ジスの一種」という感じでした。この障害の詳しい話はなく「筋ジスみたいなもの」みたいな。

―― だんだん筋肉が弱っていって……みたいな説明を？

エリ そうそう。あと、一七歳くらいで死ぬっていうふうに。

―― ふあ、そうなんですか。（「はい」）。それはいつ聞かれたんですか。

エリ 私自身ですか？ 私自身は大人になってから。母親はそのことをずっと言えなくて、（「そうですよね」）、だまってて、私が二〇歳超えてから「こんなん言われた」言うて……（「あー」）。で、嘘やな［笑］いう話をして。

でも、私、着床前診断に反対するグループを友達とやってるんですけど、ほとんどの人が三歳くらいとかに言われて［診断が出て］るんですよね。

―― へー、なんかじゃあ、歩き方がとか、そういう？

エリ いちばんはじめはそうそう、歩くのが遅かったということと、歩いてもすぐこけるとか、そういうのがおかしいなって言って、診断を受けにいって、その障害名を言われて。で、たまたまね、うちの親戚が医者になったばっかりでインターンをやってたんですよ。で、B大学でインターンしていて、そこの担当の先生がたまたまこの障害を研究している人やったんで、そこにそのあとすぐに行って、どうも治らないっていうことがわかって。それでそれからあんまり病院かかってないんです。
検診に行って検査とかも受けたんですけど、たとえばこの障害は女性がけっこうなりますけど、筋ジスやったら男性の方が多いから、お兄ちゃんに出なかったのはおかしいんじゃないかとか[1]、［「あー」］、そういうので、検査を受けたりとか。うん。だから子どもの頃は一年に一回病院に行くか、くらいかな。

―― あとは、なんもせんと。訓練とかもせず？

エリ なんもせず。

―― それはお父さんとお母さんのお考えが……。

エリ ［両親は］いい意味で無知だったっていうことがあって。病院に通ってる人はいろんなこと聞かされて「風邪引《ひ》かさんように」とかいろんなこと言われてくるんやけど、わたし「風邪引かさんように」とか言われたことないから、逆にふつうに、あの、特別な配慮もなく育って、それなりに元気やったんで。あまり困ることもなく。小学校の高学年くらいになる頃には完全に病院に行くのを止めて、まったく病院と関係なく暮らしていました。

―― へぇー。じゃ、お医者さんに嫌《いや》なイメージとかも特にないんですか。

エリ あります、あります［笑］。お医者さんにはやっぱり小さい頃に検査を受けに行ってて、行くたびに血を採られて、あの、C大病院だったんで、国立病院のもってる暗い感じというか、あの暗い感じがこどもにはすごい怖いところの感じがして、で、検査のたびに待ち時間がすごい長くて、小学生からはDに住んでたんで、なんせ遠いし、なんか、疲れに行く場所、みたいな感じでした。

―― なるほど。じゃお医者さんになんか［嫌な

1―― 筋ジストロフィーはX染色体上のある遺伝子の欠損によって生じるとされる。XY型の性染色体（X染色体が一本）の男性に発症する。女性の多くはX染色体が二本あるXX型のため、一本に欠損があっても、もう一方のX染色体に欠損がなければ発症しない。ただし、X染色体が一本の女性や、遺伝子の転座《てんざ》がある場合には女性でも発症する。

こと」言われて、とかは……。

エリ　そんなにはないですね。

――でも「意味あんのかな」みたいな。

エリ　そうそう［笑］。で、母親は、申し訳なさというか、なんか、E市の病院までつれていってることがかわいそうみたいな感じがあったんやと思うんですけど、行くたびにおもちゃ買ってくれたりして、あ、これは、逆に、そういう意味で「つらいことなんだな」っていう。（「あー［笑］」）。代償に何かをもらえる［笑］くらい、大変なことをしてるんやなっていうのを思った。うん。

――そしたら、ご両親が遺伝子検査をしはったり［をなさったり］とかは？

エリ　してない。なかったと思います。なかったと思います。お兄ちゃんは病院行って、（「血採って検査して、みたいな」）、そうそう。一回だけお兄ちゃんと一緒に行ったのを覚えています。

――昨日いろいろネットをみてたら、みんな、もってるかもしれないんですよね。［進行性脊髄性筋萎縮症を引き起こすとされる遺伝子配列の］保因者であるかもしれないんですよね。確率がいろいろあるんやなーって。エリさんはミラクルなんやな、みたいなんを思って。

エリ　ほんとにほんとに。奇跡的な確率で。

――一九九五年に原因遺伝子がわかったって。

エリ　そうなんや。へぇ。

――なんやったかな、難病情報センターみたいなとこホームページですけど。めっちゃ最近やんって思って。

エリ　そんなメジャーな病気じゃほんとになくて、いっしょくたやったんですよ、私らの子どもの頃は。（「ミオパチーとかと」）、そうそう、ぜんぶ「筋肉疾患」みたいな括《くく》りで。神経疾患っていう、あ、神経内科には通ってましたけど、神経疾患みたいなイメージもなく、ぜんぶいっしょくたのなかで、なんせ治らないっていうことと、筋肉が弱っていくっていうことだけ知ってたって感じで。

それでも小学校のときは普通校に行ったんですけど、周りもなんにも知識がないから、ただたんに障害がある子ではあって、その、このエセ名の障害のある子っていう意識は誰にもない。

――車いすには乗ってはらへんかったんですか。

エリ　乗ってなかったんですよ。歩きたかったから、先生がおんぶして移動したりとか。そういう感じで。（「［クラスの子は］一緒に、かけっことかは、エリさんはしんどいんかな、みたいな」）。うん、でけへんし。そうそう。「歩けない子」っていうのはあったけど、それがほかの障害、たとえば事故に遭《あ》った人とか、CP［脳性麻痺］の人とかとなにが違うのかっていうのは、誰も知らないで、つきあってた、みたいな。（「なるほど」）。中学校から養護学校に行ったんですけど、養護学校に行ったら逆に先生が意識して、風邪引いたらあかんのちゃうかとか、プールには入ったらあかんのちゃうかとか、いろいろすごい言われました。

——なんで［中学から］養護学校になったんですか。

エリ　私の時代はちょうど校内暴力の時代やったんですよ。校区の中学校がかなり荒れてて、で、あの、母親が怖くなったんやと思うけど、養護学校に。小学校も闘争して入ったりしてないので、（「あぁ、そうなんですか」）、なんとなく、たまたま入った。

——二〇代後半までご自宅におられて？

エリ　そうです、三〇過ぎるまでいました。

——それまではずっとお母さんが介助して？外から［介助者］は入ってなかったですか。

エリ　外からはね、ヘルパーさんが時々来てるって感じで。

二〇歳くらいのときに母親が胃がんになったんですよ。で、介護の限界を感じて。私、そのころ家で近所の子どもに勉強を教えるっていうのをやってて、それをやってるのに、お母さんが病気になって入院しなくちゃいけないことになって、いったん中断することになるんですね。

で、そのときに、自分が自分の体調ではないことのために、それを中断しなくちゃいけないというのがすごく理不尽だなと思って。で、あの、このままの生活ではだめなんじゃないかって思いはじめて、それで、はじめて自立とかを考えはじめて。でも、具体的に自立とかができるとは考えてなかった。具体的にできる方法をなんも知らなかったし、あの、基本的に、家の母親なんかは「私やからあんたの介助ができる」みたいなことをずっと言いつづける母やったから、「そんなん簡単にはできひんわ」、「誰もやってくれへんわ」みたいなことを言ってたし、そうかなとも思ってたんで。

でも、実際に母親が入院して、ショートステイで施設に行くんですけど、施設職員はみんなふつうに介助できるし、それ以前からかかわってるボランティアの人も介助できるし、できるんやなっていうのを知って［笑］、そこから他人の介助者を実家にすこしずつ、お風呂と外出のときだけ入れるようになって。

――［お母さんの入院が］きっかけになったんですね。

エリ　うんうん、そうですね。

――さっきもすこし話してましたけど、自分が考える自分の障害のイメージってどういうふうにつくられていったのかということなんですけど。そのときにお医者さんとか学校の先生、養護学校の先生とかいろいろあると思うんですけど。そういうのを教えてもらえたらと。

エリ　障害に対しては、やっぱりすごいネガティブなところから始まっていて、障害児なんて一人もいなかったんですよ。学校のなかに私しかいなくて。だから障害児を見たことがない［笑］っていうそういう状況で育って。

で、障害があるっていうことは、一歩マイナスで、それをこう、超えるだけの、何かをつけなくちゃいけないっていうか。勉強でも負けたらあかんとか、そういうことを言われて育ったんで。親も言ったし、学校のなかに、足の悪い先生とかいて、そういう先生とかが、すごいそういうことを言ったりとか、して。

――人の倍がんばらなあかんとか。

エリ　そうそうそう。だから、なんか障害ていうのは基本的にマイナスって捉えてました。ずーっと。

で、中学校に行って、先生とかが、保健の先生とかが、私の障害はとくに大変っていうのを言って、「あーそうなんや」っていうのを初めて知って。

そのころまで、自分の障害名についてとか考えたこともなかった。

あの、障害にいろんな種別があるっていうことすら、知らないし。そのことの意味もあんまりわからへん。意味があるのかないのかも。

養護学校のなかはほとんどがCP［脳性麻痺］で、そのなかで、CPじゃない子が少なかったので、こういう障害者の集団のなかでは少数派になるんやっていう、そういうのを感じてました。そのときも、障害について、そんなにポジティブなイメージをもっていたわけではないけど。ま、かたちじょう、表面じょうは、わりと典型的な、明るく健気《けなげ》に生きる障害者みたいな、誰にも嫌われない障害者、みたいなのを、あの、なんとなくやってたと思います。

—— じゃ、勉強もがんばるし、いい子やったんですか。

エリ　うんうん、そんなすごいがんばってるふうでもなくやる、みたいな。

—— あ、器用にやる、みたいな。

エリ　そうそう［笑］、なんかこう、ある意味「手のかからない障害者」。「人の心にざっくり切り込まない障害者」っていうか、(「うーん」)、そういう感じやったと思います。で、そういってやっていて、なんやろう。障害があって不便なことはいっぱいあるけど、不幸ではないよね、みたいな。ことを友達と言いあったり、そういう。

—— 一〇代のとき？

エリ　うんうん。ほんまに大変なこともいっぱいあって、小学校のときからも言ってないこともあって。その、学校で嫌なことがあったとか、大変なことがあっても、お母さんに言ったこと一回もないんですよ。(「えー」)。言っても受け止められるとは思えなかったから。ほんと言ってこなくて。

中学校に入ってからも、なんていうか、二番め三番めのことは言える、先生がこんなことといって、いややったとか、そういうことは言えるけど、障害があって大変やったことは、ほんとに言ってこなかったと思うんです。

—— ふーん。え、どこで言ってたんですか。

エリ　どこにも言ってなかった。どこでも言うとこなかった。

—— いちばん大変やったなって思うことって、

どんなことやったんですか。

エリ　障害があるっていうのは、ほかの誰一人、障害のある人がいないなかで、自分だけ障害があるっていうのは、なんか、いるだけで大変。

――そこにいるのが大変？

エリ　そうそうそう。たとえば、ほかの人たちは次のアクション、次どう行動するのかについて右にならえでやっていける。他の人もこうやってるからとか、次の時間どう動くのかも、周りの様子を見ながら自然と次々やっていけるけれども、ほかの人と同じように動けないっていう時点で、ほかの人が何か動きを起こすと、じゃあ、それに対して自分はどう動くかっていうこと。移動教室［へ］行くってなったら、みんな一緒に移動教室行ったらいいってなるけど、私はどうするのかっていうのを、自分一人で考えないといけなかったり。たとえば、クラスで必ず起立《キリツ》-礼《レイ》とかいうことがあって、みんな起立するけど、私は起立しないっていうときに、誰も「起立しなくていいよ」って教えてくれた人はいなくて。自分が「起立しないんやな、私は」っていうことを決めていく、いっこいっこのこと。近所の子と掃除するとき、どうするかとか、そういうちっちゃなことの積み重ねが毎日毎日あって、それに対して、そばにいる人はいないっていうか。そういう状況やったと思います。

――それがいちばん大変……。

エリ　それがいちばん大変やったと思う。

――そういうことをどこにも言わず、ひとりで溜めて。

エリ　でしょうね。で、中学校から［エリが活動をしている自立生活センターの］事務局長、あの、うちの事務局長Fっていうんですけど、中学生からの友達なんですよ。

――あーそうなんですか。すごい、長いっ。

エリ　［笑］そう、家族より長いでしょ。話ができる友達が初めてできて、しんどいこととかも、ちょっとしゃべれるようになって。でもまだ障害っていうのは、なんかこう、乗り越えないといけないっていうか。新聞とかにも障害って「乗り越えるべき」とか書いてあるじゃないですか。それで、そのときから、むっちゃ文句言うんですよ。「何を乗り越えることがあるん?」とか。「何をこれ以上がんばれっていうの?」って文句は言うけど、でも意識のどこかで、がんばらなくちゃいけないと思ってたり。障害がマイナスなぶん、なにか付加価値を自分につけないといけないとか、そういうのを思ってて。それで、あの、たとえば、資格をいっぱい取ったりとか、そういうことで、自分で自分の価値を高めていかなくちゃ、みたいな。そういうふうに思ってた時代が、たぶん、二〇代前半くらいにあった。

―― うーん。

エリ　でも、だんだんわかってくることは、いろいろ資格を取ったりとか付加価値をいろいろつけていっても、なんの自信もうまれてくるわけではないっていうか。なんかこう、かえって自信がなくなるだけで、あんまりよくはないなっていうことをそのころに思い始めて、で、そっから、二〇代後半になってから、ピアカウンセリング［→45頁］にまず出会い、大きい意識の変革があり、で、自立生活を具体的にしようと思って、ほんとに。で、動き始めて、動き始めてからは早かったですよね。

(「ふーん」)。三年間で準備したんですけど、なんか、あの、その間に、意識がすごい変革される時期があって。

で、決定的に障害についてピンポイントでイメージが変わったのは、「劇団態変」[2]っていう劇団にいたんです。そこにかかわり始めて、すっごく大きく変わりました。

―― へー、どのくらい、いはったんですか。

エリ　五年くらい。

―― あ、長いですね。ステージに立ちはったんですか。

エリ　立ちました立ちました。立ちましたって言うか、寝てましたけど。

―― へー、それはどういう経緯で?

エリ　なんかね、もともと演劇が好きやったんですよ。(「そうやったんですね」)。養護学校でも演劇部をつくって、活動をしてたんですけど。卒業してからとくに演劇とかするチャンスがなく……。でも、自立生活の準備をするなかで、演劇やりたいなっていう仲間と出会って、実際に演劇を、できる場所がないかって思ってて。

で、態変がワークショップをよくやってるって聞いてたので、態変に電話して、で、「オーディションがあるんで来ませんか」って言われて、「いやいや、ワークショップです」って言って［笑］、「エキストラになりたいとは思ってないんです」って言ったら、そこの劇団の人に「似たようなもんですよ」って言われて。え、似たようなもんなんかって思って、受けに行って、そしたら、そのとき初めて自分の体《からだ》に向き合うことになるっていうか。

車いすを降りてくださいって言われて、日常のなかで車いすを降りることってそのころまったくなかったので、車いす降りるときって寝るとき。（「あー」）。活動を止めるとき、に車いすから降りるっていうイメージやったから、そうじゃなく、動くために車いすを降りるっていうことが、それが自分の中で衝撃で。で、「自由に動いてください」って言われて、自由に動いたら、思いの外《ほか》、楽しくて。（「んー」）。で、そっから劇団にかかわることになって。

そしたら金さんが▼3「身体表現研究所」っていうのを立ち上げたとこやったので、そこに来たらええやんって言って、で、そこに通い始めて。そこではほんとに、あの、衝撃というか、自分の体のことを自分がいかに知らなかったかに気づき。それまでやっぱり、自分の体やけど、やっぱりそもそもマイナスのイメージでずっと植え付けられてきてたし、そうやと思ってたので。

あの、いつも丹田《たんでん》［おへその下あたり］に意識を集中して、で、そいで、動きたくなったところから動くっていうのをやるんですよ。で、動きたくなったところから動くっていうのをやった場合、だいたい、自分の体のなかで動かないはずの場所から動くんですよ。（「へー」）。すっごい不思議やなって思って。いつもは、動くっていうことについて、すごい固定観念があって、意味のある動きをすることを「動く」って呼んでいて、意味のない動きは、動きってカウントしてなかったんやと思うんですけど、カウントしてないっていうか、むしろ動かさないって決めて止《と》めてた。左手とかもぜんぜん動かさなかったんですけど、実際に丹田に意識を集中して、動きたいところから動くってなると、左手が動き始めるんですね。そういうのを知って、左手をいかに私の意識レベルで止《と》めてきたかということに気づいて。なんかその、思っている以上の動きをする左手とか、体の動かなかったはずの部分を知って、自分の体やけど、すごい未知なものと遭遇《そうぐう》したみたいな、そういう感じ。自分の体への興味がどんどん深まり、自分の体への愛情が深まりっていう、そういうのが大きかったですね。（「あー」）。だから劇団と出会ったことは、すごい大きかった。

―― おもしろいですね。なんていうか、その、意味のある動きじゃないところっていうのが、すごい、なんていうか。生まれてくることとかも別に意味とかあるわけじゃないし。

エリ そうそうそう。

―― そういうのとつながるなーって。

エリ そう思いますね。なんかこう、意味のあるものとないものに振り分けていくっていう。無意識のレベルで。それが教育のなかで植え付けられたものとして、この行動には意味がある、この行動には意味がない、このことには意味がある、これにはないって、ほんとにこう振り分ける作業をいっぱいしてきたし、されてきたし、その蓄積があるから無意識にそう判断してしまうっていうこと。それがあるんだなっていうのを知って。

―― それを自分の体に教えてもらって、いっこいっこ……。

エリ そうそう。

―― ちゃうんやで、ちゃうんやでって。

エリ そうそう［笑］。

―― すてきな体験ですね。それは。

エリ うん。金さんも演出家なので、私が体を動

2―― 劇団態変とは、金満里により一九八三年に大阪を拠点に創設された、身体障害者にしか演じられない身体表現を追究するパフォーマンスグループである（二〇一一年五月二三日取得 http://taihen.o.oo7.jp/main/jprofile.htm）。

3―― 劇団態変の主宰者である金満里を指す。金はポリオによる「障害」があり、自身もパフォーマーとして出演する。

かしているのを見て、この動きがいいとか。すっごい障害の動きっていうか、動きづらい場所が動き始める瞬間っていうのが、すごいいいらしいんですよ……で［笑］……。

――わかんない［笑］。

エリ　あの、あたりまえに動けるところが、手足がひらひら動くっていうのではなく、動かない手が、ぎりぎりで動くことの、そのぎりぎりさ。その、すごいぎりぎりさにおもしろみがあるっていう。

――世界のすれすれのところに触《さわ》りそう、みたいな。

エリ　そうそうそう。で、そういう動きが出てきたら「それを繰り返せ！」って言われるんですよ。（「へー」）。これが障害の動きなんやと、自分のね。

――わたし、あの、態変のステージって見たことないんですけど、見れたらいいなって思ったんですけど。（「ぜひ」）。その、自分の体にすごい集中してみんなやってる感じなんですか。

エリ　自由テーマを与えられて、たとえば、「命」っていうことでやるということになると、その命っていうことのインスピレーションだけで、体を動かしていくっていう。すっごい楽しくて。こんな動きがあるんやっていう。やったあとに自分で知るっていう……そんな感じ。「こうやろう」って思ってるんじゃなくて。そういうのは、すごいおもしろいなって思った。体がリードして、なんていうかリードすること。体が一歩先をいくこと、な、自分を動かしていくことっていうのが、なんて心地いいんだろうって思って。どうしても頭主《あたま》導な世界から抜けられる感じがして、すごい心地よかったんです。で、この体でよかったっていうのをつくづく思う。うん。

――へー。じゃほんと決定的な、経験やったんですね。

エリ　そうですね。

――女性であることっていうのは障害とリンクして絡《から》んでくることってありますか。

エリ　女性で障害者であるっていうことは、たくさんあるといえばあって。たとえば、障害者運動って男性社会……で。

―― 今も？

エリ 今も。自立生活運動とかでも、とっても男性的な運動やなって思うんですよね。

で、あの、そういう運動するっていうことが、男性的な、あのリーダーシップのありかたとか、その、そういうものにかかわらざるをえなくなるっていうか、そういうしんどさとか、たとえば、障害者運動に限らないと思うんですけど、運動っていうのがすごく女性の女性であることを利用する感じとか。

たとえば、強烈なリーダーシップをとる男性の障害者がいて、多くの障害をもつ人々がいて、やっぱ運動って、こういう、ピラミッド型で、この強烈なリーダーシップをもつ人が、この人たちを守るっていうか、引っ張っていくっていうか、やっぱりそういう構図が生まれやすいと思うんですけど、ここ［ピラミッドの頂点］とここ［ピラミッドの底辺］が乖離してると、誰もついてこないし、結局誰のためにやってるかわからなくなるっていう。でも、もはやトップにいる人は、この下の方にいる人たちが言っていることを何かさえ聞き取れない。言いたいことがあっていっぱいあって、そういうとき、通訳に入る、みたいな。

―― が、女性？ みたいな。

エリ そうそうそう。

―― へぇー、そうなんだ。

エリ たとえば、ここ［ピラミッドの頂点］がやってることがすごいハードすぎるときに、広告塔としての女性。そのソフトに語れるっていうことであったり、そういうことが利用されることがあって。でも利用してやるって思ってるわけではないと思うんですよ。でも思ってなくても、そうなっちゃう。そういう構図ができあがることとか。

あとは、制度交渉とかやっていくうえで、女性であること、あの制度交渉をやってた頃は、まだ二〇代やったんで、「若いこと」。その二重苦っていうか。それで馬鹿にされる感じがあったりとか。

―― エリさん自身もそういう通訳をさせられたり……とかやったんですね？

エリ はい［笑］、これ通訳やなって思った瞬間が。なんども。（「あー」）。「この人が言ってるのはそういうことじゃなくて」って言い始めた瞬間に通訳が始まってる。「こういうことが言いたいねん、ほんとは」っていう話をしたら、「それはこれはこうでこうで」って話が返ってきて、でも、もうこうお互い二人でコミュニケーションが成り立たないから、「いや、この人が言ってるのはこういうことやけど、そういうことを聞きたい?」とか、そういうことを〔笑〕(「あー…」)。あとなんかこう、トップに立ってる人がばーっと言いたいことがあるときとか「待って」とか言ったりとか。そういう役割が自然と、女性に。

―― なるほどねー、なんか、あいだに立って、ちょっと調整役っていう。あの、運動家やったんですね、エリさん。

エリ 運動家ってほど、運動家ではないですけど。うん。

―― でも、そういう制度化交渉とかはされてたんですね。

エリ うん。それは今でもしてますね。

―― 今はどういうふうに考えてはるんですか、その……。

エリ 女性であること? あの、どう考えてるって、いま考えがまとまってるわけではなくて、まだいま奮闘中な感じがします。ちっちゃなところで、いっぱい引っかかるところがあって。

―― ありますか。

エリ うん、ありますね。組織としては私が所属しているのはGっていう大きい団体があって、そのなかの、あの、常任委員会っていうのがあって、常任委員をやってるんですけど。

―― そうなんですか。

エリ うん、やっぱ男性のほうが多いんですよ、割合的に。うん。そういうなかで、議論が行なわれていくこととか、あの、なんだろう、ピアカウンセリングをずっとやってて、ピアカウンセリング委員会っていうのもやってるんですけど、ピアカウンセリングってリーダーシップ論が変わってて。強力なリーダーシップとか、あんまりそういうのを求めなくて。どうやって助けられるリーダーになるかっていうのをやるんですけど、ほとんどの人が、ピアカンでない、リーダーシップをとる人のほとんどが、やっぱり従来型リーダーシップの影響が強いので。そこのズレみたいなのとか。私もこの社会に生まれ育ってるから、巻き込まれやすいし。

――あー、そうなんですね。じゃ会議に行って、「あーまた」とか？

エリ　そう。人がやってるのって、すごい目につくから、「勝手に決めんといてほしい」とか言って怒ってるけど、でも実際自分がリーダーシップをとってるときは、自分自身が勝手に決めてしまったりとか、そこらへんで難しいなと思います。（「うんうん」）。自分が完全にそこから脱していたら、こんなにしんどくないかもしれないけど、やっぱ自分のなかに重要なことを一部の人と決める癖がやっぱりあったり。（「なるほど」）。優生思想にしても何《なん》にしても、ほかの人が言ってくることに対して、ある意味、自分のなかの意見が確立されていたら跳ね返すのは簡単やし、別にたいしたことじゃないって笑い飛ばせることも多いかもしれないけど、自分のなかにある部分がやっぱり、うずくというか、うん、自分のなかにある優生思想とか、自分のなかにある従来型リーダーシップをいいとするところとか、さっきも言ってた、意味のあることをやろうとすることとか。そういうのに翻弄《ほんろう》される感じはしますよね。

――あー、でもそれも自覚するのも大変だと思うんですよ。自覚するとこまでしか行けないんじゃないかって気もするんですけど。

エリ　[笑]あー、確かに。

――そういうことに自分がフリーであるかっていったら、そうじゃないしっていう、そういう。

エリ　そう。でも、できれば自分が自由でありたい。ほかの人がどうであれ。

――では、妊娠とか出産とかの経験やお考えをおうかがいしたいんですけど……エリさんは出産経験とか妊娠経験とかおありですか。

エリ　ないです。

――意識しはじめはったこととか、考えはじめたときとか、そういう時期って……。

エリ　パートナーと暮らし始めて、妊娠のこと……でも妊娠するつもりがなかったっていうか、うん。子どもを産むというのが体力的に厳しいなって思ってて、妊娠するっていうことの体へのリスクが大きすぎるんで、ましてや今、介助者が二四時間ついていて、妊娠したらひとり介助じゃ、できなくなる。そう思うと、難しいなと思ってました、最初から。

――パートナーさんと暮らしてはったんは、何歳くらいのこと？

エリ　えっとねー、一〇年くらい前、あ、暮らしはじめたのは九年くらい前かな。それくらい前で。

――今も一緒にいはる「一緒におられる」？

エリ　うんうん。

――そっか、いま四三歳やったら、三三とか四くらいのころですかね。パートナーさんは、おいくつなんですか。

エリ　えっとね、三つ下です。

――そしたら、パートナーさんは「子どもをもつことは」どういうふうに思ってはったんですか。

エリ　なんか、なんだろう。産んでほしいとは思ってなかったです。話とかもしたんですけど、産むことのリスクのことは当然わかるので、別に子どもがいなくてもいいんじゃない？みたいな。そういう感じ。

――パートナーさんは、障害あらはる人ですか。

エリ　今は精神障害があるんですよ。当時はなかったんですけど。

――あー、そうなんですね。じゃ別に二人の生活がゆたかやったら、みたいな。（「そうですね」）。エリさんには、体《からだ》的な負担もあるし、周りの環境を整えるところでも、ちょっとそこまでっていう感じ？

エリ　ですよね。産むこともそうやし、育てるっていうことも全部あわせて考えたときに、ちょっと大変かなって。

――今もですか。

エリ　今もですね。うんうん。今はとくに年齢がだいぶ上《あ》がったので余計に、うん。

――体力っていうと、日々の、すいません、あのエリさんの、どんなふうに疲れ具合がとか、わからないんで、あれなんですけど。やっぱり、疲れやすかったりとか？

エリ　そうですね、ただ座ってるとかそういうことが、けっこうしんどいので、妊娠した体で座っじるっていうのは……。ただいるだけで腰が痛かったりとか、というのが日常なんで、ね、妊娠すると、それこそ腰への負担とか、うん。座って暮らすこと自体が難しくなるだろうな、と。

―― なるほど。あと、たちいったことになるんですけど、セックスするときは負担とかあるんですか。

エリ　そうですね。ありますね。やっぱり、なんだろう、あんまりこう、長い時間とか、無理な姿勢とかが難しかったり、するかな。

―― エリさんがメンバーでいらっしゃる当事者のグループ［着床前診断に反対する当事者グループ］、男性の方もいらっしゃいますよね？（「いますいます、デュシェンヌ型の」）。産む体をもってるのは女の人やないですか、で、女の人が産むか産まないかを決めたらいいっていう話は、そのグループでは、男性の方々はどう思ってはるんですかね。

エリ　なんかね、男女で、そんなね、差がある感じがしなくて。たぶん、だいたいみんなが言ってるのは、女性が産むか産まないかを決める権利について、みんな肯定的で、で、どんな子を産むっていうことを決める権利はもともと女性はもってないだろうってことで、みんな一致してるんです。

―― 二〇〇三年頃に、障害者運動のなかで、障害者差別禁止法に出生前検査の禁止を定める▼[4]という話があったじゃないですか。そういうのはエリさんのグループのメンバーとしては……。

エリ　あんまりね……。

―― 「なに言ってるのかな」って感じやったんですか。

エリ　なに言ってるのかなってことはない［笑］。（「すいません［笑］」）。わりとね、そこは、なんだろう。みんなピアカウンセリング▼[5]やってて、再評価カウンセリングもほとんどの人がやってて、あの、ほんとその、発言のなかに杞憂《きゆう》にすぎないっていうかな、なんていうかな、本質的でない話がいっぱい含まれてるっていうか、すべての人があたりまえにそのまま生まれてこれること、なんか、それでいいんであって、なんかその、誰かがなんとかするとか、やって良いとかだめやとか言うとか、そのことこそ、なんかおかしいんじゃないかっていうか。
（「ふーん」）。だから、あの、なんだろうな。うーん。単純に、障害がある命が生まれてこないっていうことに対して、すごい障害者を排除するとか、そういうことよりも、障害があるからって生まれてこれないっていう社会のあり方のほうが問題っていうか、なんていうの。障害者が生まれないっていうことだけじゃなくて、そういうことよりも、どういう子どもも、その子の特質のために生まれてこれないって言われること自体に問題があるんじゃないかっていう。

——うんうん、なるほど。障害の［ある胎児の］ほうに投影する感じが、そんなに濃くないいんですかね。

エリ　なんなんでしょうね。生まれてこれない子どもに自己投影するってことをあんまりやりすぎないように、その、実際には生まれてきてるわけだし、その子に自己投影してみることは、被害者側に立って文句を言っているみたいなところもあるし。そういうことではなくて、その、どんな子であっても、なんかの特性のために生まれてきちゃいけないって言われたことがおかしいっていう、全体の構造としての問題として捉えたほうがいいんちゃうかなと。

（二〇一一年八月二三日、二〇一四年二月一五日）

4——障害者団体のひとつのDPI日本会議は、二〇〇二年に独自の障害者市民案を提起しようとして、第一次案の第Ⅱ章「障害を持つ人の差別禁止と権利に関する基本事項」のなかで、「障害」のある胎児の人工妊娠中絶の禁止を掲《かか》げた。その後、女性グループとの話し合いを経た〇四年には、禁止の項目を削除した第三次案を公開する。

5——再評価カウンセリングは、コウカウンセリングとも呼ばれ、専門家とクライアント関係ではなく、個人として対等な立場で経験を聞きあい、感情を表出し、互いを肯定していく手法である［全国自立生活センター協議会、一九九九］。

2

出生前検査について障害のある人から話を聞くこと

本書がインタビュー調査によって取り組むのは、インタビュー協力者たちが語る「障害」という言葉が、場面や文脈によってどのように用いられるのかを観察し、解釈し、書き記していくことである。すなわち、日々歩んできた「障害」の経験の足跡――〈生きられた障害〉――に着目する。この作業は、人類学者のクリフォード・ギアツの言う固有の知《ローカル・ノレッジ》の記述、あるいは、同じく人類学者のティム・インゴルドの言う線－軌跡－痕跡《ライン》や、線《ライン》に沿って関係性や記憶を編んだり折り込んだり《メッシュワーク》する営みであると言えるだろう。

ギアツは、民族誌家《みんぞくしか》の実践とは、象徴行為を通した社会的ディスコース（言説《げんせつ》）の解釈であるとしている。象徴行為とは、ある行為を通して「何が言われているのか」を問うもので、民族誌家は、ネイティブによるそれらの行為への解釈を再解釈して記述する。これは、ある表現が社会のなかで果たしている機能や作用に注目し、語りのなかの表現や主張を、意味の実践として捉える営みと言える。

とともに、「道に沿って開けてくる土地と積極的にかかわることによって自らを維持していかなければならない」私たちは、つねにどこかへの途上にあり、日々の踏み跡《ライン》を後ろに残しつつ歩んでいる［Ingold, 2007＝二〇一四：一二五頁］。そして、これまで足跡をつけてきた過去の生の軌跡《ライン》を辿《たど》りなおすことは、未来へ踏み出すさいの一歩になりうる［同書、一八七頁］。このように捉えると、インタビューとは、協力者の「徒歩旅行」の足音に耳を傾け、足跡を記述する試みとも言えよう［同書］。

したがって本書において検討の対象となるのは、インタビュー協力者たちが〈生きられた障害〉や出生前検査をめぐる自身の思考の仕方を、自分自身でどのように解釈しているのかについてである。つまり、協力者による自身の〈生きられた障害〉の解釈の所作《しょさ》、意識しないまま共有されている約束事を表わすことに取り組みたい。この取り組みを通じて、協力者にとっての世界を言葉でえがくこと、そして「他者の世界を展開・説明するのではなくわれわれの世界を多様化する」ことを目指したいと考えている［Viveiros de Castro, 2009＝二〇一五：二六五－六頁、二八二頁］。それは、私たちの社会を描写することでもあると思うからである。

協力者による解釈の作法や共有されている約束事をえがくという試みは、協力者の世界をえがき出す者（私）が、かれらの世界をどのように見ているのかという問題と、けっして切り離せない。何かの対象をえがくという行為には、すでにその対象へ私が行なう一定の意味づけが含まれている。たとえば、女性の身体を性的な対象として描けば、女性の身体は性的なものという意味づけを反復することになる〔小宮、二〇一九：二三二―二三四頁〕。私のこの調査でも、障害者を「あってはならない存在」として扱う「障害者へのネガティブな意味づけ」を、分析の過程で繰り返し表わすならば、「ここでもまた」という印象を読者に与えうるし、その強化にもつながる。

本書は、こういったあらかじめの意味づけからできるだけ距離をおき、協力者たちが経験してきたことや、出生前検査について考えていることに耳を傾け、そこに私の解釈を書き添えてみたい。通り言葉や既存の概念から慎重に距離をとって、協力者一人ひとりの人生の来し方《ライン》を編んでいった〈生きられた障害〉が、どのようなものであったかをえがきたい。

社会学者の小宮友根《こみやともね》は、哲学者のミランダ・フリッカーの提起した、証言的不正義（話者の言葉に対して低い信頼性しか与えないこと）と、解釈学的不正義（話者が表現方法を欠いているために、経験したことを社会的経験として解釈して表わす行為が制限されてしまうこと）との、二つの不正義を引いて、マイノリティの抑圧的経験を表現するための資源の不足を指摘している〔小宮、同書：二二八―二三六頁〕。既存の言語が、フリッカーの言う、認識的不正義の維持への共犯になっているとしたら、本書の試みは、そこからできるだけ離れることを目指したい。

調査者について

先述のように、本書の営みはインタビュー協力者の解釈を解釈することになるので、まずは、解釈をする私自身の、「障害」への視座がどのようなものかを点検することなくして、ページを書きすすめることはできない。そこでこの節では、調査者（私）の属性と調査にさいしての構え（調査開始前の構え）について考えてみたい。本書は、調査者と被調査者の相互作用によってかたちづくられるので、どのような者が調査者であったのかを示しておくことは、この本にとって欠かせない条件であると考えるからだ。

私は、インタビュー調査を実施した当時、三〇代、性自認は女性、「障害」のある大学生の支援コーディネーターという対人援助専門職に就《っ》いていた。昼間は大学に勤めながら、週に一度、夜間に大学院博士後期課程に通っていた。また、調査を開始した二〇一一年八月の時点で二児の親、一二年中頃から一三年初めまでは妊婦でもあり、一三年初め以降は三児の親となった。私に子がいることを知っている協力者もいれば、知らない（伝えていない）者もいた。また妊婦である期間中、妊婦であることをすべての協力者に伝えたわけではないが、体型より判別される時期（一二年後半）は、みずから妊娠中であることを協力者たちに告げた。

インタビュー当時の協力者との関係は、一二名のうち五名と知人関係にあり、その他の協力者とは初対面であった。

調査者の立場

「障害」の属性のある人がインタビューを受けるとき、自身の「障害」や妊娠出産の経験にかんして語ることと、出生前検査にかんして語ることとは、まったくおなじ次元で捉えられるものではないであろう。というのも、出生前検査によって検出され診断された「障害」――〈名としての障害〉――が胎児にあることを知った妊婦の九割が妊娠を中断する、という情報▼1を報道などで日常的に見聞きする社会で、「障害」のある人にこの医療技術への意見を尋ねる行為は、あたかもその人を「中絶されずに大人になった胎児 living adult fetuses that didn't get aborted」［Saxton, 2010＝

1――「新型出生前診断、陽性の九割以上中絶　羊水検査で確定後」、「朝日新聞」朝刊、二〇一三年一一月二二日（二〇一五年一月一〇日取得 http://www.asahi.com/articles/TKY201311220411.html）

二〇一二：一五頁〕と見なしていると受け取られうるからだ。

そして、もしも「障害が予測されない胎児」がこの社会に存在するとすれば、私は、インタビュー時点で非障害の属性にあり、「中絶されずに大人になった胎児」と見なされる側にはいなかった。出生前に行なわれる胎児のふるい分け《スクリーニング》の構造が、私と協力者の立場性に響いてくるようなこの条件下で、今回のインタビュー調査が成立しえたのは、依頼を退ける選択があったにもかかわらず要請に応えた協力者たちがいたからだ。この一二名の協力者たちは、「障害者」の属性にある者として語る役割を引き受けてくださった。

ここで、私がインタビュー調査を計画した時点で、「障害」があることの経験をどのようなものとして捉えていたのかを確認したい。調査には、インタビューの前に協力者に協力依頼文書を送付し、内容を確認してもらい、協力への承諾を得たうえでのぞんだ。

この依頼文書のなかで、私は「障害」をどのように説明していたのだろうか。以下は、「「障害のある女性／男性の語る妊娠・出産・出生前検査」インタビュー調査ご協力のお願い（二〇一一年八月）」（**付属資料1**〔↓405頁〕）の冒頭部分である。

> このインタビュー調査は、障害のある女性／男性が、妊娠・出産・出生前検査についてどのように考えているのかを知りたくて計画しました。お話を伺うのは、これらの経験を実際にされた方と、これから経験をするかもしれない方の両方です。

インタビューでは、障害のある女性が妊娠や出産、出生前検査について何を思ってきたのか、障害のある男性はパートナーの妊娠や出産、出生前検査に寄り添うとき、何を思ったのか、自分たちの子どもが障害をもつかもしれないことを、そして、胎児の障害を「発見」するための医療技術が使えるということをどう考えているのか。それらについて詳しくお話をうかがいます。また、パートナーや家族、医療関係者・教育関係者との関係、障害とのつきあいかたなどについてもお伺いしたいと考えています。そこから、私たちの生きる社会が規定する「障害をもつこと」「治ること」「生産的であること」「女性であること」「男性であること」等を私たちがいかに引き受け、あるいは、いかに退けながら生きているのかが見えてくるのではないかと思っています。（傍点はこの引用のみ）

末尾の文章から読みとれるように、この調査は当初、「障害」を「構築されたもの」として捉え、「障害者を無力化しているのは社会である」とする「障害の社会モデル」［→27頁］の視座から計画された。傍点《ぼうてん》による強調部分の「障害とのつきあいかた」とは、聴《き》こえにくさや視《み》えにくさ、それらによってもたらされる不利益との「つきあいかた」を知りたいという意味である。

しかし、後に検討していくように、身体《からだ》の機能や形態において他の人との違いがあることは、はじめから否定的なものとしてそこにあるわけではなく、たとえば社会的排除を経験したときに、そのつど立ち上がるものである。したがって今ならば、いかなるときにどのような社会的排除を経験したかを聞き取ることが、「障害とのつきあいかた」という質問を通して明らかにしたかったことの一つだと言明できるが、調査当初はそこまで自覚できていなかった。「障害」の社会モデルの視座から調査を計画していた私は、インタビューを通して、社会的に構築された「障害」のありようを聞き取り、その事象《じしょう》と協力者がどのように「つきあって」いるのかを明らかにできればよいと考えていたのである（これらの調査姿勢については第8章で考察する）。たしかに、診断名や「障害」名は、医療者による「分類」や「解釈」によって、社会的に構築されていた。そして、協力者はそれを利用したり、距離をとったりしながら「つきあって」いたと言ってよいだろう。

しかし、どのような診断名や「障害」名かということと、どのような社会的排除を経験してきたのかということとは、別ものだ。なぜなら、社会的排除の経験は、診断名や「障害」名に規定されるものではなく、場面ごとにさまざまなかたちであらわれるからだ。しかも、その経験の捉え方は固定的なものではなく、時間とともに更新《こうしん》され変容していくからである。

詳しくは第3章から第5章で取り上げることになるが、私は、協力者の語りの分析作業を通して、「障害は社会的に構築されるもの」と定位するだけでは、協力者の経験や認識を表わしきれないと考えるようになった。つまり、調査開始当初に私が保持していた姿勢は、調査の継続、そして語りの分析を通して、変化していったのである。

協力者の態度

この私自身の変化に気づいた契機は、出生前検査への考えにかかわった問いに対して、かれらによってとられた態度や発せられた言葉を検討したことであった。これらの検討は、出生前検査にかんするインタビューを受けること自体を協力者がどう受け取め、その場でどのように対処しようとしたのかを読みとる作業になった。協力者たちは、「障害者」のカテゴリーにある者として調査に協力することを了承した。そして了承と同時に、言説《げんせつ》空間に位置が与えられた〔上野、二〇〇五：四六頁〕。つまり、かれらは、私から出生前検査についての意見を問われたとき、その与えられた位置から応答することが求められる。とすれば、どのような位置からどのように応答することをかれらは選んだのだろうか。とくに、それぞれの協力者の人生の足跡をひととおり聞き取り、「障害」の属性を生きることの輪郭《りんかく》をえがけそうなタイミングで出生前検査への考えを尋ねたことに対して、どのように反応をし、何を語ったのだろうか。以下では、これらの問いについて記述していく（なお、出生前検査に対する考えそのものの検討は、第7章でも取り上げる）。

「模範的」に応答する

インタビューで私がメグミに、「自分の障害についてどう思うか」という、あいまいな質問をしたさいの応答から見てみたい。彼女は、「たぶん、好きだと思う。もうちょっと具体的に言うと、友達みたいな感じかな。好きになったり、ときどきめんどくさくなって一人になりたいときがある。たまには一人になりたいと思うときがあったり、やっぱり一緒にいたいなと思うときがあったりする感じ。だから一〇〇パーセント受容できてるかっていったらそうじゃない。行ったり戻ったり」と答えてくれた。私が構《かま》えとしてもっていた「障害とのつきあい方」に話を合わせ、質問に添う応答をしてくれていることがわかる。このあと私が「ネタを提供してくれる」「腐《くさ》れ縁《えん》みたいなものか」という見当違いな応答をすると、それには答えず「こんなインタビューはたぶん受けてない」と笑った。

「腐れ縁」もなにも、メグミはその身体《からだ》の外に出て生きていくことはできない。ただ、その身体を現に生きているからこそ、大学生のときに私と知りあい、卒業後にインタビューへの協力依頼を引き受け、まさに今、出生前検査で胎児に「障害」を見つけようとすることにかんするインタビューに答えているんです、と述べたのである。

メグミはインタビューの別のところでも、母親の早産が原因で視覚「障害」をもつことになったという話題のときに、「というので、ま、話につなげると、出生前検査でわかる障害ではなかったことは確か」と言い添えた。こうして、私がまだ質問をしていない出生前検査に「話をつなげ」て自身の「障害」を説明した。このときの応答も、私が、メグミに「障害が予測される胎児」を見ようとしていることを察知《さっち》してのことだったのかもしれない。メグミはこのように、調査者である私と協力者である自身の位置どりに自覚的であった。

どういう意図なのかと逆に問う

一方で、私の問いに対して逆に、質問を投げかけた協力者もいた。

トオルは詳細な超音波検査を行なえば妊娠中期までに胎児の耳の形を判別できると初めて知ったとき、この技術が自分を否定しているように感じたと語った。しかし、遺伝性ではないとされ、妊婦にもならない自分は出生前検査の当事者ではなく、遺伝性の者こそ当事者だと考えるようになる。

この話をしてくれたトオルに、では当事者に必要なのはどのような支援であると考えているのかと問うたところ、「［ため息］うーん……。まぁ、ひとつの結論としては、どっちにころがってもサポートを受けられるのがいいねっていうのと、ま、責《せ》められない。責められないのがいいよね。「おまえは優生《ゆうせい》思想の持ち主だ」っていう言い方で責められないほうがいい。それはそれで個人レベルでは。ただ、とうぜん腑《ふ》に落ちないものは残るよね」と答えた。

私が「残りますか」と相槌《あいづち》をうつと、「うん。それはやっぱり社会的なものを個人の選択としてさ、押し付けてる……」、「障害者を産まさないような社会にしていくわけやん」と言葉をつづけた。私が「うんうん」と水を向けると、以下のように話を接《つ》いだ。

トオル　……。二階堂さんの論文ではさ、障害のある男性女性にインタビューすることで、出生前診断を否定するようなロジックとかリアリティとかを引っ張って行こうとしているみたいなことはあるのかな。

トオルは、私の調査の前提として、「出生前診断を否定するロジックやリアリティ」をインタビューによって引き出す意図があるのかと問うた。これは、出生前検査で胎児に「障害」を見つけようとすることにかんして私がどのような立場にあり、また、どのような語りを協力者に期待しているのかを確かめようとする応答であったと言えよう。▼2

ヒロトの場合は、出生前検査についてどのような考えをもっているのかと尋ねると、「出生前検査というのも、たとえば受けてみて、障害のある子だとわかったりするんですね？」と質問内容を補足するよう私に求めた。私が「そうですね。あの、パーセンテージがわかるものもあれば、確定的に「ダウン症があります」ってわかるものもあるんですけど」と応《こた》えると、さらに「わかったら中絶するんですか」と質問を重ねた。

このインタビューが「障害」と出生前検査を扱うことは、ヒロトも了解済みであった。また、ヒロトのパートナーには着床前診断の対象とされる「障害」があり、そのことをインタビューの別場面で語っていたため、ヒロトが出生前検査についてまったくの無知であったとは考えにくい。ただたんに、ここで問うている出生前検査が、何を目的としてどのように帰結する技術なのかを、ヒロトは他の協力者よりも慎重に確認しただけなのかもしれない。しかしそれだけではなく、このふるまいには、この調査の本題への応答の前に〝一呼吸置く〟効果をもっていたように思う。あるいは、先に取り上げたトオルのように、出生前検査にかんする質問の意図がどこにあるのかを確かめる意味も含まれていたように思われる。

2――私は、この問いかけに対して「そういうふうになるのかなって思ってたんですよ、否定するのかなって。でもそういうことはないのかな」と、調査の前提として抱いていた考えを修正していることを説明している。

出生前検査についての考えを尋ねると、私に質問を投げかけたり補足説明を求めたりする行為は、協力者たちのうちの女性には皆無《かいむ》で、男性四名のうち三名にみられた。自身が妊娠を経験しないこと、目の前にいる私は妊娠の当事者たりうる属性をもつと考えられることから、その立場性の違いゆえ示された態度だったのかもしれない。逆に言うと、協力者と私がともに女性である場合は、インタビューを受ける側（協力者）が、インタビューを行なう側（私）に対して、検査への意見を尋ねることへの倫理的な統制がはたらき、「あなたはどう思うか」と私が逆に尋ねられる機会がなかったのかもしれない。同じような理由で、男性の協力者たちは、女性である私がどのように考えているのかを確認したうえで自身の考えを述べることが、この場のマナーであると配慮したのかもしれない。

応答へのとまどいと苦笑

出生前検査をめぐる考えを問いかけたさい、とまどいや苦笑《くしょう》といった態度を示した協力者もいた。たとえばサエは、「そうですねー、もうちょっと［笑］、やっぱり、使えるなら使えるでいいですけど、なんていうかなー、うーん……いろんなものがわかりすぎちゃうのがどうなのかなー。それでその、命の選択ができちゃうっていうのはどうなのかなーっていうのは思わなくはないというか〔笑〕」、そしてアサコは、「なんのためにあるのかなって〔笑〕、なんていうのかなぁ」という返答であった。

サエとアサコはともに妊娠出産の経験があり、また私に妊娠出産の経験があることをインタビュー中に伝えていた女性たちであった。私は二人へのインタビュー当時は妊娠していなかったが、この問いの直前に語っていた妊娠や出産や子育ての話題に対して、出生前検査は「産むか産まないか」をめぐる話でもあるため、会話内容に走る緊張の落差に躊躇《ちゅうちょ》が生じたとも考えられる。

あるいは、女性障害者のモリスがそうだったように、「女性」として「望まない妊娠を中止する自由」を支持する立場と、「障害者」として「障害」のある胎児の「選択的中絶」に反対する立場とに、無理矢理に引き裂かれるというアンビヴァレントがここに表われたと整理できるかもしれない〔杉野、二〇〇二：二五六頁〕。

サエが、「使えるなら使えるでいい」としつつも、「命の選択ができちゃう」ことへの違和を表明したのも、この文脈に位置づけられるだろう。いずれにせよ、何かしらのもやもや感、語りにくさのようなものが表白されていることはわかる。

このような語りにくさは、他の協力者たちからも示された。

エリに「出生前検査についてのお考えを教えてもらえればと思うんですけど」と尋ねたときは、「出生前診断について……えっと。なんかね」、「出生前診断について何かを考え始めたの、いつかなぁ。優生思想とかね、そういうことについて知ったのは、たぶん、二〇代のときやったと思うんですけど」という反応で、タクヤに「［人が］羊水検査とかそういうのを使うことに対してはどう思いますか」と尋ねたときは、「あーえー……あー……。そんな技術、なければいいのにって思うんですよ」という返答であった。

これらの応答は、出生前検査について多くのことを考えてきたからこその反応だと言えるかもしれない。タクヤもエリとおなじく、このあと、出生前検査は優生思想ゆえうまれた技術だと思う、と答えているが、ふたりのこの応答には、「優生思想」「そんな技術」についていよいよ話し始める、ということへの身構えや躊躇《ちゅうちょ》が含まれていると推測される。

また、タクヤについては、私の質問が、検査一般への考えというよりも、ある誰かの行為をどう評価するかという訊《き》き方になってしまったことは留意《りゅうい》すべき点であるが、それを差し引いても、何らかの語りにくさを抱えていたことが認められる。

ここまでみたように、とまどいや苦笑、逆質問などの態度はさまざまに解釈しうる。これらに通底するものを見出すのは難しい。出生前検査について何らかの考えを述べること自体が、どのような属性をもたされていようとも、つねに語りにくさをともなうことも指摘できるかもしれない。▼3 また、私の質問時の態度（たとえば「ばくっとした質問」であるとして、それを詫《わ》び、問いを行使することへの躊躇を表わす態度）の影響も否めない。

しかし、ひとつ指摘できるとしたら、逆質問や躊躇の態度によって協力者が示そうとしたのは、このインタビュー調査に対する違和感ではないだろうか。つまり、出生前検査によって検出される診断名や属性名――〈名としての障害〉――と、かれらがこのインタビューで多大な時間と労力を費《つい》やして語ってきた〈生きられた障害〉の経験とが、同一視されてしまう事態への抵抗だったと言えないだろうか（この点については最後の第8章であらためて考察する）。

哲学者のジュディス・バトラーが指摘したのは、主体は主体があずかり知らぬところで言説によって構築されるのであるが、その主体は受動的に構築された所与《しょよ》であると同時に、エイジェンシーを構想する可能性ももつということだった。エイジェンシー（行為体）とは、すでに構築されてしまった主体が、その規範に応《こた》えながら、同時に既存の規範を書き換えていく発話の場／プロセスをいう。その言説実践では、既存の言語を「引用」することになるが、その「引用」はたんなる反復ではなく、そのつど「異本」を生産しながら、その過程で生まれる差異

3―― いわゆる非障害の女性たち二六名に、出生前検査についての意見を尋ねたインタビュー調査は存在するが、応答の態度については検討されていない［柘植・菅野・石黒、二〇〇九］。

が構造をかく乱し、変革の契機をもたらすという［上野、二〇〇五：二九頁］。つまり主体は、一方的に構築されるだけでなく、所与の文脈とは別の文脈を展望しうるのである。たとえば社会学者の北村文《きたむらあや》は、「日本女性」は、異性愛主義やセクシズムやオリエンタリズムに染まった既存の言葉を引用して、みずからのアイデンティティを示さざるを得ないが、同時に、引用という差異をはらんだ行為を繰り返していくことを通して「日本女性」を新たに構築することになると指摘している［北村、二〇〇九：二七頁］。

つまり、出生前検査の文脈にある〈名としての障害〉について、応答することを求められた協力者は、その呼びかけに対して手元にある言語——たとえば診断名や属性名や俗称や医療情報など——で応じるしかないが、その引用の場で、とまどいや苦笑や逆質問の態度を示すことによって、別の文脈を立ちあげようとしていたのではないか。たんなる反復ではない別の道を模索していたのではないか。それは、協力者たちが経験し、インタビューを通して私に語ってきた〈生きられた障害〉と、出生前検査の診断の文脈にある〈名としての障害〉とのあいだには、どうやら断絶があるらしいという手がかりを示している。

応答を求める私からの呼びかけは、〈名としての障害〉が予測される胎児と、「障害」がある人の「障害」とを無自覚に同一視したうえで、結果的に〈生きられた障害〉の経験について語るよう協力者たちに要請していた（この「無自覚」についても第8章であらためて検討する）。それに対して協力者たちは、所与の構造の単純な受動的反復を否定するかのように、とまどいや苦笑、逆質問などの態度を通して、応答をずらそうとした。これは、既存の文脈から外れ、エイジェンシーをあらためて立ち上げようとする企図のあらわれとして受け止めうるのではないだろうか[Butler, 1990 = 一九九九：二五四頁]。

同一視から逃れる

出生前検査で検出される〈名としての障害〉は、ネガティブなものであるという理解が一般的だ。そうだからこそ、「障害が予測される胎児」は中絶が選ばれるのであろう。ただ、この章での検討から、「障害」のある身体《からだ》を生きる人びとにとっての〈生きられた障害〉と、出生前検査の文脈における〈名としての障害〉とのあいだには、断絶らしきものがあることが淡く示唆された。

出生前検査の文脈で診断される〈名としての障害〉は、生きている人の〈生きられた障害〉とは異なるのかもしれない。「障害」という言葉には、それが用いられる文脈ごとに、複数のはたらきがあるのではないだろうか。私たちは、それぞれの成り立ちを注意深く見て、一つひとつを慎重に分けて考えねばならないのかもしれない。

一二名は「障害」の属性を生きる者として語る役割を引き受けてくれた、と私は先述した。かれらは、強いられた同一性から逃れる必要があると考えたからこそ〔上野、二〇〇五：三四頁〕、出生前検査をもテーマに含む厄介《やっかい》なインタビューへの要請に応じてくれたのかもしれないのだから。「障害」のカテゴリーで呼びかけられた協力者たちは、そのカテゴリーを強要されていると感じつつ、それとの距離を操作しながら自己を語ることに（エイジェンシーを構想することに〔上野、二〇〇一：四六頁〕）、時間と労力を割いてくれた。かれらの語りをめぐる分析や考察は、エイジェンシーとしての協力者一人ひとりの言説実践を記録していく取り組みになるべきであろう。この章では、まずは今後の分析の指針を見出せたことを読者に伝えたい。したがって、次の章からようやく、本書の始まりと言えるのかもしれない。

メグミの語り

―― えっと、いつわかった？　障害のことは。

メグミ　［生まれて］半年もしない間？　退院するときにはわかってたから、生後五ヶ月くらい。

―― そうなんだ。　え？　それまでずっと入院してたの？（「はい」）。なんで？

メグミ　え、だから未熟児だったたから。

―― あー、未熟児やったんや。えっと、障害名はなに？

メグミ　未熟児網膜《みじゅくじもうまく》症。▼1

―― 未熟児網膜症。何ヶ月で出てきたの？

メグミ　えっと、妊娠七ヶ月。今まだと、ふつうだよね。今だとたぶんぜんぜん問題ない。だって病院で言われたもん、「あなたが二〇年前に生まれていたら、たぶん、ここにいなかったし、二〇年後に生まれてたら健常者になってた」って。（「そうなんだー」）。じゃ、ちょうどいいときだったんだーって［笑］。まにあったかーって。二〇年前だと生まれてないし、二〇年後だとおもしろくない人生だった。

―― そっか［笑］、ちょうどいいときに。

メグミ　まにあったーって。病院の先生もいい加減だったらしい。生まれてしばらくして「この人一年もちません」って言われたらしい。（「あぁ、そうなんだー」）。だいだい、いい加減な病院で、次は「心臓になにか障害が残るかもしれない」って、で、次は「脳に障害が残るかもしれない」って言って、最後に目《め》だった。（「そうなんだー」）。いい加減な先生だった。

―― ふつうの産婦人科の？

メグミ　最初生まれたのは、ふつうの産婦人科で、でも、七ヶ月で破水《はすい》して生まれてしまったから大きい病院に運ばれて。私はぜんぜん覚えてないけど［笑］。

―― うふふ。うん、それは聞いた話？　いつごろ聞いた？

メグミ　それ聞いたのは、もう、高校生になる前には。で、たまたま障害基礎年金をもらうときに、診断書っていうか前のカルテが要《い》るってなって、たまたま小学生のあいだ、定期健診を一年に一回受けてたから、まだ病院がカルテをもってたらしくって、ちゃんと読んでもらえばよかったって思ったんだけど、そしたら、生まれて三ヶ月もしないうちに私は、一回めの手術を受けているんだっていうことがわかって。

―― どこの手術？

メグミ　目の手術。

―― そうなんだ。あの、未熟児だから網膜症なの？　それとも、最初から……。

メグミ　えっとね、未熟児網膜症っていうのは、未熟児で生まれたことによって、肺とかに酸素を送り込む力が弱い。で、臓器も未熟なまま生まれてきてるっていうのもあって、とにかく酸素を送りこまなきゃいけない。酸素を入れすぎると、網膜の血管がうまく発達しないとかするみたいで、一種の網膜剥離《はくり》みたいなのを起こしてしまう。

　で、さすがに最近はそのへんも研究が進んできて、どのくらいの量を入れればいちばんベストなのかっていうのが進んできて、すこしずつ完全に視力がなくなる人とかは、まだあるけど、減ってはきている。ま、妊娠七ヶ月くらいだったら、だいたい健常者で生まれてくるのかなぁっていう、私の印象だけど。そのころはまだ医学がね……（「ふーん」）。だからまぁ、その時代だからわからないけど、もし損害賠償とか請求してたら、いま頃、もしかしたら全額もらってたかもしれない。

―― あー、そうなんだ。その、早産になった理由とかは、知ってるの？

メグミ　母親の子宮があんまり強くなかった。弟は、まぁ、のんびりした性格だから、ふつうに一〇ヶ月いたらしいんだけど、その下にもう一人妊娠したらしくって、その女の子は五ヶ月でおりちゃったって。（「そっかそっか」）。だからあんまり……　母親、カレーつくってたらしい。（「え？」）。カレーつくってたときに破水したらしくて、「で、そのカレーどうなったの？」っていう話を［笑］。「食べたんちゃう？」っとか言って［笑］。自分で病院行ったらしい。お腹《なか》も痛くないし、破水《はすい》してるからって、運転して。「えー？」とか言って。

―― 七ヶ月だったらまだぜんぜん［お腹が］張っ

てくるちょっと前くらいだから。そうだったんだ。

メグミ　たぶん、狭《せま》すぎて、［お腹のなかにはもう］いたくなかったんだと思う。ちょっと狭いから早く出たかったんだと思う。（「早く出たかったんだよね、そやね」）。たぶんそう思う。いま考えると、ちょっと後悔してる。三ヶ月あとに生まれときゃ、もうちょっと若くいられたのに、みたいな。

——え……そういう？［笑］

メグミ　失敗したなって。（「ふーん、そっかそっか」）。というので、ま、話につなげると、出生前検査でわかる障害ではなかったことは確か。

——そしたら、高校生のときに生まれたときのことを聞いたって言ってたけど、自分で自分の障害っていうか、違うんだなっていうか、自覚みたいなんをしたときのことを教えてもらっていいですか。

メグミ　家族じゃなかった、ですね。あの、人の話によると、担任の先生の話によると、私が二年生のときに、ちょうど新しく来た先生が「あ、あっち」とか言ったらしいんですよ［笑］。

1——未熟児網膜症は、早産との関連が強く、そのほとんどが子宮内での発育が三〇週未満、出生体重が一五〇〇グラム以下の場合に起こるとされている。保育器内で酸素を大量に用いた未熟児にみられる目の異常で、網膜の血管の未熟性に起因すると考えられている（二〇二一年五月二三日取得、https://www.nanbyou.or.jp/entry/621）。網膜血管は妊娠四ヶ月から九ヶ月頃にかけて伸展するが、十分に伸展する前に母体から娩出《べんしゅつ》されるために起こる。国立成育医療研究センターによると、在胎週数・出生体重が少ないほど網膜血管が未熟なので発症率が高く、重症になりやすい傾向があるとしている。近年は、周産期医療の進歩にともなう生存率の向上によって、体重が極端に少ない児が生存できるようになり、小児の失明原因の第一位が未熟児網膜症（全体の四〇％）であると示している（二〇二一年五月二三日取得 https://www.ncchd.go.jp/hospital/sickness/children/retinopathy.html）。

で、「あっちって言われても見えないんだからわからない」って私に怒られたっていう話は聞いたことがあって、でも、私は覚えてないんだけど。

でも、ていうことは、小学校二年生くらいのときには自分は見えないっていう状態で、周りは見えてるんだっていうのは、たぶん理解してたんだろうなって思うけど、でも、あまりその時点では意識はしてなかった。で、なんで意識したかっていうと、五年生くらいに、たまたま学校から家まで帰るっていう練習をしてたんです。電車乗って帰る。

―― 学校ってどこだったんだっけ？

メグミ X県立盲学校。で、そっから電車乗って片道一時間くらいを帰る。

で、だいぶ歩けるようになってて、そしたら、ある先生が「今日会議があるから一緒に行けないんだ」って。で、私はその先生のことを信じたんですね。その先生もうまかったんだと思うんですけどね。で、「でもまぁ、駅までは一緒に行こうか」ってなって、「じゃぁここで」ってなって、その先生はいなくなったと私は思っていた。

でも実は、こっそり後ろからついてきてた。（「うーん」）。で、電車〔を〕降りたところで母親が待っていて、母親には見えたらしいんですよ。「いたような気がしたけど」って。なにも事情を知らないから。で、その先生は、「家に着いたら電話して」って。で、学校か自分の家かどちらかに電話してって。で、私、学校に電話したの。そしたら別の先生が出て、「いや、なんとか先生は、もう帰ったけど」って。

―― あれ、会議。

メグミ 「あれ？ 会議は？」って。で、そこで私はわかったんですよね。この先生は、私に黙って後ろからついてきたんだ。私をだましたんだって。

そのときに、自分は見えてないっていうか。こんな近くでその人の存在に気づかないっていう。（「あーそっかそっかー」）。だって、母親は見えていたような気がするっていうくらいだから、それだけ近くに。でも自分は気づかないんだっていうことに、私はすごいショックだった。それをやったのは自分の担任の先生だったっていうことが。まったく自分を知らない他人でもなく。そういう人だったっていうのがまたショックで。（「あー」）。だから、信じたかったっていうのもある。もちろん、その先生には、そのことはしゃべってないけど。それからあんまり会わなかったから。その先生も、そのこと覚えてるかわからない。

で、いま考えると、そんな小学生をそんな急にね、誰の許可もなく、一人で勝手に帰ってくださいって言わないっていうのは、今になったらわかるけど。その先生のなかにも、一人で歩けるっていう自信をつけさせようっていう気持ちがあったんだと思う。でも、それ以上に私のなかでショックが大きかった。（「そうやね」）。今でも、っていうか、しばらく、それが原因なんだって気づくまで、たまたま誰かと一緒に歩いてて、「ちょっと切符買ってくるから」って人と離れるじゃないですか。「ほんとに戻ってくるのかな」って時々思うときがあって［笑］。（「あー　そっかー」）。それって、そういう自分の経験が、この、何かわからない自分の不安につながってるんだって気づくのに、けっこう時間がかかった。

それが、最初に私が障害っていうのを、ま、「障害」っていう言葉として理解したかどうかは別だけど、なんか他《ほか》の人とだいぶ違うっていう。ふつうに一日、泣いてました。

——ほんとう……　ショックだよね。そういう意図じゃないんだけどね、先生は。

メグミ　そうそう。そんなこと感じると思わなかったんだと思う。でも、それは結局、最後までその先生には話せなかった。

——お母さんに「自分の障害わかってたら産んだ？」って訊《き》いたら、「障害があるってわかってたら産んでなかったし、そして今の私を知っていて妊娠したとしても産んでない」って、お母さんが言ったっていう話を前に聞いたけど。

メグミ　でもその考え方も、全部否定できるかっていうとそうでもないなっていうのも私の中にあって。（「うん」）。親になったらやっぱり考える。障害のある子どもっていうのが一〇〇パーセント受け入れられるのかなぁっていうと、そうじゃないのかもしれないっていう。

——お母さんがそういうふうに答えるっていう

気持ちもわかる?

メグミ　うんうん。重症心身障害とかいろいろ障害あるけど、ま、子育てが大変だなというより、お互いのコミュニケーションがとれなくて、それはそれで寂しいんだろうなっていう。

――そういう知り合いとかいるの。

メグミ　うーん。私は小学生のときは、いろんな重複《ちょうふく》の人とか、たくさんいたし。

――そっかそっか。言ってたもんね。そのときに、体《からだ》で感じてたものがあるのかな。

メグミ　言ったかなぁ、避難訓練のときに、誰が先に逃げるかっていう。命の選別だって。

――言ってたね。まずは。

メグミ　障害の軽い人から。

――で最後に重度心身障害の……。メグミさんは放送係りかなんかやったんやっけ。

メグミ　放送係りじゃなかった。私は、たまたま録音してたの。避難訓練を、勝手に。なんか録音したくなって録音してたの。そしたら、いちばん最初に弱視の人たちが逃げて、私たち(全盲の人たち)も勝手に逃げて、で、それが終わって、点呼《てんこ》が終わった頃くらいに、見回りの先生たちがやってきて、入ってきて、「そしたら、なんとかちゃん、行《い》こかー」みたいな。で、いっこいっこドアを開けて、他に誰も残ってないかを確認して、それをやりながら、なんとかさん行こかーみたいな感じで。もう焼け死んでるみたいな。

ま、ほんとにそうなったときに、火事になったときに、どうするかはわからないけども、でも、訓練って、そのときのやりかたをする。

――それって、小学校の?

メグミ　四年生くらいかな。小学校四年生でそんなことを考えてしまった。

――そういう障害があるかもしれない存在の生を自分が授かるかもしれないとか、授かってしまったとかがわかる検査があるとしたら、受ける?

メグミ　難しいな。わかったら迷うと思うから、受けないと思う。でも、もし、世の中で九九パーセントの人が受けるという時代になったときに、自分が受けないっていう選択肢をできるかどうか。で、じゃあ受けないという選択をして、障害のある子が生まれた。周りはどう思うんだろうっていう。（「そうやね」）。逆に受けるという選択肢をとって、わかって産む。それはそれで、周りは協力してくれるのか、それとも、自分で決めた自己責任だから、自分でなんとかするべきだっていうことになるのか。ほんとにそのときによって、自分の判断っていうのは変わってくるのかもしれない。

―― そうだね…… お医者さんがほらみんな受けてますとか、標準的な検査なんですってなったら、あえて……。

メグミ 拒否するだけのは（「ないかもなって」）。うん、選べるうちは選ばない、受けないかもしれない。

―― なるほど。もし、メグミさんにパートナーがいて、パートナーが調べたほうがいいよって言うとか、出産してからのことをどういうふうに考えてるかわかんないけど、パートナーがたとえば障害もってて、自分たちの生活に大きく影響するから調べといたほうが「よい」っていう考えの人だったりしたら、メグミさんは産む性をもってる女性で、どういうふうになると思う？

メグミ 私の気持ちを優先するんじゃないかな。それに、調べといたほうがいいって言うことは、そのパートナーには、調べてもし障害があるってわかったら産まないっていう選択肢をとったほうがいいっていうのを半分含んだかたちになってる。（「うん、うん、そうだね」）。だったら私は、そのパートナーよりも自分の気持ちを優先する。

―― そういうの実際に考えたりしたことある？ ない？

メグミ だって、私「の勤務先は」子ども青少年局だもん。（「え？どういうこと？」）。子ども青年局だもん、考えることいっぱい。（「そうなの？ 仕事的に？」）。仕事的にどうとかっていうより、いろんな虐待《ぎゃくたい》とかあるじゃないですか。

―― あ、そっか、家族のありかたとか、夫婦のあり方とか。

メグミ 子育てとか。

―― それで思うわけか、たとえば、子どもを抱えてるお母さんの状況とか？

メグミ そうそう、残念ながら障害のある子どもを育てるお母さんって、虐待っていう状況になる人って少なくないから。(「うん」)。やっぱりまだまだ、いま子育て支援っていうけど、障害のある子どもの子育て支援っていうのは、ほとんどまだまだ手が薄いっていうか。教育っていうところには、特別支援教育にはすこしずつ進んできてるけど、子育てとかは、まだまだだし。こういうときに障害のある子どもはどういう環境になっていくのかなぁっていうのは、やっぱり考える。

――そういうのみてると、障害もってる子は要《い》らないんだみたいなそういう思想、考え方に対して、パートナーだろうが誰であろうが、私は否《いな》と言うんだっていう。

メグミ　だって、私は遺伝性でもなかったし、今だったらわかんないけど、たぶん母親の子宮の状態とか子どもの状態とか、もしかしたら危険だとかわかるかもしれないけれど、ま、私は生まれるまで障害っていうのはわからなかったんだけど、でも、確実に障害をもった子どもという時代を生きてきた。障害のある子どもがだめっていうと、それは自分を否定することになる。自分を否定することだけは絶対にしたくないし。

――障害のある胎児を見つけるための検査っていうのは、自分を否定するものになるっていう感覚がある。

メグミ　うん。さっき言ったみたいに、じゃあ、どんな障害でもってなると、考えるっていう。

――そしたら、検査って、障害のある胎児を見つけるための検査って、「やられるべきじゃない」ってふうに思う？

メグミ　それは、あんまり思わない。なぜかっていうと、生まれてくる子どもにも産むお母さんにも納得して生まれてきてほしいなって思う。

生まれてきたけれど障害をもってて自分は不幸だって思ってほしくないし、そこまで思うんだったら検査して、最後、その人の判断に任せたほうがいいのかもしれない。

とは思うけど、でもたぶん、障害のある子どもの子育てって、その人の自分の考えだけじゃなくって、どれだけその社会が障害のある子どもを育てやすい環境になっているかとか、そういう部分には、だいぶ影響すると思うから、私は自分の仕事のなかでもそうだけど、障害のある子どもが育てやすい環境をつくっていくのが私の仕事かなって思いがしてて、やっぱ、いつかそういう時代にならないかなとは思ってて、障害のある子どもが生まれても障害のない子が生まれても、同じようにみんなから「おめでとう」って祝福される。そういう社会になってほしいなって。障害のある子が生まれると、まだまだ大変だねぇとか、そういう時代で……、だから親が子どもも生むときに望むことは、まず元気で健康で生まれてくれればそれでいいっていうじゃないですか。

元気で健康ってどういう意味なんだろうって考えて、それはもしかしたら、障害のない子どもっていうことにつながってるのかなぁって思う。それを聞くたびに私はつらいから、だから、障害のある子どもが生まれてきても、同じように祝福できるくらいの環境をつくっていきたいなって思うし、それがつくれたら、検査があったとしても、障害のある子どもでも、産むっていう選択をする人が、男性にも女性にも増えるかなぁとは思うんですよね。

――でも、今は少なくともそういう現状ではないと、仕事を通して思う?（「うんうん」）。そこまで思うんだったら検査して産まないほうがいいっていう人もいるんじゃないかっていう感じなのかな。

メグミ　たしかに、生まれてから育てるなかで、やっぱりこの子どもを生んでよかったって言う人もたくさんいると思うし、そう思う人のほうが多いかもしれない。けど、実際に障害のある子が生まれて、つらい思いをしてる人もいるし、けっこうその、夫婦関係がうまくいかなくなって別れてしまってっていう人もたくさんいるし。そういうのをみると、覚悟して、覚悟してっていうか、最後は自分の判断で決めるべきじゃないかと思う。産むのは女性だし。パートナーと話し合うことは必要かもしれないけど、最後は女性の判断と思います。

――それは子育てするのが母親だから?

メグミ　うーん……。子どもを産むっていうのは、それなりに自分の体へも負担がかかるわけじゃないですか。負担かかるのは女性だし。

――　妊娠出産までの負担は女性しか担《にな》えないもんね。

メグミ　女性が産まないって決めたら男性がいくら言っても産めない［笑］。やっぱり最後［に］決めるのは女性だよね。

――　自分が子ども生まれたらどうやって育てるんだろう、とかは考えたことある？　その、全盲の女性としてというところで躊躇《ちゅうちょ》するとかある？

メグミ　なんとかなるんじゃない？

――　自分の障害を理由に「もたない」とは思ってない？

メグミ　思ってない。子育ては自分ひとりでするもんじゃないと思ってるから［笑］。わかんないけど、たぶんなんとかなると思ってる。

――　うん。それは、いつくらいから思ってる？

メグミ　いつからかなぁ？　うーん、二〇歳超えたくらいかなぁ。自分の障害を肯定できるようになってから、あたりかもしれない。

――　あぁー、それはピアカウンセリング［↓45頁］講座を受けたことが大きかったの？

メグミ　いや、そうでもない。開き直ったんだと思う。あの、これっていうきっかけはなかったけど、やっぱり、大学の授業もそうだし、パラグライダー部にいたし、一日……。一泊二日とか。もう隠してられない。（「二四時間もう……」）。でしょ？　大学生活、ふつうに大学生活してるだけだと、非常に優秀な学生に見える。雰囲気だけは見える。

勉強はできないけど、視覚障害者として優秀な人に見える。ひとりで大学まできて、とりあえずテストも受けて、勝手に帰って。そこだけを見てる人にとっては、大学のなかも一人で歩いてるし、優秀な人に見える。でも、ほんとは、それだけにしときたかったこともあるんだけど、パラグライダー部に入って一泊二日なんかしてると、そんなわけにいかないし、いろんなことが起きる。アウトドアのスポーツだし、あんまり一人で歩けないし。

で、うーん、で、さっきも言ったけど、それでも、また一緒に行こうって言ってくれる人たちがいて、ていうこととか。
大学生活のなかでも、ある先生がビデオを見るって言って、とりあえず［前の方に］来てって言うから。「来てって、ビデオは日本語じゃないんですか」って訊《き》いたんですね。「いや日本語だけど」って。その人は［私が］映像が見えないからビデオはあまり理解できないって思ったらしい。私はあんまり、それ以上強く言えなかったんですね。
そしたら部屋出る瞬間、友達がとなりですごい怒ってて、「なんで、もっと言わないの？」「横で聞いてるほうが腹が立つ」って。で、私以上に、ていうことを考えてくれる。
ま、ビデオは私のとなりで説明してくれたら楽しい、理解はできるし、音だけでも理解はできる部分はあるし。そういうのを私はそのとき言えなかったんだけど、主張するところまで、まだ自分を受容できてなかった部分だと思うんだけどね。でも、私以上に思ってくれる人がいるっていうことに出会ったりとか、いろんなことのなかで、自分の障害っていうものを、今でも一〇〇パーセントと言えないし、たまには「あーめんどくさい」って否定したくなることもあるけど、ある程度、肯定できるようになったんですね。肯定できるというか、受け止められるようになったときくらいから、ひとりで全部なんとかしようと思わなくていいんだって。そのころから、たぶん子育てもなんとかなるかもしれないって。

――そうかそうか。じゃ、別に見えない人とのピア［Peer 仲間］な何かというよりかは、むしろ、メグミさんにとっては異文化の人たちとの、なんていうか、気持ちが合わさる部分っていうか、経験が大きかったのかなぁ？

メグミ　だって私、視覚障害者との関係を切ったの。大学生活に入るときに。（「切ったの？　そうなの？」）。ここに甘えたらあかんって。

――「甘えたら」って、どういうこと？

メグミ　この文化のなかに、なんていうんだろ、私は健常者の文化のなかで健常者と同じように生きていくんだって思ったから、大学生活の最初のイメージとして、まずはアルバイトをして、サークルに入って、で、ちょっとだけ勉強する、そんなイメージ。三番めか四番めくらいに勉強がくる、感じで、大学生活、大学っていうイメージがそうだったんで。で、視覚障害者との関係をそこで切った。

―― 健常者の世界に入るんだって。

メグミ　そうそう。だから今でも取り戻せなくて困ってる［笑］。今、いないんですよ、なかなか。

―― そうなんだ。それはなんなんだろうね？甘えるっていうのは。

メグミ　傷をなめあってもしょうがない。（「あー、「傷をなめあう」……」）。大変だよねって。（「そっか」）。なんの解決にもならない。ていうのと、障害者が嫌いだったから、私は。

―― どこらへんが嫌いだったの？

メグミ　障害者っていうのが。（「障害者って」）。障害者ってカテゴリーにいるのがいやだった。

障害者なんだけどね、いま考えると。どこまでいっても。障害者っていうふうにみられるのが。たぶん、自分が障害者を差別してたんだろうね、たぶん。

（二〇一一年八月二四日、二〇一四年二月一〇日）

3 自分の障害名を説明すること

協力者たちは、自分自身を語るさい、どのような場面でどのように「障害」という言葉を用いていただろうか。

インタビューでは、「障害」があることを協力者の基本的な属性のひとつと見なして、聞き取りの冒頭で、年齢や性別、家族構成を尋《たず》ねるさいと同じ手順で、「障害」について尋ねた。具体的には、障害名、障害者手帳の有無、もし手帳を持っていればその内容と等級、いつその診断を得たのか、などである。私からのこれらの問いかけに対して協力者たちは、手帳を取り出して私に見せたり、診断された当時の様子や、親から聞いた話を説明したりしてくれた。

障害名を説明する

トモコ

トモコとは初対面であったが、彼女を紹介してくれた人から、トモコに脳性麻痺《のうせいまひ》があると聞いていた。インタビューのときに、障害者手帳は持っていますか、と尋ねると、持っていると言い、子どものときと現在では障害名が変わったことを説明した。

――［障害者手帳を見ながら］「四肢《しし》機能障害」……。

トモコ　もともとは一三〇〇［グラム］で生まれてるんで、早産で、それでCP［脳性麻痺］かなぁ、と言う。

――あー。「かなぁ?」で、二〇歳《はたち》まで?

トモコ　ううん、たぶんそうです。手帳にはそう書いてありました。だけどこっち［四肢機能障害］に変わるから、どうなんか?みたいな。ほんまか?みたいな。でも、ちっちゃいときの診断のほうが合ってると思います。こっちはあくまでも役所で、先生の基準表をもとに疾患《しっかん》名が……、そんな人いっぱいいるみたいなんで［笑］。あ、そうですかって。

トモコは、一歳半で診断された「脳性麻痺」という障害名で二〇歳になるまで生きてきた。しかし、二〇歳の障害基礎年金の申請時には、医師から「四肢機能障害」と診断され、以降はこの障害名となる。障害基礎年金の申請に合わせて障害者手帳も切り替えを行なったので、新しく届いた手帳の障害名も「四肢機能障害」となっていた。トモコによると、障害基礎年金の申請時の診断名は、そのときの「先生」が「基準表」に従って下したにすぎず、一歳半のときの診断のほうが「合ってる」と思うと述べている。「合ってる」とは、出生の状況（早産）や体重（一三〇〇グラム）から判断するに脳性麻痺のほうが〝正しい〟診断であると思う、という意味であろう。また、障害基礎年金の申請時に診断名が変わる人は「いっぱいいる」とも語った。

障害名が変わったことに対しての「あ、そうですか」という応答は、医療者が自分の身体の状態にAという名をつけようが、Bという名をつけようが、どちらでもいいかのような淡白な反応である。この反応は、どちらの名でも障害基礎年金が支給されることに変わりはないこととも関係しているだろう。だから、「先生」の基準表をもとについた名が、これまでの診断名と異なっていても、大きな問題ではないと考えたのではないかと思われる。▼1

エリ

エリからも、インタビューの前に障害名を聞いていた。インタビューの前の日、どのような「障害」なのかをインターネットで調べた。そして当日の会話の流れのなかで私は、誰もがエリの「障害」に起因するとされる遺伝子型の保因者《ほいん》であるかもしれないことや、一九九五年にその原因遺伝子がわかったことなどについて触れた。するとエリは、「そうなんや」と、もともと知っていたふうでもなく、かといって初めて聞いて感心したふうでもない相槌《あいづち》をうった。

そしてエリは、診断がされた一九七〇年頃、自分の「障害」は「メジャーな病気」ではなく、病名の細かい分類もなく、「筋肉疾患《しっかん》」として「いっしょくた」になっていたのだと語った。現在は遺伝子検査などの検査技術があるため、どの遺伝子に変異があるのかなど、細かい分類をもとにした診断ができる場合もあり、エリの「障害」は、疾患名は同じでもさまざまなタイプがあることが明らかになっている。ただ、エリが子どもだった当時は、「神経疾患みたいなイメージもなく、ぜんぶいっしょくたのなかで、なんせ治《なお》らないっていうことと、筋肉が弱っていくっていうことだけ知ってた」、「小学校のときは普通校に行ったんですけど、周りもなんにも知識がないから、ただたんに障害がある子ではあって、その、このエセ名の障害のある子っていう意識は誰にもな」かったという［→54頁］。

つまり、エリにとって自分の「障害」は、「治らない」ことと「筋肉が弱っていく」ものとしてのみあった。自身の「障害」の原因遺伝子が一九九五年に見つかったことも知らなかった。

1―― 二〇二一年五月に本書の元になった原稿の確認をトモコにお願いをしたところ、二〇一一年のインタビュー時以降は「四肢機能障害」という診断名に支障を感じるようになっているという。なぜなら、「四肢機能障害」には事故などによる中途障害も含まれるため、たとえば住宅改造費補助金や補助具費支給の申請をするさいに、先天性の「障害」をめぐる経験が理解されにくく、説明に苦慮《くりょ》するからだという。

なお、障害基礎年金の申請時に「年金請求書（国民年金障害基礎年金）」に添付する「国民年金 厚生年金保険 診断書（肢体《したい》の障害用）」は、国民年金機構のウェブサイトに掲載されている。まず一項目《こうもく》めに「障害の原因となった傷病名」を記載する欄《らん》があり、一八項目めに、日常生活における動作の障害の程度として「つまむ」「ひもを結ぶ」「上衣の着脱」「階段を上る」などの動作を補助用具を使わずに「ひとりでうまくできる」／「一人でできてもやや不自由」などを記入する欄が設けられている。最下段に医師の氏名の記入欄がある（二〇二一年五月二三日取得 https://www.nenkin.go.jp/service/jukyu/todokesho/shougai/shindansho /20140421-18.files/0000006829.pdf）。

また、厚生労働省は「身体障害者手帳の様式等について」（平成三一年三月二九日）内の、「第三 障害名の記載方法について」のなかで、障害名には――、

「傷病名（診断名）及び障害程度を簡潔かつ明瞭に記載することとしていたが、プライバシーへの配慮という観点から、以下に例示するような障害種別のみの記載とすることで差し支えない。ただし、身体障害者手帳の交付を受ける者によって、具体的な障害の内容が身体障害者手帳に記載されていた方がよいと判断される場合等には、本人の意向を踏まえる等した上で、従来のように傷病名及び障害程度を記載することとする」

――と示している。そして記載例として、「視力障害」「視野障害」「聴覚機能障害」「体幹機能障害」「上肢機能障害」などの一二の名称を挙げている（二〇二一年五月二三日取得 https://www.mhlw.go.jp/content/000505335.pdf）。

「四肢機能障害」は、傷病名（診断名）というよりも、記載例に示された障害種別（行政的な分類名）と言えそうである。ということは、厚生労働省の通知以前ではあるが、トモコの障害基礎年金支給申請当時に診断を行なった医師は、「プライバシーへの配慮」の観点から、「脳性麻痺」を記載しなかった可能性もある。

そして、自身の障害名を「エセ名」だという。
さらに「この障害名も合ってるかわからないんですよ、あの［笑］」と話を接《つ》いだ。

エリ　けっこうみんな、そうなんですけど［笑］。
――「こうなんちゃうか」的な感じなんですか。
エリ　この障害、細かく分類されてるんですけど、最初はいっしょくたやったんですね。それのどこにあたるかとか、なんかそのへんも、けっこうあいまいで、私のお友達も三〇代後半なんですけど、こないだ違う障害やった、みたいな［笑］ことが。
――［笑］
エリ　実は、みたいな。その人もずっと国療《コクリョウ》［国立療養所］に行ってて、医療のまんなかに［…］。病院のなかで育っても、そんな感じで。けっこう適当やんなって言って。

このようにエリは、遺伝子型のタイプのみならず「障害名」さえも「合ってるかわからない」ままにしている。エリもトモコも、障害名とは、診断を下す側の主観や科学が解明できることの限界など、時と場合によって変わるものとして捉えており、それが「正しい」名前かどうかは重要な問題とは考えていないことがわかる。

ヒロト

ヒロトは三五歳のときに精神障害の診断を受けた。彼は三三～三四歳頃に初めて症状があらわれて以降、しばらく病院に通ってから「強迫性障害」の病名を得た。[2] 診断当時について尋ねると、「なかなかどの分野に入れるのか難しいみたい。とりあえず「強迫性障害」っていうのに入れて、強迫的でもあるし、なんか認知の障害っていうのもあるらしくて」とのことだった。

ヒロト　なんていうかな、うーん。病名は病名でしかなくて、なんかそれは、こっからは自分の考え方なんですけど。

――はい。

ヒロト　病名でしかなくて、なんか、もともと昔から不安はもっていたものだし、あの、［仕事場で］周りがわりと受け入れてくれるので、あの、いろんなことが起きても。たとえば机をこう叩《たた》いても、なんか「あ、きた」と思って、さっとこういうもの［笑］、コップとかをのかしてくれるとかね、危ないものをのかしてくれて叩かしてくれるとかね、やってくれたり。（「あー」。）泣いてても、あの、好きに……してくれるっていうかな、

2――二〇二一年四月に本書の元になった原稿をヒロトに読んでもらったところ、一一年には「強迫性障害」と診断されたが、その後に病院が変わるごとに「不安障害」、「社会不安障害」、「鬱《うつ》」と診断名が変わったとのことだった。

いい意味ですごい好きにしてくれて、あの、ずっと泣かせてくれたりっていうことをやらせてくれるので、みんな受け入れてくれるんですよね。なので、あの、病気がどういう病名だろうと、あんまり関係なくて。
僕はそういう症状をもった人間であるっていうか。だからそのまま、そういう症状をもったまま生きていこうと今はしていて。〔…〕そういう感じで、病気も自分の一部っていう感じの捉え方をしようかと思ってるんですけどね。まぁ、してるんですけどね。〔↓212頁〕

仕事場でともに日中を過ごしている「周り」の人たちは、ヒロトが机を叩いたり、泣いたりしたさいに、ヒロトの「好きにしてくれる」、すなわち「受け入れてくれる」という。「そういう症状をもった」ヒロトが、そのままその場に居《い》ることができる環境があるということであろう。それゆえ「病名は病名でしかない」こと、「そのままそういう症状をもったまま生きていこう」と考えていることを語った。

タクヤ

タクヤは成人してから障害者手帳を取得した。障害者手帳の取得の前と後で、日々の生活にどのような違いがあったのかを尋ねると、次のように答えた。

――今［障害者手帳の等級が］五級だったら、福祉的なサービスって受けられるのかな。

タクヤ　交通費とかくらいですね。

――福祉乗車証みたいな。

タクヤ　ショボイ。一〇〇キロ超えなきゃだめだし。五級はショボイです。

――恩恵《おんけい》受けたと思ってます？

タクヤ　ぼちぼちは受けてますよね、それはさすがに。

――たとえば？

タクヤ　一応、障害者控除《こうじょ》ってありますやん。あと、遠距離に行くときと。職務質問されたときに手帳出すとおまわりさんがやさしくなるんですよね。

――［笑］職質《ショクシツ》［職務質問］されるんだ。

タクヤ　されます。おまわりさんが突然やさしくなる。

手帳を持っていることで、所得税や住民税などの控除を受けられることや、五級の障害者手帳は第二種身体障害者にあたるので、片道一〇〇キロ以上であれば普通乗車券を五割引きで購入できることを、障害者手帳を保持していることの恩恵として述べた。そして、警官から職務質問をされて身分証明書の提示を求められたときに障害者手帳を見せると、警官の態度が手のひらを返すように親切になることも語った。

医学による分類名としての「障害」

ここまで、協力者たちが、診断を得ることや障害者手帳を持っていることをどのように位置づけているのかをみてきた。この章の冒頭でも触れたが〔→101頁〕、インタビュー当時の私は、協力者の「年齢」や「家族構成」とともに、「あなたの障害名は何になりますか」と尋ねた。その目的は、それぞれの人の障害属性の詳細を明らかにすることだった。しかしながら、語りを検討をしてわかってきたことは、インタビュー冒頭で年齢や家族構成と同等の意味で尋ねたさいに説明された、いわば便宜としての「障害名」と、それぞれの協力者にとっての〈生きられた障害〉の経験とでは、同じ「障害」という言葉が口にされていても、その成り立ちは異なるのではないかということであった。

政治学者のデボラ・A・ストーンは、資本主義労働市場が「正当な理由をもつ失業者」、すなわち「障害年金受給者」を定義するために、「障害者」の分類カテゴリーを便宜的に設けたことを指摘している〔Stone, 1984〕。そしてこの分類は、診断の専門家（医者）により担われた。また、障害学の研究者のヴィク・フィンケルシュタインは、年金受給資格を与えるための診断という行政的作業を医者が担ったのが「障害を医学用語を使って分類、解釈するようになった始まり」であったと述べている［Finkelstein, 1990＝二〇〇〇：六五－七頁］［石川、二〇〇二：二〇頁］。

分類を成立させるこのような構造は、「人種」の分類とも重なる。「人種」は、生物学的な意味をもたないにもかかわらず、「外見から容易に見分けのつく身体的特徴に応じて個人の帰属を決め、その人物に遺伝を根拠とする能力や態度を割り当て」られてきた［Jordan, 2008＝二〇一三：一八八－九頁］。そしてどのように分けるかの基準は、「白人」と呼ばれる人種によって一方的にこしらえられてきた。

「障害」をどのように分けるかの基準のほうは、「非障害者」によってこしらえられてきた。非障害者によって労働市場や政策の運営が担われる社会では、誰を「障害者」とするかの線引きにかんする権限を「非障害者」がもっており、診断による「分類」や「解釈」や「名づけ」も、「非障害者」側に委ねられていると言えるであろう。

協力者たちは、この権力構造（非対称的な力関係）において、医学による分類名や障害者手帳に記載される名を受け取っていた。そしてその便宜上の名を、国や自治体から経済的補助を得たり、不審人物のラベルを返上するための道具として利用してきた。分類の名が上記の道具として有用である限り、それが〝正しい〟かどうかは大きな問題ではなく、ほどほどの関係でつきあっていければよいと考えているようでもあった。

では、〈生きられた障害〉の経験については、いったいどのように語られていただろうか。以降では、一二歳以降からインタビュー時点までのあいだの協力者が、〈生きられた障害〉をどのようなものとして認識してきたのかをみていく。なお、幼少期から一一歳頃の自己形成に〈生きられた障害〉がいかに関係しているかについては、次の章でみていく。

しんどくて、せつなくて、いらいらする

胸が苦しい

ヒロトは、「病気も自分の一部」と語ったが、「自分の一部」である「病気」は、ヒロトに苦しさももたらしていた。以下は、私が薬の服用をしているのかどうかを尋ねたときに、副作用があるので薬はできれば飲まないほうが良いと考えている、と応《こた》えたあとにつづく言葉である。

——〔薬の服用を〕止《や》めたこともあるんですか。

ヒロト　止めてみようと思って止めたんですけど〔笑〕、すごいしんどいんですよ。

——あー。

ヒロト　なんか、鬱《うつ》っぽくなるのかなぁ。あの、心臓が、ていうか胸がすごく苦しくなって、ずーっと苦しくて、こう、なんていうんでしょうねぇ、泣きたくなったり、なんか、どこにも行きたくなくなったり……。

ヒロトは、病院に通い出した当初は、「やっぱりしんどかったし、あの、なんだかわからなかったし、治せるもんなら［笑］、治したいっていう気持ち」があったと語っていた。そしてその「しんどさ」は、薬でコントロールしているとはいえ、現在もつづいている。「病名は病名でしかない」と考えていることと、実際に起こる症状の「しんどさ」とは、このように、ヒロトという同じ身体《からだ》のなかに、同時に、常に、存在している。

つまり、ヒロトのもっている状態や症状に、三五歳のとき、「強迫性障害」という名がついたわけだが、しかしそれは、医学による分類の名であって、ヒロトは「もともと昔から不安はもっていた」のである。すなわち、昔からつづいてきたヒロトの身体がまずあって、そこに、ある時点で診断名がつけられた。いま薬でコントロールをしないと「しんどい」身体と、ずっとその内にあって、ある日、診断名が付された身体のどちらとも、ヒロトの身体なのである。

授乳がうまくできない

サエへの二回めのインタビューのとき、彼女は生後八ヶ月の赤ちゃんの母親になっていた。

産前産後のことを尋ねると「入院中の五日間が、もう、死ぬほど大変」だったと語った。自身が障害者であることを「日常的にはあんまり感じない」けれど、産後の期間は、「あー、自分は障害者なんだ」と感じさせられることが多かったという。

サエは出産後、子に母乳を与えたいと考えていた。しかし見えにくさがあることから「目の前に自分の子どもがいるのに、ちゃんと授乳《じゅにゅう》ができない」、つまり子どもの口に自分の乳首を含ませるということを、すばやく、間違いなく、やり遂げることがままならなかった。

サエ 授乳のときとかも、すごい、へこんだけど、なんかやっぱり、ちゃんと教えてくれないとか、気をつけてみてくれないとか、そういうこと。やっぱ、できないことを悔《く》やんでもしょうがないっていうか。そこはできない。だから、それを理解してサポートしてくれないとできないしっていう。

入院期間中に、助産師から、赤ちゃんの体重の戻りが悪いのは授乳ができていないからじゃないか、と「怒られた」という。授乳による眼性疲労がひどくて、「休まないと無理だから、疲れがひどいから、目も眼性疲労でこういう状態でって言っても［助産師が］ぜんぜんわかってくれなくて」という状態だったという。この状態は「すごくせつなく」て、「ふつうのお母さん」であれば問題なくできたのだろうと、そのときは考えたと語った。

歩きながらの抱っこができない

トモコはインタビュー当時、七歳の子どもの母親であったが、「一回でいいから［障害が］何もない人と同じようにやってみたい」と考えたきっかけとして、子どもを抱いて歩くことをあげた。彼女は子どもを抱いて外に出るために、それまで使っていなかった車いすを利用することにしたという。親になれば、立っていても座っていても歩いていても、子どもの求めに応じて子を抱くことは当然の行為とされる。親が子にするこの行為を、「ほかのお母さん」、つまり外を出歩くときに子どもを抱いているお母さんと同じようにやりたい。私が、「座っているときは抱っこができるから、そのときに抱っこすればいいというふうには思わなかったですか」と尋ねると、「思わないですね。ほかのお母さんと変わらずにしてやりたいのが本音なので」と即答した。そして、「それがすごい難しくて、いらいらして当《あ》たることある」と言い添えた。

ここまでの、胸が苦しい、授乳がうまくいかない、子を抱きながら歩けない、といったようなことがらは、たとえば、その身体とは別の身体を生きる周囲の誰かが何らかの手助けをすることだけでは、簡単に解消できるものではない。苦しさは、本人が薬を飲まないかぎり、おそらくずっと苦しいままだし、まだ授乳されることに慣れていない新生児に二時間ごとに授乳しようとする場合、まずは授乳をさせる側が授乳させるコツをつかまねばならない。助産師などが、本人の目の代わりになって、口と乳首の位置関係をそのつど伝《つた》え、授乳のコツをつかむまでのサポートをすることが必要だ。しかし、本人の代わりに授乳することはできない。あるいは、歩きながら子を抱きたい場合、介助者が子を抱くことは、本人が抱くことの代わりにはならない……。

これらの思いには、社会資源がじゅうぶんにあっても、介助の選択肢が豊富であっても、身体が別であるかぎり、本人の代わりにはならない現実があらわれている。視《み》える身体と視えない身体、歩きながら重いものを持てる身体と持てない身体といった違いが、ここ――〈生きられた障害〉――には、ある。そして私たちは、親とは自身の手で子に栄養を与えて子を抱く存在だ、という規範をもっている。身体の差異、そして根強い既存の規範は、周囲のサポートだけで解消するような単純なものではない。

いるだけで大変

エリは、一回めのインタビューで、子ども時代に、障害ゆえにいちばん大変だったことを母親に話したことがないと私に語った。二回めのインタビューのさい、私はあらためて、障害ゆえいちばん大変なことは何であったのかを尋ねた。エリは、「障害があるっていうのは、ほかの誰一人、障害のある人がいないなかで、自分だけ障害があるっていうのは、なんか、いるだけで大変」なのだと語った［↓58頁］。

エリが例えてくれたのは、こんな場面だ。教室で起立《キリツ》－礼《レイ》－着席《チャクセキ》の号令がかかったとする。この号令は、「みんな立て」という命令だ。イスから立つことができる身体《からだ》をもっていれば、その命令への対処は「立つ」という行為で終了である。しかし、エリのように立てない身体であると、その命令への対処は、とたんに多くの行程を経《へ》るものになる。エリのそばには、「起立しなくてもいい」という、もうひとつの方法を示す人も、介助する人もいなかったので、エリは、このような場合にどのように動くのかを自分独《ひと》りで考えなければならなかった。周りの同級生に助けてもらって立つべき場面なのか？　でもそれを一度依頼すると、毎時間お願いしなければいけなくなる。それは現実的か？　それに、授業時間の始めと終わりに繰り返されるこの起立－礼は、そもそもどういう意図があってなされていることなのか？　授業を受けるにあたって全員が起立しないと授業が進められないようなものというより、たんに形式的なものなのではないか？　だったらエリ一人がその儀式に参加しなくても、授業運営への影響はないのでは……。結果、毎回の起立－礼の号令に対して、自分は「起立しない」ことを決心する。「みんな立て」の号令に対しての「立たない」という対処は、周囲の状況と場の条件とを総合的に勘案《かんあん》したうえで導き出された。この社会のほとんどの規律は、「障害」のある身体を生きる人の存在をはなから除外してつくられており、エリは、そのような規律に出会うたびに、自分を含めた誰が、どのように、何をしてその場を切り抜けるのかを、一つひとつ決めていく作業を繰り返さねばならない。それは、「ほかの人と同じように動けない」身体をその都度生きるエリにとって、「そこにいるだけで大変」なことなのである。

安心感をくれる

同時にエリは、「自分の育つ環境が特殊」であることを「おもしろい」と言い、「安心感をもって生きていられる」と述べた。なぜなら、その身体はそこに「いるだけで大変」な身体ゆえ、繰り返し人に助けられる機会をエリに呼び込むからだという。エリには、たとえば自身のような四〇代の大人が他人に助けられる機会を何度も経験しうることは、「特殊なこと」であるという認識をもっている。また一方で、自身が生きるこの社会は、助けあいが難しい社会だという認識も抱いている。そのような困難な社会に生きる一員として、いま自分がそのただなかで生きていかざるをえない「障害」がある身体を、「恵まれ」ていると語る。なぜなら、助けてと発信をすれば「世の中」の人びとは実際に助けてくれるという「安心感をもって生きていられる」からだ。

マジョリティである健常者は、育つ環境のなかで、繰り返し他人に助けられるような機会はもてない。しかしエリは、「助けてって言えないとか言ってる場合じゃなくて、言わな［言わないと］、生きていかれへん」日々をおくっている。そのうえで、「実際に助けてくれる人」が「いっぱいいる」ことを知っている。「世の中って助けてくれる」という経験を積み重ねてきたことが、安心してこの社会で生きられるという心地をエリがもてることにつながっているのである。

変わっていく

メグミ

メグミは、小学校から高校まで盲学校（特別支援学校）に通い、その後は大学に進学したが、大学に入学するタイミングで視覚障害者のコミュニティとの「関係を切った」という。その理由は、障害者同士で「大変だよね」と「傷をなめあってもしょうがない」と考えていたこと、「自分が障害者を差別していた」ことにあると表白する［↓100頁］。しかし、入学後、大学生活を送るなかで同じサークルの友人や同じ授業をとっている友人（いずれも非障害者）と関係を築いたことが、「障害」に対する認識に変化をもたらし、受け止められていなかった自分の「障害」

を受け止める姿勢につながったのだと語った。

　大学時代に入っていたパラグライダー部の友人たちと合宿で二四時間をともに過ごしたり、また行こうねと誘われたり、同じ授業をとっていた友人が、メグミに配慮のない態度をとった教員に対して、抗議と怒りをあらわにした経験などを通して、「障害者ってカテゴリーにいるのがいや」という認識が変容していった。彼女は「障害者なんだけどね、いま考えると。どこまでいっても。障害者っていうふうにみられるのが［いやだった］」とも語った。

　ここでメグミの言う「障害者ってカテゴリー」、「障害者っていうふう」の文脈にある「障害者」とは、分類名の「障害」であろう。一方、「障害者なんだけどね、いま考えると。どこまでいっても」の文脈にある「障害者」には、そこに折りたたまれている時間や経験の厚みを感じとれる。前者は、医学的な診断名［→110頁］あるいは健常者というカテゴリーとの対比のなかで用いられるが、後者は、健常とは異なる形態や機能のある身体を生きてきた日々が表わされているように受け取れる。

　障害者カテゴリーに見られる、ということと、健常とは異なる形態や機能のある身体を生きる、ということは同じではない。「どこまでいっても障害者」とはつまり、その身体の機能とともに生きることは生きているかぎり変わらない、という意味あいで語られたのではないか。「障害者」というカテゴリーで一括《ひとくく》りにされることへの抵抗と、死なない限りその身体を生きていくということとの両方が、この一文のなかで表わされていると言える。

リカ

リカは、地域の小学校を卒業後、中学と高校は特別支援学校に通い、その後は企業に就職したが、小学校までは「障害」のある自分を「いや」だと考えていたという。しかしやがて、脳性麻《ま》痺《ひ》のある身体で生きてきたからこそ気づけたことがあること、そして会社の同僚で親交の深かった「彼」（非障害者）に言われた「知らんねん」、「みんなわかれへんねん［わからないのです］」の一言で、「私［は］あかん［ダメな人］って言われてないわ、知らんて言われたわ」と気づいた。その一言をきっかけに「障害」への考えが変容したことを語った。

リカはその彼に出会うまでは、「障害」のある自分は「あかん［ダメな］」存在、すなわち、あってはならない存在、社会の成員として認められていない存在のように感じていたのであろう。しかしその彼は、リカに、彼女のような身体を生きることがどのようなことなのかを自分たちは知らない、わからないのだと伝えた。さらに「わかってくれへんって言う前にお前が周《まわ》りを知ろうとしてない」と諭《さと》された。この出来事によって、リカは、人びとは「障害」について知らないだけで、そこに良い／悪いの価値をあらかじめ反映しているわけではないと考えるようになった。つまり「障害」は、なにより周囲の人のもつ知識や理解しだいのところがあり、自分自身の存在が賭《か》けられているわけではない、と考えるようになったのである。

未知なもの

エリは、二〇代後半からの五年間、障害のある当事者で組織される劇団に所属していた。ここでの経験は、自身の身体への認識を決定的に変えたという。

エリ　それまでやっぱり、自分の体《からだ》やけど、やっぱりそもそもマイナスのイメージでずっと植え付けられてきてたし、そうやと思ってたので。

あの、いつも丹田《たんでん》［おへその下あたり］に意識を集中して、動きたくなったところから動くっていうのをやるんですよ。で、動きたくなったところから動くっていうのをやった場合、だいたい、自分の体のなかで動かないはずの場所から動くんですよ。（「へー」）。すっごい不思議やなって思って。いつもは、動くっていうことについてすごい固定観念があって、意味のある動きをすることを「動く」って呼んでいて、意味のない動きは、動きってカウントしてなかったんやと思うんですけど、カウントしてないっていうか、むしろ動かさないって決めて止《と》めてた。左手とかもぜんぜん動かさなかったんですけど、実際に丹田に意識を集中して、動きたいところから動くってなると、左手が動き始めるんですね。そういうのを知って、左手をいかに私の意識レベルで止《と》めてきたかということに気づいて。［↓60頁］

このようにエリは、「思ってる以上の動きをする［動かないはずの］左手」に初めて出会った。それは、自分の「体《からだ》」の「動かないはずの場所」を知ることに代表される「未知なものと遭遇《そうぐう》」する経験であった。この出来事は、「自分の体への興味がどんどん深まり」、「愛情が深ま」るきっかけとなった。

診断名の後ろにあるもの

私は、協力者の「年齢」や「家族構成」とあわせて「あなたの障害名は何になりますか」と尋ねた。このときに応答に使われた診断名や障害者手帳に記載されている便宜《べんぎ》上の名［↓111頁］は、協力者にとって、国や自治体から経済的補助を得たり、「不審《ふしん》人物」のラベルを返上したりするための道具であった。分類の名が道具として有用である限り、名が〝正しい〟かどうかは大きな問題ではなく、ほどほどにつきあっていけばよいと考えているようであった。
つづいて協力者が、健常とは異なる自身の身体《からだ》をどのようなものとして認識しているかにかんして尋ねた。これについては、一人ひとり異なった認識で、しかも変容していくものとして語られた。しんどさやせつなさ、いるだけで大変ということ、安心感をくれるものであること、時とともに変わってきたこと、そして未知なるもの……。このようにさまざまで、それぞれの認識が語られた。

「障害」について、あるいは「障害名」について説明しようとするとき、そこには、医学における分類の名の説明と、自己認識における〈生きられた障害〉の説明との、どちらもが含まれているという現実がある。後者の説明では、それぞれの身体をその都度生きるとはどのような経験なのかをめぐる認識が表わされていた。たとえば、いるだけで大変であると同時に、安心感をくれる、というように。このように〈生きられた障害〉には、複数の要素が、複数の経験が、複数の時間が折りたたまれているらしきことが、この章での検討から淡く浮かび上がってきた。

アサコの語り

―― 障害のことは、いつわかったんですか。

アサコ 五歳のとき。

―― 障害名は?

アサコ 聴覚障害。細かく言うと感音《かんおん》性難聴。

―― じゃ、まったく［聴こえない］というわけではなくって、ちょっとは……。

アサコ うん、あの、昔は、一六［歳のとき］とか、軽かったっていうか。中学生の頃。

―― 中学生の頃から聞こえにくくなってきた?

アサコ まぁ、中学一年生頃に［聴力が］落ちたかな。

―― えっと、そしたら、五歳のときに聞こえなくってわかったのは［どんな状況で］?

アサコ 自分でも不思議だなと思うんだけど、地域の一般の幼稚園で、先生から呼ばれたときに、このときのことを覚えているんだけど、先生の口を見ると、まだ口話訓練▼1受けてないのに、先生の口をみると、下の名前が○○っていうんだけど、○○ちゃんって言ってる。わかるんだけど、何をしたらいいのかわからなくて。周りの友達にじろじろ見られたの。ふつうは「はい」って答えるんだね。でもわからなくて、なんか私のこと言ってるのかなって思って。それで先生がおかしいと思った。それでお母さんが呼ばれて、聴こえないっていうことがわかったの。（「ふーん」）。だから、さっき言ったように六級だったから、お母さんも父も「［言葉が］遅れてるなぁ」とは思ってたけど、まぁ、「知的［障害］があるのかな」って。

―― ああ、知的があるのかなって。じゃ、家の中では大丈夫だった……。

アサコ うーん、不思議だね。

―― えっと、生まれたときから、そうだった［聴覚障害があった］……のかな?

アサコ うーん。ま、お父さんがいうには、赤ちゃんのときに聴力検査を受けた。そのときは、一応［何も］なかったっていうんだけど。（「あー」）。でも六級だったから、わからなかったのかな。最初に聴こえないとわかった頃には、聴力が六級だったから。今は二級くらいですが。

――そっか、聴こえも、もうちょっとあった。

アサコ　聴こえにくいって感じ。（「そっか、そっか」）。感音性だから、話してることはわからないけど、音は聞こえるから。たぶん、誤解されたかな。

――じゃ、遺伝性ではない？

アサコ　ですね。

――いまお子さんいらっしゃるんですよね。初めて妊娠したのは何歳のときですか？

アサコ　えっと、二六歳。（「二六歳が初めて。私も……」）。あっおなじ。

――結婚したのはいつだった？

アサコ　あんね、じつはね、結婚する前に妊娠を計画したからね。（「あー、そうなんだ」）。最初から、子どもが欲しいって思って結婚を考えたこともあって。私と同じ歳《とし》だけど、いっしょに家庭をつくってくれる人を探してたから。気が合ったし。（「そっかそっか」）。運命や、この人やって思って。（「いっしょに家庭をつくりたいって思って」）。うん、この人ならって。［生まれてくる］子どもが聴こえる［子ども］か聴こえない［子ども］かって、どうしてもあるんだけど、私はいつも思ってた。どんな障害も、聴こえない人からもほかの障害のある子も生まれる。聴こえるか聴こえないかにこだわっている聴こえない親もいるけど、それはおかしいって思って。［だからパートナーとなる人に］障害あるかないか、どんな子どもでも育てたいと思っているかどうか、前もって訊《き》いて。

――あー［笑］、確認？

アサコ　どんな感じなのか話して。結婚したいと思う前に訊いたっていうかな、どんな考えをもってるかなって話したから。

――だんなさんは……聴こえる？

アサコ　ううん。聴こえない。（「ろう（者）？」）。うん。

――でも、聴こえないことにこだわっている人じゃなかった、その子どもの……。

アサコ　たぶん、つきあい始めた頃はあったかも。でも、それおかしいやろーって。（「あはは」［笑］）。話したら考え直したから。あ、そんな人やったらって。

――あ、なるほど。それで、妊娠して結婚したんだよね。なんで子どもが欲しいって思ったの？

アサコ　うーん、なんでだろね。……子どものときからお世話するのが好きだった。子どもが好きやから結婚願望も強かった。近所の子どもの世話をしてた。……まぁ、やっぱり、自分の子どものときの家庭も関係しているかな。［私が］中学生の頃、うちのお父さんとお母さんは、口話《こうわ》しかできなかった。昔は、手話はあまり認められていなかったから。それで、今はそう思っていないけれど、最初は「聞こえなかったら幸せに暮らせないのかな」って。（「はいはい」）。中学生の頃になると、みんな男の子が私のことを好きって言ってくれない、聴こえない男の子は言ってくれるけど。こちらが好きって思っていても、私のこと好きに

1――口話とは、口の形から言葉を読みとり、また、その口の形をまねることで言葉を発するコミュニケーションの方法である。口話訓練とは、この口話法を習得するための訓練を指す。「口話教育の父」と呼ばれた西川吉之助が、一九二〇年代に、当時の欧米で研究が進んでいたLip Readingを難聴者の教育に採り入れようとして「口話」と名づけたことに由来する。明治・大正時代は、ろう学校での教育は、主に手話と書き言葉で行なわれていたが、西川の働きにより、大正末期から昭和初期にかけて、手話に代わって口話で教育が行なわれるようになった。一九六〇年代後半から七〇年代は、補聴器の性能改善もあり、聴覚を活用した口話法を土台とした言語指導も確立されていった。同時にこの流れは、ろう学校での手話使用を厳しく制限する動向にもなり、九〇年代初頭に至るまでつづいた。やがて聴覚を活用して音声言語を扱う子どもたちが、ろう学校ではなく地域の学校に通うようになったこと、そして九〇年代にろう者たちによる手話導入の要求が大きくなったことから、二〇〇九年には学習指導要領が改訂され、ろう学校で手話が使われるようになった。導入率を九七年と〇七年で比較すると、幼稚部は二二・五%から八六・三%、小学部で二七・一%から八八・六%となっている［我妻、二〇一七：一－五頁］（二〇二一年五月二三日取得 https://www.nhk.or.jp/heart-net/program/rounan/430/）。

なってくれない。だから聴こえないひとは結婚できないのかなって。（「あー」）。悩んでた。

難聴児をもつ親の会っていうのがあって、そこにたまたま聴こえないお母さんがおって、子どもも聴こえない、お母さんも聴こえない。そのお母さんはいつも孤独だよね。聴こえるお母さんたちは、ばぁーってしゃべってるけど、聴こえないお母さんは、いつも孤独だよね。いま思えば、彼女は手話で生活しているから、聴こえるお母さんとコミュニケーションとれない。難聴の人は人付き合いが……［難しい］。私、難聴やし……もう混乱して。結婚しても親にはなれないのかなって。そういう……。

――　それで、自分は大きくなったら結婚して、子どもも欲しいって、中学くらいのときから思ってた。

アサコ　うん、でも無理なのかなって悩んでた。……自分の家庭もほしかったし。（「うん」）。［自分の子どものときの家庭での］コミュニケーション、弟と母親は話をしてるけど、私には話さない。親はなんとも思っていないかもしれないけれど、私は親のこととか、弟のこととか、親戚のこととか、細かい事情とか知らない、知れない。聴こえないからそれでいいのよってなっちゃう。家族だから知るのがあたりまえなのに。だから、コミュニケーション［のある］、親子関係、つくれたらと思って。子どもが聴こえる子どもでも、手話で楽しく会話できる家庭が欲しいなって。

――　アサコさん自身は、産まれてくる子が聴こえなかったらいいなぁとか、そういうことは思ったことはない？

アサコ　うーん。独身のときに、デフファミリー［家族全員がろう者の家族］に憧《あこが》れたことはあって。（「へー」）。それは、でも親とコミュニケーションうまくいってないからだけで、親と私との問題であって……（「そっか、そっか」）。デフファミリーへの憧れは、親への当てつけみたいなもんで、本当は違うって。家庭に聴こえるか聴こえないかは関係ないって思って。

――　自分が生まれた家のお母さんとかお父さんとのコミュニケーションは……。

アサコ　子どものときの家庭？　うーんと、子どものときは、お父さんとお母さんとは口話やったね。昔は手話なかった。

――今も？

アサコ　今ね、まぁね［笑］。［私が］ろう活動してから「手話だ」「手話だ」って言って、お母さんが手話サークルに行って手話を覚えたこともあっだけど、簡単な手話ね。ありがとう、ごめん、とか。［それ以外は］上の子にね、「ね、ね、表わして［通訳して］」って言うことがある。お母さんとは、簡単な手話と口話だけ。

――それは、自分にとっては当たり前だったんだね。

アサコ　そうやね。

――口話の訓練も受けてた？

アサコ　うん。

――それは何歳くらいから。

アサコ　五歳から、小学六年くらいまでかな。幼稚園の頃はお皿にミルクいれて、舌を強くするために、犬みたいにぺろぺろって。聴こえる人はしゃべるからふつうに舌、強くなる。けど、聴こえない人は違うから。あと、かりんとうをぺろぺろとか、あと、風船をひびくように、とか。

――それは楽しかった？

アサコ　それはそれで楽しかったけどね。いやっていう人もおったけど、私は楽しんでやったっていうか。小学校の頃は遊びたかったけど、我慢して訓練に通ってた。

――一週間に一回？

アサコ　一週間に一回、お寺のなかで。正座しないといけない。（「あー」）。つらかった［笑］。

――そっか。口話は必要と思う？

アサコ　あのー、口話を厳しく［教えることに］は反対。昔ほどは厳しくはなくなっているけど、まず、コミュニケーションとれている状態っていうのは手話やね。手話でコミュニケーションを知ってもらって、で、楽しく口話訓練受けさせる。（「手話が基礎で、次は口話がいいと」）。そうそう。楽しく口話を覚えられれば、うまく［いく］。びくびくしながら口話訓練するより、あの、楽しくしたほうが。

――あの、普通校に行ってたんですよね？

アサコ　一般校？　そう。

――その、口話訓練の経験やいろいろなことが、自分の聴こえないっていうイメージに影響してる部分ってありますか？

アサコ　……うーん。聴こえないから影響を受けたこと？　そういう感じ？　いっぱいあるんだけどね。悪い意味では、昔は手話を認められてないのもあるし、「周りの」言ってることがわからない。口の動きを見ることでせいいっぱいで、肝心な内容を頭に入れることができない。学習できなかった。口の形を読みとるのにせいいっぱいで。口を読みとれないと怒られる感じやったから。迷惑かけるのもいややって思って。だから、ちゃんと聞《き》いている姿勢を示したほうがいいって思ってね。肝心な内容が入ってこない。

　中学生のときには、もう「言ってることが」わからないからって、聞こえない友達がいる学校に行きたいって言ったこともあった。でも、親は認めなかった。「親も」いっしょに「ろう学校に」見学に行ったんだけど。「そしたら」たまたま不良が多かったんだけど、私は逆に楽しそうって思った。入りたいーって思ったけど、やっぱりだめかぁって。（「そっか」）。なんていうか、そのときわかったけれど。「入ったら、自分に甘えてることになったかもなあ」とも思った。でも、しんどいー、こっちがいいーって、でも、がんばらないと後悔するーって微妙な立場だった。ろう学校の教育がもっと向上していればよかった。最近は介助員？　手話通訳みたいな、介助員がつく▼2から、うらやましいなって。

　あとは、迷惑だとか認めてもらえないとか。私から好きって言っても、向こうからはないから。おんなじ人としてみてくれてないって思った。「聴こえない子」っていうね。ま、あの、女の子というより先に「聴こえない子」として。

――うんうん。友達とかとは、どうだった……？

アサコ　でもま、優しい子たちだったね。同情じゃないけど、いま思えば優しい子やったね、周りが。しゃべってくれた子は、声かけたげようかなっていう優しい子やったね。あの、クラスの人気者とか、そういう子と仲良くなりたいって思っても、やっぱり人気者ってたくさん周りに友達おるから難しい。入りたい、その子と仲良くなりたいって思ったけど。（「あー」）。［一緒にいてくれた友達は］おとなしいから「わー」ってできない。「わー」ってしたい［笑］けど難しい。高校生のときに「難聴児の親の会」の先輩から聴こえない学生の団体があるよって勧められて、そこに入ったら、みんな一般学校に通ってて、みんな手話で話してて、そしたら私、ひょうきんになっておしゃべりになって、私の本性っていうかな［笑］、あぁぁーってね。こっちがほんとの私だって。

――そっか。

アサコ　だから、ろう学校に行きたかったけど……でも行ったら後悔するような気もして。

――でも、難聴の子の集まりに行き始めて、「本当の自分」［笑］がわかって、楽しくって……て、そっかそっか。あの、聴こえないのがいやだなっていうのは、思ってた?

アサコ　……あったと思うけどね。

2――介助員とは、特別支援教育支援員のこと。文科省は「幼稚園、小・中学校、高等学校において障害のある児童生徒に対し、食事、排泄、教室の移動補助等学校における日常生活動作の介助を行ったり、発達障害の児童生徒に対し学習活動上のサポートを行ったりするため、特別支援教育支援員を配置するために必要な経費を地方財政措置している」としている。二〇〇七年度に小・中学校について、〇九年度に幼稚園について、一一年度に高等学校について地方財政措置を開始した（二〇二一年五月二三日取得 https://www.mext.go.jp/b_menu/shingi/chukyo/chukyo3/044/attach/1312984.htm）。
なお、支援員の配置について、国立特別支援教育総合研究所の指針には、「学級内で子どもに合理的配慮を提供する場合、学級内での個別的な対応が必要なときは、支援員や教育ボランティア等に子どもの指導補助をお願い」するとしており、各校の「工夫」に委《ゆだ》ねられている［笹森、二〇一七：三二頁］。二〇二一年度に奈良市で公募された特別支援教育支援員（会計年度任用職員）は、「一日六時間以内（週十九時間以内）」、「給与 時間給一、〇九三円」の待遇となっている（二〇二一年五月二三日取得 https://www.city.nara.lg.jp/site/saiyo/67236.html）。

……ひとつのことを言うと、あの、変わってることっていうか、むかし幼稚園入ってて聴こえないことがわかったとき、むかしは補聴器こうだったでしょ？　補聴器をつけたのね、そのとき「おもしろーい」って思ったのね［笑］。「変わってるー」って。

――［笑］

アサコ　お父さんとお母さんは逆やね、「悲しい」。でも、私は笑ってて。にたーって。なんでお父さん泣いてるんって［笑］。今でも覚えてるんやけど。

幼稚園のときから、補聴器つけてね、堂々と歩いてたね。（「うんうん」）。幼稚園に行ったら、まわりの子は初めて補聴器をみる。それで、あの、石を投げてきた女の子がいた。その子はハーフやったんやね。ハーフなのになんで私に石をって思ったんやけど［笑］、でも、かわいい子やったから仲良くなりたいって思ってた。石を投げられたのに仲良くなりたいって思ってた。えー？　これつけてるだけで？っていう意識やった。それでも負けなかった。それでもお友達はいたし。近所のお友達とか。で、小学生になってもそうやった。堂々としてた。（「ふーん」）。だから、聴こえないのをいやって思ったことはない。

音楽、好きやったんよね。歌。音楽の先生が歌、大きくおおきく歌いなさいって。で、ほんまに大きく歌ったのね。で、褒《ほ》められた。だから、私、本気で歌手に［笑］なれるって思って。（「［笑］うんうん」）。歌手になりたいってみんなに言ったら、みんなが「すごいね」って。友達同士で、こそこそって。で、「なに？」「なに？」って、「うん、だいじょうぶ。すごいね」って言われたから、いま思えば「聴こえないのにね」って思ってたのかな［笑］って。

――うーん。

アサコ　でも、本気で思ってて。で、中学一年になって、中学の音楽の先生は、もー［笑］嘘つかない。「リズム合ってない」とか「音が違う」とか［言われて］……落ち込んで。だから、音楽の授業のときだけ難聴学級▼3に引きこもってた。（「あー…。」）。で、「聴こえないってなに？」って。「聴こえないってなに？」であって「聴こえないのがいや」とは思ってない。なに？って

―― あー、なに？　なに？って。

アサコ　結婚願望が強かったからね、聴こえないから結婚できないのかなって、幸せになれないのかなって、そんなこと考えてた。

―― そっかそっか。じゃ、けっこう中学のときが大変やったんやね。

アサコ　そうそう。

―― いろいろ考えてね。

アサコ　実は、同級生にね、変なことされたことがあって。

―― 中学のときに？

アサコ　うん。

―― 男の子？

アサコ　そうそう。あって、それがきっかけで、通常クラスの女の先生に相談したのに、あの、他の友達が［先生に］言ってくれて、相談したのに、それだけで、あとは難聴学級の先生、男性の先生が相談にのってくれようとしたんやけど、男性やんか。

―― 男性やもんね。

3―― 現在、聴覚障害のある児童の就学先としては、特別支援学校（ろう学校）、難聴学級、難聴通級指導教室の三つがある。難聴学級は、一九五〇年代から全国に設置され始めたと言われている。文科省によると、ろう学校での教育の対象は、両耳の聴力レベルが補聴器などの使用によっても聴こえない場合としている（文科省、二〇〇二年）。固定制の難聴学級と通級の難聴通級指導教室はどちらも、多くの時間を通常の学級で学び、必要な教科のみを難聴学級で学ぶのが一般的である。なお、通級による指導の制度化が行なわれたのは九三年に出された省令からである。〇八年の時点で難聴学級が一つもない都道府県が三つあった［中村、二〇一九：七二二－七二七頁］。なお、難聴学級では、聴覚活用を向上させるための「聴覚学習」、発音発語指導や読話指導を行なう「言語指導」、国語、算数、英語などの主要教科を教える「教科指導」（通級指導教室の場合は週に一から二時間なので補充的な内容となる場合が多い）、ソーシャルスキルや障害認識のための「適応指導」の四つが行なわれている［ろう教育科学会、二〇一二：三〇一－三一一頁］。

アサコ　いま思えば、難聴学級の先生だからコミュニケーションがうまくいくからと思ったのかもしれないけど、そういうこともあって、「聴こえないってなに？」って。通常クラスの先生が女の先生だから相談したのに、なんで難聴学級の先生に？って思って。女の子として見てくれないって、そういうのがあって。

――生まれる子どもの障害あるかどうかを考えたり、パートナーさんと話したり、心配だったり、そういうことはありましたか。

アサコ　妊娠中にあんまり心配しすぎたらよくないから、どんな子どもでも育てようっていう気持ちはあったし、心配してもきりがないって思ってた。

――はじめの子のときとかは、産むときは心配なかったですか。

アサコ　なかったです。結婚願望が強かったから、小さいときからいろいろ調べてた。（「へー」）。水中出産とか自宅出産とか。どうしたらいいかなーって考えてた［笑］。産み方とかもね。調べてた。変な子やったと思うけど。だからだいじょうぶって思ってた。

――そっか。じゃ自分の理想の感じをつくって、それでだいじょうぶっていう。

アサコ　うん、まぁ、さっき言ったように水中出産とか自宅出産とか、あこがれてたけど、無理やった。水中出産はできる場所がなかったというのと、自宅出産は聞こえない人は無理って言われた。

――えっ、そうなんだ。

アサコ　全部じゃないと思うけど、たまたまR市だけや思うけど、難聴は無理って。責任とかあるのかな。無理かぁーって。それで、評判がいい個人病院にしたんだけど。下の子は早く産んじゃって、安産で、お医者さんが、まにあわなかった。

――すごーい。時間もかからず？　ふたりとも？

アサコ　うん。自分の体《からだ》のことだから「もうすぐ生まれる」って思ってて、でも先生は「まだまだ」って思ってて。でも自分の体のことだからもうすぐ生まれるって。だから、みんなびっくりしてた。

――二人めも計画的に妊娠したの？

アサコ　そう。

――　次［の子ども］は考えてるの？

アサコ　あー、だんなは欲しそうだけど、うーん、疲れた。上の子も「三人めほしい」って……、でも、「四人で仲良く暮らしていきましょう」って［笑］。

――　［笑］私はちょっと三人め、私もいま二人いるんですけど、三人めが欲しいなってちょっと思うけど、でもしんどいしなってね。思いますよね。パートナーさんは、ヘルプはしてくれた？

アサコ　陣痛《じんつう》のときも病院に付き添ってくれたけど。それだけ……［笑］

――　生まれるまでは？

アサコ　あー、［お腹を］さすってくれたね。途中［お腹の赤ちゃんが］蹴《け》ってるときもあったけど。

――　お料理とかお掃除とか、そういうのは？

アサコ　あー、生活。上の子のときはあんまりしなかったね。子ども好きって言いながら、上の子が生まれてしばらく経《た》つまで、あんまり手伝わなかった。そのとき［私が］仕事をしていなかったのもあって「できるでしょ？」みたいな。

――　そっかー。

アサコ　いやぁー、でも大変。

――　大変だったよねぇ。

アサコ　でも、上の子が大きくなってきたら、気づいたら手伝ってくれてる感じだった。手伝うっていうか、ふつうに。

――　ふつうにやる。

アサコ　うん。

――　今は、夫さんは、ふつうに料理とか掃除とか？

アサコ　料理はしないけど、私よく活動するんだよね。「聴こえない親の集まり」で、役員をやっていて。手話を教えていたりもしてるから、子どもをみてもらってることが多い。多いっていうか、一ヶ月に二回か三回やけど、それでも助かるし。

――　そしたら、今、産まれる前に障害を見つけるための検査っていうのがある。

アサコ　あ、あるね。

――　そういうのはどう思う？

アサコ　これね？［「出生前検査」という単語を指す］

——そうそう。どう思う？
アサコ　なんのためにあるのかなって［笑］。なんていうのかなぁ。あと、流産のときに受ける検査って羊毛か？　羊水《ようすい》か？
——羊水検査？
アサコ　えっと、違うわ。
——着床前診断《ちょくしょうまえ》？
アサコ　あ、これか。あ、別か。
——着床前は、その受精卵を調べる。で、いま言っているのは、妊娠してから、血を採ったり、羊水を調べる……。
アサコ　障害があるからって、もし障害があるってわかってどうするつもりやったんやろうね、って思うね。
——あー、わかったときに。うんうん。
アサコ　わかって、知識をつけたり、準備するためだったら、まだわかるけど。でも、そのためじゃないでしょ。
——うん。
アサコ　疑問。
——疑問がある。
アサコ　私の知ってる人で流産しやすくって、着床前を受けたっていうのはあるね。
——はいはい。
アサコ　あー複雑だなって［笑］
——そうねー。着床前も流産するかどうかだけでなくて、障害があるかどうかも、いっしょに調べられてしまうからね。
アサコ　そうそう、だからすごく複雑な。流産の苦労も……ね。
——こっちの、できてから、受精をしてから、その、どんな子かっていうのを調べるっていうのは疑問。
アサコ　そうやね。
——出生前検査を禁止するべきって思いますか？　その、［どんな子かを］調べることを。
アサコ　流産しやすいときとか、遺伝性の障害をもってる人のことを考えたことがあって、［検査が］あったほうが、その人たちのためになるのかなって思いながら、でも、ねぇ。禁止っていうかなぁ。障害あるから、障害、障害があると、育児大変だよっていうメッセージはよくないよね。生まれた後も障害児になる可能性もあるし、やっぱり、障害者にとっても暮らしやすい社会をつくることのほうが先じゃないって［笑］。そういう思いもある。

――そっか。じゃこれは［出生前検査は］？

アサコ　賛成ではないね。でもなくすべきだーっていうほど……　むつかしいね［笑］。いちばん怖いのは、障害児がいるから、障害者が生まれないようにしたほうがいいんだっていう、それは反対。

（二〇一一年八月二五日）

＊　質問と応答に簡単な手話が使われた無音声の箇所には［　］として音声訳を補った。

している？（NIPT等の出生前検査に関する専門委員会 第七回）

“るのではなく生活において発生する”

界を超え、新しい事実に合うように変化するのを、知識を与えるという信念である”

染色体疾患の罹患率

胎児に染色体疾患

染色体疾患に罹患している確率

染色体疾患　正常な児　異常所見　染色体正常

正確な病態？

き？

と妊娠継続の可否を判断する場合

判明した場合

体疾患

染色体疾患（微細な構造異常、低頻度モザイク）

心配する染色体以外の染色体疾患

る児であれば人工妊娠中絶を選ぶ”

染色体異常」「病気」「遺伝子変異」等の説明に注意を受ける

染色体異常」は「染色体の変化」、「病気」は「疾患」

遺伝子変異」は「遺伝子の変化」などのように言い換えられる言葉

有効（安全）な治療法のない

疾患を診断する

重篤

疾患の状態＝

家族の状態＝

まだ乗っていない

苦しんでいる

周産期臨床遺伝学習マニュアル

救う　危険にさらされている状態から救い出すこと

胎児が疾患を有する？

妊娠中に胎児の疾患や正確な病態？

児に何らかの異常があったとき？

児の疾患が判明し、妊娠継続の可否を

検査で児の疾患が判明した場合

健常児を中絶してしまう可能性

検査で発見可能な染色体疾患

真↔うそ、真でない、偽

出生前診断には偽の目的がある

真の目的も。

偽の目的→胎児の選別（25%をみつける）

あるいは、選別による中絶

条件　なし／あり

堕胎させる運命

また別の運命

真の目的→胎児を堕胎から救う

どんな胎児？正常な胎児

胎児にとっての＝運命

「両親の力は胎児の意志にかかわりなく作用する」

胎児を堕胎させる運命から救う出生前診断

誰が生死を選択する？

出生前診断が救うのは「正常な胎児」。

何から救うのか？「両親の意志」

半分以上

4

「障害」を認識したとき

協力者たちは、自身に「障害」があることを認識したきっかけを、どのように語っていただろうか。この章では、協力者たちが、自身の五歳前後から一一歳頃を振り返って、みずからの身体《からだ》や〈生きられた障害〉についてどのように語ったかを検討する。

親から経験を伝え聞く

タクヤとトオル

タクヤは、大人になるまでは障害者手帳を持っていなかったが、公共交通機関の運賃減免《げんめん》や図書館の貸し出し延長などの制度を利用できることと、「身分証明書」として活用できることをメリットと考えて、二二歳のときに初めて「弱視」の診断書を医師に書いてもらったという。自身の「障害」について、それ以前はどのように認識していたかを問うと、子どもの頃から自身にアルビノ［白皮症→後述の292頁］があることは「知ってることは知って」いたという。二つ上の兄とは異なり、電車で弱視学級のある小学校に通うことになったこと、屋外で遊ぶとき親が日焼けを気にして服装を指定したことなどの経験を通して、「知って」いたということだろう。公的な支援にかんしては、視力の程度が障害者手帳を得られるかどうかのボーダーにあったこと、またアルビノを理由に病院へ行ったこともなかったことから、「ほっといて［気にかけないで］」いたという。

自身の診断名については、「親とかは聞いているかもしれない」が、自身が「診断」をされた覚えはないと語った。タクヤが生まれたとき、親は「おっきい病院」をいくつか訪《たず》ね歩いたという。アルビノは、肌の色や髪の色が白いことが特徴なので、その理由を説明できる総合病院を探したのだろう。このとき、タクヤの親はタクヤの代わりに診断を聞いたが、もちろん当の本人は聞いていなかった。

トオルも、出生後まもなく診断された。トオルは小耳症による聴覚障害があるが、「生まれつき耳がない」、つまり耳の形がなく耳たぶだけがあったことから、生まれてまもなく診断名がついたということだ。

つまり、トオル、そして先のタクヤも、出生後に視覚的に判別される特徴をもっていたために、すぐに診断名がついた。この経験は、出生直後から三歳くらいまでに「障害」名や「疾患《しっかん》」名を付与された協力者たちに共通している。

リカとトモコ

また、出生直後には診断されなかったが、母親の早産《そうざん》などのお産のときの状況や、歩行などの発達の進度が理由になって、生後数ヶ月から一歳前後までに診断を得た人たちもいた。

リカは、出生時、体重が少ないことや黄疸《おうだん》が出たことから、将来に何か「障害」があらわれるかもしれないと医師から指摘されていたという。しかし、脳性麻痺《のうせいまひ》と診断されたのは、生後一ヶ月が経ってからであった。生後九ヶ月くらいの時期に、母親が、リカの首が座らないことや寝返りをあまりうたないことを「おかしい」と思い、国立の総合病院を受診したという。

トモコの場合は、母方の祖母が、あかちゃんだったトモコのおむつを替えているときに「股《また》が固い」と気づいたこと、そして歩行を始めるのも遅かったことから、大学病院への受診へと至った。

リカもトモコも、自身の出生体重をグラム単位まで覚えており、自分が母親の早産により生まれたこと、出生体重が平均よりも軽かったことを、脳性麻痺の診断を裏づける根拠として説明した。

メグミ

未熟児網膜症《みじゅくじもうまくしょう》による視覚障害のあるメグミは、「最初生まれたのはふつうの産婦人科」だった。「でも、［妊娠］七ヶ月で破水《はすい》して生まれてしまったから大きい病院に運ばれて。私はぜんぜん覚えてないけど［笑］」。そして、生まれて三ヶ月前後に一回めの目の手術を受けた。障害者手帳の交付は、生後五ヶ月のときだったという。

メグミが生まれてしばらくしたとき、医師は、メグミの両親に「この人《ひと》一年もちません」と告げ、そして「心臓になにか障害が残るかもしれない」と言い、さらには「脳に障害が残るかもしれない」へと発言が変転していき、最後になって、目に「障害」が残る可能性について言及したという。メグミは、病院も医師も「いい加減だった」と語った。これらの経緯は、メグミの両親が、中学生のメグミに語って聞かせたことなのだという。

しかし後にメグミは、このとき親が自分に話さなかったことがあることを知る。生後三ヶ月で初めての目の手術を受けたことである。二〇歳の障害基礎年金の申請のさいに、医療者にカルテの情報を読み上げてもらって初めて手術のことを知る。そのとき初めて、親が診断をめぐってメグミに知らせなかった事実があったことがわかる。メグミは、生後五ヶ月で第一種の障害者手帳の交付を受けたが、それは、三ヶ月時の手術が目の機能回復につながらなかったことを意味しており、それゆえ親はメグミに伝えなかった、と考えていいのかもしれない。

私がメグミに、早産になった理由を知っているかと尋ねると、弟が産まれたあと、母親が三人めの妊娠を五ヶ月で流産したことを挙げ、「母親の子宮があんまり強くなかった」と語った。そして、母親を責めることにならないよう、この後、メグミは話題を変えた。病院に向かう直前まで母親はカレーをつくっていたこと、母親にそのカレーはどうなったの？と尋ねたこと、このような話をし、つづけて「弟はのんびりしているから［母親は早産にならなかった］」と、胎児だった弟に性格をもたせた。そしてメグミ自身は、母親の子宮のなかは狭すぎて出たかったため七ヶ月で出て来たこと、早く出て来たために誕生日が三ヶ月早まったことを「後悔」していると語るなど、早産の理由が胎児側にあるように語ることで、私の注目が母親の身体的要因に移らないよう会話を管理した［↓90頁］。

エリ

筋疾患のあるエリは、三歳のときに障害名がわかったという。エリと同じような障害名をもつ当事者は、だいたい三歳前後に診断を受けることが多いとのことだった。

診断を受けたのは、歩き始めた時期が平均的な子どもよりも遅かったことや、「歩いてもすぐこけるとか、そういうのがおかしい」ことが理由だった。いくつか病院をまわり、「最終的にわかったのが県立こども病院」であった。このとき母親は、「筋肉が弱っていく」「一七歳くらいで死ぬ」という説明を、医師から受けた。しかし母親は、「筋肉が弱っていく」ことはエリに伝えたが、「一七歳くらいで死ぬ」かもしれないことは、エリが二〇歳を超えるまで伝えなかった[→52頁]。

メグミの親と同じく、エリの母親も、子どもの年齢あるいは成熟度にあわせて、診断当時に受け取った内容――〈名としての障害〉――を、いつどのタイミングでどのように子どもに伝えるのかを調整していたことがわかる。

アサコの子ども

私が実施したインタビュー調査は、親の側が、出生直後から三歳前後までに子どもに下される診断名をどのように受け止めていたのかは主題にしていなかった。しかしながら、今回の協力者のなかに、生まれてきた子どもが多指症《たし》で、[1]その子どもの一歳前後の時期に治療方針を決めた経験をもつ親のアサコがいたことで、彼女には、自分の子どもが診断を受けた当時について話を聞くことができた。

アサコは、会話に手話を使うが、健聴《けんちょう》である二人の子どもとどのようにコミュニケーションをとっているかを私に説明するなかで、「上の子」とは手話で会話をするが「下の子」とはあまりしないと語った。その理由として「下の子」が生まれたときに指が六本あったことを語った。[2]

アサコの二人めの子どもは、生まれたときに多指症で親指の根元あたりに「コブみたいな感じ」の指があった。二本に分かれた指の機能をひとつにまとめる多指症の手術には難しいものもあるが、アサコの子どもは「たまたま［その指を］切っても問題なかった」という。手術の時期は、手の機能をつかさどる重要な組織の正確な観察が難しいこと[3]や、全身麻酔によることなどから、子どもが一歳を過ぎるまで待つ必要があった。手術を受けるかどうかを判断するまでのあいだ、アサコには大きな葛藤《かっとう》があったという。

　というのも、その手術は、受けないと生きていけないような手術ではない。アサコは、子どもの指を「かわいい指」だと思っていたけれど、だからといって、そのアサコの思いひとつで手術をしないという選択をすることには、躊躇《ちゅうちょ》があった。また、医師や多指症の子どもの親たちからも、指をそのままにすることは発達上の問題につながる可能性があると教えられた。

1――　多指症は、手では出生一〇〇〇人に対して一～二人、足では出生二〇〇〇人に対して一～二人ほどにみられる。部位としては、手では親指に多く、足では小指に多く見られ、それぞれ全体のおよそ九〇％を占める。多指症の手術は、「本来一本の指に納《ママ》まっているべき機能も、二本の指に分かれて存在しているという理解が重要で、手術は分離した機能を一本の指にまとめて良く使える指にする」ことが目的である。分離した機能の統合には、腱の移動などが含まれる［一般社団法人日本形成外科学会「形成外科で扱う疾患」「多指症」（二〇一五年一〇月二三日取得 http://www.jsprs.or.jp/member/disease/extremities/extremities_malformation_02.html）］。

2――　アサコは、上の子には赤ちゃんの頃からベビーサイン（手話やジェスチャーで会話する育児法）で話しかけていたが、下の子に手話で話しかけると混乱するのではないかと考えて、上の子ほど手話を教えなかったという。

3――　一般社団法人日本形成外科学会「形成外科で扱う疾患」／「多指症」（二〇一五年一〇月二三日取得 http://www.jsprs.or.jp/member/disease/extremities/extremities_malformation_02.html）

アサコは「［多指症が］むかしは神様の手って言われてたらしい」ことや、アメリカに「フィンガーっていう手足の指を六本もつ野球選手がいる」▼4 ことも私に語った。おそらく、切ったことがない人の存在についても見聞きしたり、調べたりしたのであろう。けれど、一〇〇〇人に一人はいるはずの多指症の人たちに、私たちはめったに出会わない。それは、アサコによると「ほとんどは赤ちゃんのときに切ってるから」だという。アサコが手術を受けるか受けないかに葛藤《かっとう》していた時期、実際に切ったことがない親や、切ることなく一〇〇〇人に一人のままで大人になった人に話を聞こうにも、聞く機会がなかったことがわかる。

つまり、当時のアサコにとって、「多指症の子どもを授《さず》かった親」は、すべからく「五本より多い指の手術を選択した親」であり、「手術をしなかった親」からは話を聞けなかった。したがって、アサコが多指症の子をもつ親から聞いたのは、そのほとんどが手術をした経験であったのであろう。

結局、アサコは「発達の面で問題が出てくるんだったら切ったほうがいいって思った。それで、あの、葛藤してたけど、切ることに決めた」という。

アサコは、医者が下した多指症という診断を、アサコの子どもの代わりに受け止め、葛藤しながらも、子どもの代わりに意思決定をし、手術をすることにしたのである。

先述のように、アサコは六本の足指と手指をもつプロ野球選手「フィンガー」について、私に語った。アサコはフィンガーのことを、下の子の手術の前に知っていたのかもしれないし、手術の後に知ったのかもしれない。ただ、アサコがここでフィンガーについて言及したのは、六本のままで大人になっている人がいることを私に知らせる意図があったように思えて、私はあらためて「なんで五本にしたほうがいいって思ったのか」を尋ねた。

アサコは、まず、少数派であることの不便さを語った。そして「からかわれるのがこわい」ことを挙げた。からかわれるのがこわいという考えは、赤ちゃんであった「下の子」をみて話しかけてきた「知らない人」が子どもの指を見てみせた反応がおおもとになっていた。その知らない人は、アサコの子どもの一本多い指を見て、驚きに似た表情をしたという。この指のままであれば、いまアサコが母親として受けた他者(社会)のこのまなざしを、わが子は生きているあいだずっと受け取りつづけることになるかもしれない。アサコ自身のことであれば、そのまなざしに対処していく意思をみずからに確かめることができる。けれども、今ここで、見知らぬ他者に手を凝視《ぎょうし》されて奇異《きい》のまなざしにさらされているこの子は、そのことをまだ知らない。この子に、このまなざしに対処していく意思の有無を確かめる術《すべ》もない。そもそも対処云々《うんぬん》の前に、こんな理不尽な扱いを受けること自体、自分の子どもの人生に起こってほしくない。アサコは、この出来事によって、このような扱いを受ける可能性を想起させられ、それは「いやだぁ」と思ったのだという。

4――元メジャーリーガーのアントニオ・アルフォンセカ投手のことであろう。ニックネームが'Six Fingers'であった。

アサコは奇異の目で見られるという経験を、「知的障害の子どもの親」や「小児まひ」の子どもの例を引いて説明している。アサコが生きてきた聴覚障害は、見た目では「障害」があるかどうかがわかりにくい。それゆえ、「見られることのしんどさ」には、子どもの指を通して気づいた。アサコは、結婚をして子どもをもつ前は、子どもの「障害」を受け入れていない親に非難の気持ちがあったという。けれども今、自分が親の立場になってみて、「そんなこと言えない」と考えるようになったという。

親は親の立場にならないと経験しえない困難を抱えている。その困難とは、自分以外の個体の未来に影響する治療の選択を、本人の代わりにしなければいけないという困難だ。身体の機能をどのように変えるのか、変えないのか、身体の見た目を健常者のようにするのか、しないのか。

aという選択をすればAという未来が待っているかもしれない。bならBという未来になるのかもしれない、あるいは、どの選択をしても行きつく未来は同じXなのかもしれないし、これらのどれでもないYかもしれない。いずれの未来になるにせよ、その未来を引き受けるのは、そのときその決断を下した親ではなく、今ここで〈私〉を意識化する以前の個体として生きている、この子なのである。

この子の意思を確かめることができたとしたらaかbのどちらを選ぶだろうか。いずれを選ぶのが、この子の未来にとって〝正解〟なのだろうか。誰も答えをもちあわせていないこの問いに、何らかの決断を下さねばならない。いわば賭《か》けとも言える決断をするのは、親であるアサコだったのである。[5]

アサコの、現在は六歳の「下の子」は、〈私〉を形成する途上で、生まれたときに指が六本あったことを知っているかもしれないし、これまでに知る機会がなかったかもしれない。本人は、母親が手術をするか／しないかに悩んでいたそのとき、母親の葛藤《かっとう》を知る由《よし》もなく、そこにいたのだろう。

このように、出生直後から三歳前後までに診断を得た協力者たちは、医師が診断名を告げたその場にいたであろうと推測されるが、診断名の受け取り手という意味では不在であった。診断の後に何らかの侵襲《しんしゅう》的治療（身体への負担のある治療）を受けた者もいたが、その治療を受ける決断をしたのは親であり、本人は、親による治療決定の受け取り人としてのみそこにあった［吉峯、一九九八：三六－三九頁］。

5―― アサコは、子どもの親である自分のパートナーに相談している。彼は「そんなに悩むんやったら切らなくていいんじゃない」とアサコに言うと、彼女は「えー？ いいのそれで？」と返した。すると「まぁ、あなたが決めて」、「おれはどっちでもいい」と言い、彼女は「もうなんでームカツクって思ったけど［笑］」、「どっちでもいいってそんなズルいー［笑］」と感じ、最終的には彼女が「切る」決断をした。

すなわち、親が、子どもが産まれたときの思いを、成長した子ども本人に語ったとしても、子ども本人にとってみれば、誕生から数年間に及ぶ「空白のとき」に行なわれた診断のさい、医師に何をどのように説明されたのかは、実際のところはわからないことなのである。また、その診断を受けた親、そして周囲の人間が、子どもだった自身にどのような思いをもったのかもわからないのである。

明らかなのは、その空白の期間に、自分とは別の身体《からだ》の者（親）が、自分についての診断を聞いたということ、そのことだけだ。診断は、診断された身体を生きる本人へ向けたものだが、その診断の後の治療の決定、診断によって引き起こされた感情との折り合い、診断により波及する家族をはじめとした人間関係の調整などは、全面的に親が請《う》け負うことになる。

もっとも古い記憶に遡《さかのぼ》る

次に、自身の「空白のとき」に起こった出来事として、親から聞いた情報ではなく、協力者自身の子ども時代の記憶として、〈生きられた障害〉がどのように語られているかを見てみたい。

発達心理学者の浜田寿美男《はまだすみお》は、何をいつ、どこで経験したかという、時間 - 空間の特定性をもつ記憶を「エピソード記憶」と名づけ、意味記憶〔一般的な知識〕と分けて整理している〔浜田、二〇〇二：三六頁〕。エピソード記憶にかんする語りは、〈私〉の身体が特定の時点の特定の場所で経験した、具体的な出来事の輪郭《りんかく》を私たちに示す〔同書、三六頁〕。

そこで以下では、協力者の語りをいったん「エピソード記憶」として捉えたうえで、周囲との違和のような質感や、出来事がもたらした衝撃といった経験から、〈生きられた障害〉が認識されていく過程を考えていきたい。

「私ってすごい可哀想な人なんや」

小学校に入る前のリカが、母親の手押し車に乗せられていたときのことだった。近所の人が「あんた、可哀想《かわいそう》やなぁ」と言った。そして、この言葉の直後に「お腹《なか》にいるときになんかした」のではないかと母親に問うた。リカによると、脳性麻痺で付随《ふずい》型のマヒがある人は、知的障害をともなっていると誤解されることがある。そのため、「障害」のある当人の目の前で侮辱《ぶじょく》とも言える言葉を口にしても、当人にはわからないと思われている。「なので〔笑〕、ついそういうことを言う。でも、すごいわかってるわけ」。

リカはわかっていた。当時は五歳。妊娠中に「なんかした」のが母ならば、その「なんか」をされたのはリカということになる。「なんか」をされたリカは、近所の人によると、どうやら「可哀想」であるらしい。「私ってすごい可哀想な人なんや」。こうして〈私〉は、周囲の子たちとは「違うんだな」と気づいていったという。

「なんでお父さん泣いてるん？」

アサコは五歳のときに診断を得た。アサコの父親が言うには、赤ちゃんのときに聴力検査を受けたが、そのときは何も指摘されず、家のなかでは母親も父親も、「［言葉が］遅れてるなぁ」とは思っていたが、それは聴覚ではなく「知的［障害］があるのかな」と考えていたという。聴《き》こえの診断を受けたきっかけは、家族ではなく、幼稚園の先生による指摘であった。

「自分でも不思議だなと思うんだけど、地域の一般の幼稚園で、先生から呼ばれたときに、このときのことも覚えているんだけど、先生の口を見ると、まだ口話《こうわ》訓練［↓127頁］受けてないのに、先生の口をみると、下の名前が○○っていうんだけど、○○ちゃんって言ってる。わかるんだけど、何をしたらいいのかわからなくて。周りの友達にじろじろ見られたの」。

このときアサコは、幼稚園の先生が自分の名前を発していることを、先生の口の動きから認識していた。おそらく、子どもたちが複数いる場所で、先生はアサコの名を呼んだのであろう。アサコは先生の口のかたちに集中し、先生が〈私〉の名前を呼んでいることはわかっていた。ただ、そのあとに先生から期待されている「何か」がなんであるのかが、わからなかった。

その「何か」とは、名を呼ばれたら「はい」と返事をすることで、そのルールは、アサコのいたクラスでは、みなに共有されていた。しかしアサコは、先生が「何か」を言っているとき、視線が先生にだけ向いていたので、呼ばれた側の子どもがそれに対して「はい」と返答する場面を見ていなかった。そのため、「名を呼ばれる→返事をする」という決まりごとがあることを知らなかったのだ。

この出来事は、〈私〉が、その場ですべき何らかの適切な振る舞いをしていないだろうことを感じた、初めての記憶になった。この出来事のあと、先生から家族に連絡が入り、病院を受診して、聴こえにくさがあることがようやくわかった［→125頁］。

そして、五歳で初めて、首からぶら下げる形式の補聴器を装用《そうよう》することになった。アサコはその目新しい物体に「おもしろーい」「変わってるー」という感想をもったことを覚えている。けれど、父親や母親の反応は正反対のもので、笑っている自身とは対照的に、父親は泣いていたという。おそらくアサコにとって補聴器は、「聴こえを補《おぎな》うもの」としてよりも、「目新しいもの」としてだけ受け止められたのかもしれない。補聴器の装用は、自分にとってはわくわくすることだったが、どうやら両親にとっては異なるらしいという記憶が、ここで語られた。

「代償に何かをもらえる［笑］**くらい、大変なことをしてるんやな」**

エリは、三歳で筋疾患《きんしっかん》の診断を受けてすぐに「どうも治《なお》らないっていうことがわかって」、そのあとは「一年に一回病院に行くか、くらい」のペースで病院に通っていた。その後「小学校の高学年くらいになる頃には完全に病院に行くのを止め」たという。

その病院通いは、行くたびに血液検査があり、待ち時間が長く、また、当時住んでいた地域から離れた他府県にある病院だったため、通院にも時間をとられ、「疲れに行く場所、みたいな感じ」だったという。ただ、それが〈私〉の環境だと受け入れていた。

しかし、あるときに気づく。母親は、エリに対して「申し訳なさ」を感じているようであり、病院に行くたびに「おもちゃを買ってくれる」ということに。そうして「あ、これは、逆に、そういう意味で「つらいことなんだな」」と解釈するようになる［↓54頁］。

電車に長いあいだ揺られ、待ち時間も長いこの病院通いは、もしかしたら「大変なこと」なのかもしれない。というのも、行くたびに「代償に何かをもらえる［笑］」のだから。これは、おもちゃでもって償《つぐな》われるほどのことなのではないか。他の子ども（二歳上の兄かもしれないし、通っていた地域の学校の友達かもしれない）と、〈私〉との比較によって、このように解釈したと考えられる。そしてその比較のおおもとに、〈私〉の身体とその他の身体との差異が浮かび上がっただろうことがうかがえる。

「遊んだらへんとか、ロボットみたいとか」

トモコは、脳性麻痺があるとわかった一歳半から就学前まで、平日は専門病院（療育園）に入院し、リハビリを受ける生活を送っていた。幼稚園は、たまに土曜に行く程度だったという。自分の身体《からだ》と周りの人の身体との差異は、リハビリを受ける生活のなかで知っていった。それは、看護士が発する「この子CP［脳性麻痺］やから」という言葉であったり、リハビリで使う器具（SLB）の名称から学んでいった。看護士や医師の様子を見て、自分がかれらのようには歩けないということも、すこしずつ知っていった。幼少期に多くの時間を過ごした専門病院は、トモコ以外の子どもたちも、医師たちのようには走らなかったり飛ばなかったり、という身体をもっていたので、その環境をあたりまえのものとして理解していたのである。つまり、医師たちのようには歩かないこと、移動に器具を使うことは、〝医師たちと〈私〉の違い〟として認識されていたと言える。

ところが、週末に自宅に戻ったさいに通っていた、地域の幼稚園では、専門病院とは異なる認識を得た。そこにいる子どもたちは、トモコがボールを落としたり、走ったりしないことに気づいて、一緒には遊ばないとか、ロボットみたいだとか言う。こんなふうに「いろんな言葉を言われる」経験は、専門病院では起こらなかった。〝医師たちと〈私〉は違う〟という認識とは異なるところで、「いろんな言葉」を浴びせられる、遊びに入れてもらえない、そういった出来事が「その頃［地域の幼稚園に通い始めた頃］」に起こったと語った。そのおもとに、他の友達と少し違う〈私〉の身体があるのではないか、と考えたのである。

つまり、身体の差異（「〈私〉は違う」）は専門病院でも感じていたけれども、差異により波及する経験（たとえば「いろんな言葉を言われる」こと）は、地域に入って非障害の子どもたちと遊ぶことで、はじめて知っていったのである。このように、地域で受けたネガティブな反応のほうを、

〈私〉に「障害」があることを初めて認識したエピソード記憶として、トモコは語った。

「私をだましたんだ」

メグミは、盲学校（特別支援学校）での出来事を自身のエピソード記憶として語った。それは、学校から電車に乗って家に帰る練習をしたときのことであった。ふだんは担任の教員が、学校からメグミが下車する自宅最寄《もよ》り駅まで付き添うのだが、ある日、「今日は会議があるから一緒に行けない」と言われ、学校の最寄り駅で教員と別れた。

メグミがひとりで電車に乗り、自宅の最寄り駅で降りると、そこにはいつものように母親が待っていた。そして「先生がいたような気がしたけど」とメグミに言った。自宅に着いたメグミは、担任の教員の指示に従い、家に到着した旨《むね》を伝えるため、学校に電話をした。すると、会議中であるはずの教員は学校におらず、もう家に帰ったよ、と言われた。

メグミはその瞬間、その教員が「私にだまってついてきた」、「私をだました」と気づいた。そして、そんなふうに「私をだました」のは、私が「見えていない」、「こんな近くでその人の存在に気づかない」からだと、おおきな衝撃を受けた。この出来事は、メグミが「自分が他《ほか》の人と違う」ことをショックな出来事として記憶に刻んだ最初の経験だったという。学校に電話した後は、一日泣いていた。

小学五年生の当時一一歳のメグミがショックだったのは、二つあるだろう。一つめは、見えている人なら難《なん》なく気づいたであろうことが見えない〈私〉にはわからないということを知ったこと。それと同時に、あるいはそれ以上に、二つめとして、〈私〉が信頼していた人が、〈私〉が見えないことを、「だます」行為の前提としていたこと。しかも、知らない人ではなく担任の先生が、こっそりと〈私〉を欺《あざむ》いたことがショックだったのだ。

この出来事の前の、メグミが小学校二年生のとき、新任教員が「あっち」「あれ」などという指示語をメグミに使ったときに、「あっちって言われても見えないんだからわからない」とその教員をたしなめたことを、人から伝え聞いたという。「ていうことは、小学校二年生くらいのときには自分は見えないっていう状態で、周りは見えてるんだっていうのはたぶん理解してたんだろうなって思うけど、でも、あまりその時点では意識はしてなかった」。

つまり、「あっちって言われても見えない」と新任教員をたしなめたことは、教員への自身の信頼を裏切られるような、安心を脅やかされるような経験としては、記憶されていないのだ。見えている（らしい）教員と〈私〉は違うということは知っていたが、そのことはただ、見えている人と見えていない〈私〉との〝身体の差異〟としてのみの認識だったのではないだろうか。

これはトモコが言うところの「私は［医師らと］違うということは知っていた」と同じ立場にある。「その時点では意識はしてなかった」とは、この出来事が、いわゆるエピソード記憶としてメグミに記憶されなかったことを意味しているのだろう。

ところが、五年生のときの経験は、違った。信頼する先生が〈私〉が見えないのを前提として「私をだました」という出来事は、メグミにとってかなり衝撃的だった。このときのショックを通して〈私〉が見えないことを経験したがゆえに、その経験は、より強い記憶として刻まれたのではないだろうか。

「ちっちゃいとき髪の毛、長くされてた」

トオルは、耳の穴と形がないことが外見的にわかるため、産まれてすぐに診断された。そして、物心がつく前に補聴器を装用し、ろう学校の母子教室にも通っていた。それゆえ、〈私〉を認識しはじめたときにはすでに、補聴器を装用していることが、自身の身体としてあたりまえで自然なものだった。[6] 髪の毛を長くしていたことにかんしては、当時の男の子としてはまれであることを知らなかったので、そのまま受け入れていた。しかし「今にして思うと」髪が長かったのは、親が自分の耳の形を隠すためにと思ってのことだったのではないか、と考えるようになった。

つまりトオルは、小学校二年生くらいまで、自分は「髪の毛を長くしている」ことは知っていたが、それが「耳を隠す」という親の考えによるものだとは気づいておらず、また、補聴器を装用していることも知っていたが、それは「もともと聴こえないので」、「もともと形もちがうので」、「生まれつき」のものとして意識することはなかったという。ただ、大人になった今、周囲の子と違ったこととして認識した出来事としてまず思い至ったのは、髪の毛を長くされていた記憶であった。

「**なんで手術をするんだろう**」

トオルにとって、自身の身体への認識に大きな変更を迫ったのが、耳の穴を開ける手術と耳の形をつくる手術だった。トオルは、手術をすると聞いたときには「なんで手術をするんだろう」と思ったという。それは「意外」で「今でも不思議な」経験だった。

二〇一一年の報告では、小耳症のある子どもで、左右の両方の耳の穴と形がない場合、九歳から一二歳の時期に、第一段階として、肋軟骨《ろくなんこつ》を耳のフレームに移植する形成外科手術を、次に形成外科医と耳鼻科医が合同で、耳のフレームを起こす手術と外耳道《がいじどう》（耳の穴）をつくる手術とを行なうとある。[7] トオルが手術を受けた一九八〇年代は、いまだ形成外科医と耳鼻科医が合同で行なう手術が主流ではなかったと考えられ、手術の回数は、現在よりも多かったはずだ。この複数回にわたる手術を「小耳症の人っていうのはだいたいする」のだという。しかしトオルは、この手術には「倫理的な問題」があると語った。

6――トオルは、難聴学級のある小学校に通い、籍《せき》を置いていたクラスでは前の方の席にすわり、教室が静かなら先生の話が聴こえた。勉強も「なんとかなっていた」し、休み時間は雑音が多く、音の判別は難しかったが、それは「しょうがないね」と認識しており、「とくにショックとか…いう経験はない」と語った［↓364頁］。

発達心理学者が明らかにしてきたように、六歳から一一歳の発達段階にある子どもは、すでに〈私〉を意識化しはじめており、「自己自身についてより正確で完全な認識」をもちつつある［浜田、一九八三：二四二頁］。トオルは、耳の形がなく、補聴器を装用している自身を〈私〉と意識して、みずからの人格を育《はぐく》みつつあった。まさにそのときに手術は、身体にいわば暴力的に介入し、改編《かいへん》し、その身体からなる〈私〉に変容をもたらそうとした。子どもだったトオルは、自身の身体と、その身体をもって経験するさまざまな場面や、向かいあう他者との関係に生じる特性とを、自分なりに分類し、調整し、ひとつのまとまりある〈私〉として自身を収斂《しゅうれん》させていったのだろう。その舞台となる身体が「間違い」と宣告され、医師や親が「正しい」と考える形へと、侵襲《しんしゅう》的に（身体に負担を強いるように）変容させられる。このことを指して、倫理的に問題があると語ったのだと思われる。

ただ、先のアサコの語りで、〈私〉の意識下以前の子どもの侵襲的な手術について検討してわかったように［↓144頁］、おそらくトオルの親も、トオルの手術には葛藤があったと思われる。トオルの親も含めて「［これらの手術を］親はこぞってやる」のは、小耳症の子どもをもった親とは、すべからく手術を選択した親であり、耳の穴をあけない／耳の形をつくらないという決断をした親の経験については、知る機会がなかったのではないかと推測できる。▼8

語られなかった身体の違い

これまでみてきた六名の経験においては、自分の身体《からだ》が「何か違う」ことを、三歳から六歳で感じていたようであった。トモコが専門病院で「私は人と違う」ことを知っていたり［↓154頁］、メグミが「自分は見えないっていう状態で、周りは見えてるんだっていうのはたぶん理解してた」［↓157頁］ことなどが、これにあたる。そこには、身体の差異だけがあった。

そして、六歳から一一歳の学齢期になると、自身の身体が、他者からある一定の価値基準にもとづいて受け止められていることに気づいていく。〈私〉の身体は、何かノーマルなものと

7――加茂らによると、小耳症の子どもが生まれた場合は、次のように対応するという。「骨導補聴器の装用を一歳までに計画する。身体障害者福祉法の「聴覚障害」の診断書を六級で発行し、補聴器の装用指導と言語訓練を行なう。［…］第一段階の手術として形成外科医による肋軟骨の耳介フレームの皮下への移植術、第二段階は形成外科医と耳科医による合同手術で耳介挙上術と外耳道形成・鼓室形成のために、左右最低計二回の手術を行う。九歳で片側を開始しても終了時の年齢は十二歳頃になる」［加茂、二〇一二：一一二頁］。なお、これらの手術による聴力の改善にかんして、朝戸らは「六〇％強の改善率である」と報告している［加茂、二〇一二：二六七頁］。

は違うもの、特別なもののようだ。悲しまれる（アサコ）、かわいそうと言われる（リカ）、大変なことをしている（エリ）、いろんな言葉を言われる（トモコ）、だまされる（メグミ）、治療を受ける（トオル）といった、さまざまな出来事が起こるなか、その環境への適応を迫られつつ、〈私〉を育んでいっただろうことがわかる。

つまり、自身の「障害」を認識したきっかけはどのようなものであったか、というインタビューの質問に対して語られたのは、身体の差異を根拠に、他者からネガティブな評価を受けたり、安心安全の脅威にさらされた経験であったと言えよう。ここから、身体の機能や形態に「他の人との違いがあること」を知ることと、「ネガティブな反応を受けること」とが別の次元で、かつ、異なるタイミングで気づかれていたことがわかる。六名は、安心安全が脅かされたエピソードのほうを「障害」の認識に関連づけた。機能や形態面での身体の差異の気づきではなく、哀《あわ》れに思われたり手術を受けたりした経験、つまり安心や安全が脅かされるような出来事が起こったときが、「障害」の経験――〈生きられた障害〉――についての認識のスタート地点であった。

出生後すぐに下される診断は親が受け取るがゆえに、その診断によって波及する出来事は、親に属する経験であるということも、あらためて確認できよう。ここに、誕生前の受精卵や胎児の時期から三歳くらいまでの存在に対する診断が、親になる／親である人たちにとって、どのような波紋を起こすかについて考えるヒントがある。

つまり、みずからの身体には属さない事柄にかんする診断を受け止め、それに対処しなければならないという困難に直面する経験である。▼9 その困難は、「わが子」が、治療の可能性を熟慮《じゅくりょ》して自分で選択できるくらいに成長するまでつづく。つまり、親という存在は、意思決定

8―― たとえば、自身の身体をネガティブに受け取るような振る舞いをされたり、侵襲的な治療を受けたり、訓練を受けさせられたり、親と子どもが離されたりする経験は、「人格の完全かつ調和のとれた発達」（児童の権利に関する条約、一九八九年）にとって有害だろう。

子どもを主体とした人権保障とは、親による治療決定の受け取り人である子どもの人権の確保のことでもある。大人は、意思決定する主体とその結果を引き受ける主体とがイコールだが、子どもはイコールではない。一定の年齢と成熟に達するまでは、子どもは、親による決定結果の引き受けのみを担う。そこで重要になるのが、子どもは決定の引き受け人として、大人に保護される権利をもつということである。大人の保護があってはじめて、子どもの主体的な人権保障が可能になる［吉峯編、一九九八：三六－三九頁］。また、医療での子どもの自己決定権にかんしては、「宗教上の理由による輸血拒否の対応について」という東京都立病院倫理委員会（二〇一〇年改訂）の指針も参考になる（二〇二〇年一一月九日取得 https://www.byouin.metro.tokyo.lg.jp/about/hokoku/rinri/2303_yuketsu/pdf/2303_yuketsu.pdf）。この指針では一五～一七歳の未成年者については、「患者本人の意思を尊重するとともに十分な情報提供・対話の機会を与える必要がある」としており、「インフォームド・アセント」の重視が定めている。インフォームド・アセントとは、米国小児科学会が定めた、未成年者による積極的な合意を指す。医療従事者が子どもに理解できるよう説明し、その内容について納得を得ることが必要とされている。おそらく、トモコもエリもトオルも、アセントは受けたであろう。そのときの考えの一部を振り返って語ったのが、先の語りということである。侵襲的な処置を受ける医療介入はとくに、本人の考えを聞いてフォローすることが重要である。しかし、たとえば六歳の子どもが自分の考えを言語化して大人に伝えられるかというと、現実には厳しいことも推測される。

の主体を担えない個体に代わって、その個体の将来を左右する賭《か》け（aかbか）から逃げられない局面に立たされるのである。

この賭けは、十代未満の子どもたちの、医療における子どもの人権のあり方をめぐる倫理的な問いをともなう。子どもの人権とは、すなわち、医療によって心や身体を傷つけられない権利のことである。子どもの頃の治療の経験を語った協力者たちの語りは、医療の場における「子どもにとって必要な状態と、おとなが子どもに必要だと考える状態の差が最小限になるようにする」〔吉峯編、一九九八：四三頁〕ための方策を練《ね》るさいの、基礎資料になるはずである。

9――ドイツの元大統領のヴァイツゼッカーは、一九九三年七月に開催された障害者援助連邦協議会の年次大会開会式での講演「障害者に公正に」において、出生前検査によって私たちの生はこれまでよりも困難になると語った。というのも「それは事実を教えてくれるだけのことでしかないからであります。その診断を聞こうという人は、きわめて困難な道徳的・倫理的要求を突き付けられる決定的状況に直面することになります」と語った。同時期、ドイツではクリュッペル運動（障害者運動）が展開され、七〇年代から存在していた「優生学的事由（胎児条項）」の撤廃を訴えていた。女性運動もこの訴えを受け止め、九五年に法改正が行なわれて優生的事由が削除された。

ケイコの語り

――えっと、もう入院しているときに先生に言われたの？ 脊髄損傷《せきずいそんしょう》ですって。

ケイコ そのいちばん始めの急性期の、あの、運ばれて、その病院では、ほんと、いま考えたら告知という告知はされてなくて。

でも、最近聞いた話によると、私が運ばれて、で、その日に両親が病院に呼ばれて、そのときに、私が病室にいるときに、親だけ個室に呼ばれて、この子はもう一生手足が動きませんっていうことを言われたらしいです、画像を見せられて。

――あー。

ケイコ でも、私にそういうことは言われてないですね。

――あー、そうなん。

ケイコ はっきりとは。

――今まで一回も？

ケイコ 一回も。

――医者からは？

ケイコ あの「あごで車いす使える時代だからね」とか、そういうことは言われて、だんだん、こう、悟るみたいな。

――あー、それで「私、車いす乗るんだ」みたいな。

ケイコ でも考えられないって。はじめは動かないとか思わないから。（「うんうん」）。でも、だんだん、動かないのかなとは思ってはいるんですけど。一気にそれを知ったわけではなくて、だんだんですね。

――あー、どのくらい入院してたの？

ケイコ 急性期には三ヶ月。

――ずっと、じゃ、寝たまま？

ケイコ えっと、はじめは、あの、首を骨折していたので、固定させて、手術をするための首を固定させてなきゃいけなかったので、砂袋をぶらさげて。

――どこに？

ケイコ 首に。（「あー」）。寝た状態で起こすこともできないので、私もよくわかんないんですけど、砂袋を後ろに固定したまま、たぶん、一週間くらいいて、その二週間めくらいに、ハローベストっていう、首をほんとに動かなくする、固定するものがあるんですけど、それで、髪の毛を剃《そ》って。

――うん。

ケイコ　それで。

――全部?

ケイコ　そうです。それがすごいショックでした。

――あー、そうなんだ。

ケイコ　動かない以上に髪の毛、剃られるのがショックで、坊主になって、宇宙人みたいな棒をさすんですね。ここ、前に二箇所と、後ろ二箇所に、たぶん頭蓋骨にいくまでの空間まで、釘を、けっこう太い、一センチくらいあるんですかね。釘を刺して、四箇所。その四箇所の棒から鉄の、こう、丸い、むつかしいですけど、こういう、わっかみたいなのが固定されてて、で、その釘が前に降りてて、体《からだ》の前と後ろをムートンみたいな、すごい分厚い素材の甲羅《こうら》みたいなので固定して、で、横向きにしたりするときに首と体が一緒に動くように。

――あー、ようするに、こうやってこうやっていくように、あー。

ケイコ　そうです、そうです。手術をするときに必要だって言われて。

――手術の準備のために。

ケイコ　ってことだと思うんですけど。首を固定するためにっていうことで、それをつけて。で、手術を受けたんです。その手術が骨盤から骨を取って、首の折れてるところに補強するっていう手術でした。

――全身麻酔で。

ケイコ　そうですね。

――それはうまくいって…?

ケイコ　うまくいって。でも、なかの中枢《ちゅうすう》神経はつながらないので、骨はうまくつながるっていうか固定された感じで、手術は終わって。そこからリハビリが始まるんですけど、でも急性期の病院なので、脊損［脊髄損傷］とか頸損［頸椎損傷］の専門リハビリ病院ではないので、三ヶ月は斜面台とか。

――斜面台?

ケイコ　斜面台って寝た状態のベッドをだんだん角度つけていく。（「あー」）。でも、血圧とか自律神経の失調症になってるんで、ほんとに角度二〇度とか。ちょっと起こしすぎると血圧がバーンと下がって真っ白になっちゃって、また倒してっで、そういうリハビリをして、で、これからちょっとでも動かせるようになるには、そういう専門リハに行かなきゃ行けないってことになって、で、転院することになって。それで、いろいろ探したら、Hに脊損センター、専門のいちばん有名なところがあって、それか、I市内にJ病院があるってわかって、Hの病院にもお母さんとか見学に行ったんですけど、やっぱり遠いし、市内のほうがいいんじゃないかってことで、K県内のJ病院に転院ってかたちで、そのときは救急車で、転院しました。そこから、リハビリの病院なのでリハビリ生活、ですね。

――　体［を］起こしてみるとか……。

ケイコ　急性期の病院は、みんな、おそるおそる体に触ってた感じで、それに慣れてたんですけど、そっちの専門病院はそんな人ばっかりなんで、荒くて、「はい、車いす乗って」って感じで、いきなり起こされて、めまいしても「だいじょうぶ、治るから」って。

――　あー、大変だった。

ケイコ　うん、荒い、なんか、しごかれるっていうか、きつい病院で、はじめは慣れるのに大変でした。それでも、そのとき私がいちばん若くて、けっこう重度のほうだったんで、でもまぁ、病院に慣れることに精一杯《せいいっぱい》。（「うーん」）。でも、同じ病室に、ちょうど同じ歳《とし》でハーフの女の子がいて、右手だけは動くけど他は動かない。もうひとり、八個くらい上の女の人で、足はすこし動くけど、手は私より動かないとか。同じような境遇《きょうぐう》の人に会うことで、だいぶ救われた。

――　そっかそっか。急性期の病院にいるときはけっこう「どうなっていくんだろう」って……。

ケイコ　ほんと個室だし、髪の毛も剃られてるし、個室の外も出たくないし、出たとしても骨折しても二、三ヶ月で歩いて退院していく人ばっかりだし、私一人こういうふうだしって思って。リハ室と病室以外、出なかったです。

――そっか。リハのほうに移って、私、こういう感じなのかなってわかりつつ……。

ケイコ　そう、同じような、事故でこういうふうになったっていう同世代の人に会うことで、だいぶ、回復。精神的に、私だけじゃないんだっていうのは、すごい思いました。

――その後は、二ヶ月半くらいは、そこにいたの？

ケイコ　いや、えっと。全部で、急性期も合わせて二年弱、二年強くらいの入院だったんで。はじめの急性期のところは三ヶ月で。（「あぁ、そっか」）。そこからは、もう半年以上はその病院には制度の問題でいられなくて、点数とかがあって、その専門病院からリハビリセンターっていうところに転院して、また、J病院に戻ってきて。J病院がいちばん長いんですけど。

――だんだん、ちょっと動くようになったりとか……。

ケイコ　新しく動くことができることはないんですけど、使い方がうまくなる感じで。その、低血圧もだんだん慣れて、残存機能は、ほんとに事故直後と変わらないけど、残っている力を強化することで、筋肉をつけて、できることを最大限、増やすっていうリハビリで。たぶん、そのまま、急性期でそのまま退院してたら、ほんとに寝たきりだったと思うんですけど。

――そっかー、じゃ時間かけて。

ケイコ　そうですね。ほんといい先生に出会えて、はじめ、車いすにおもりをつけて引いたり、（「あー」）、PTのほうでは。PTとOTがあって。▼[1] PTでは、体育館みたいなのがリハビリ室で、ステージに乗る練習から始まるんです。

――高いところ？　一段高いところ？

ケイコ　ちょうど車いすと同じくらいの。（「はいはい」）。だからまず、縦《たての》乗りができるレベルらしくて、わたしは。ふつう、脊損の人とか乗る台と自分を垂直に車いすをつけて、手で支えておしりでよいしょって動くのが横《よこの》乗りっていうんですけど、私は、体幹《たいかん》が悪いので、バタンって倒れちゃうので、はじめから倒れた状態で、台と平行につけて足を上げて、そのまま、倒れた状態でタイヤを押して進んで、トランス［移乗］をするっていうのを練習することから始まって。
足を上げる練習ですよね。足を上げる、こう上げて台に上げるとか。で、はじめのうちは先生が一人がかりで乗せてくれて、体育館のステージみたいなところに寝て、ここらへんにおもりつけて、おもりを上げたりとか、筋力トレーニングから始まったり。で、縦乗り、体幹が悪いので、前に倒れちゃうんで、それを利用して、前に動いたり、難しいですね、口で説明するの。

―― なんかでも体の機能を、特徴を見ながら。

ケイコ そうですね。

―― できる動きを増やしていく、みたいな。そういうのをじゃあ、午前中の数時間、とかやって……？

ケイコ 毎日、午後から、午後一時から、その病室から体育館まで、けっこうあるんですけど。

―― 自分で？

ケイコ それもリハビリですね。はじめは押してもらってたんですけど、だんだん、自分でこぐ距離を一メートルから二メートルに増やしてって、で、リハ室に行くようになって。一時から三時くらいまでPTで、OTのほうは細かい作業で、なんかつくる。ここに装具をつけてもらって、パズルみたいなのをつくったりとか、ボーリングの練習とか、細かい作業がOT。だいたい四時とか五時に終わって、また病室戻《もど》ってご飯食《た》べて寝るって感じですね。

―― その毎日を二年。

ケイコ もうずっと。

―― そっかそっか。勉強とかはどうしたの？

ケイコ 勉強は、もうする気力もないし。まったくしてない。

1―― 「PTとOT」とは、理学療法（PT : Physical Therapy）と作業療法（OT : Occupational Therapy）のこと。理学療法では、寝返り、起きる、立つ、座る、歩くなどの、基本的な身体の能力回復や改善を目標として動作訓練を行なう。作業療法では、身辺動作や家事動作（はしで物をつまむ、手芸など手指の細かい動きの練習）、そして仕事への復帰に特化した訓練を行なう。

――もう一時からの数時間でもうへとへと。

ケイコ　そう。

――あー、そうだよね。

ケイコ　で、そのなかで、私の動く範囲はこうで、他《ほか》の人はこうで、あの人はこういうことができるんだって。そういうことを知って。

――車いすに乗ってこれから暮らしていくんだなーとか。

ケイコ　そこまで考えてない。

――考えてなかった［笑］。もう必死だった。（［笑］）。そっかそっか。二年のあとはどうしたん？

ケイコ　あの、ずっと毎日リハビリの生活だったので、退院しても、もちろん毎日リハビリしなきゃいけないっていうのを、お母さんも私もそう思ってて。だから、ほんと、退院してJ病院の近くに家を借りて、リハビリに通うっていう生活ですね、ずっと。その、入院はしてないけど、家からリハビリに通う。ほんとに入院生活の生活パターンと一緒で、ベッドにいるときは、ずっとベッドにいて、リハビリに行くときは降りて、帰ってきたら、すぐベッドに乗って、ていう生活で、車いす生活っていうよりはベッド生活みたいな。そういう感じでした。で、引っ越したんですよ。そしたら、だいぶJ病院と離れたところで、あまり通えなくなっちゃって、でもその引っ越しがきっかけになって、けっこう生活が変わって、車いすに座るようになって。

で、何かしようと思ったんですね、たしか、そのときに。その頃になったら、だんだん、スーパーとかにも行けるようになったっていうか、はじめはほんとに家と病院しか行けなくて、外でごはん食べるとか考えられなくて。

それで、また話が前後しちゃうんですけど、入院中の最後の方に、患者会の会報［のこと］を他の入院患者さんに訊《き》いて、そこで神経再生の研究がされているっていうことを知ったので、それで「私はいつか治るんだ」と思って。（［ふーん］）。それがだいぶ精神的にひとつ、ふっきれたきっかけになって。で、「私はいつか歩けるんだ」っていうことを希望としてもって。それで退院したんですけど、いろいろやりたいことは治ってから治ってからっていう考え方で、でも、それもなかなか実現しないし。で、そのマンションに引っ越して、それで、何かをしようと考えたときに、英語が好きだったので、英検［実用英語技能検定］、目指そうかと思って。で、でも、英語力たぶん中三くらいで止まってるって思ったので、三級から始めたんです。三級、準二級、二級って。そういうことをしているうちに、だんだん自信がついてきて、買い物とかも出れるようになって、で、デパート行ったりとか、外でご飯食べるっていうこともだんだんその過程でできるようになって。で、二級受かったときくらいに、「今の私なら大学行けるかも」って思ったんです。

――今は、お父さんとお母さんは別のところにいて、一人暮らしやんね？

ケイコ　そうですね、ヘルパーさんが……。

――ヘルパーさんが来てくれてるのか。一日に一回くらい来てくれるの？

ケイコ　ほぼ毎日で。今日も朝、お風呂があって。で、着替えしてもらって、今日も夜。多いときは二回か三回か、来ますね。

――ふーん、じゃケイコさんのなかでは、［生活は］けっこうもう［自分で］まわしてる感じなん？

ケイコ　そうですね。お母さんはいるんですけど、ヘルパーさんがやってくれるって感じで。

――あの、ケアマネさんかなんかは、ついてるの？

ケイコ　どちらでもいいんですけど。つけるのでも、つけなくてもいいんですけど。

――自分でやってるの？

ケイコ　自分でケアプランみたいのを立てて、一応ケアマネさんとかみたいな人に見せて、その人がF市に届けたら、それだけ時間が支給される。

――今はじゃあ、ちょうどいい感じ？　もうちょっとこうだったらなぁーとかは。

ケイコ　ほとんどヘルパーさんがやってくれてるので、今のところは、これでだいじょうぶです。

――その、自分がパートナーができて妊娠するかもしれないとか、そういうの考えるときって

――……じゃあ、あった？

ケイコ　ほんとに事故した直後に、どうも私は動かないらしいって悟《さと》りはじめたくらいに、そのときまでに結婚っていうことを一回も考えたことがなくって、彼氏がいても、まぁ、一〇代だからあれなんですけど、結婚に憧《あこが》れがないタイプで、昔から。だったのに、事故して動かないって思ったときに「私は結婚できるのかな」って友達に言ってました。「私はもう結婚できない」ってすごい思ってたのを覚えてます。結婚して子どもを産んでっていう将来は、すごいあたりまえすぎて考えたこともなかったと思うんですけど、すごいそういうあたりまえが全部、崩《くず》れた気がして。

――自分が女性としてあたりまえの、そういうのが、もしかしてなくなるかなぁって。

ケイコ　そう、だから私は施設に行くのかなって。

――え？

ケイコ　施設で死ぬんだって思いました。だからわかんない、障害者の世界っていうのがわからないから。どれくらい動かないのかもわかってないのに、私施設で死ぬんだって思いました。（「うーん、そっか……」）。障害をもって社会に出て生きるっていうことを、まったく知らなかったので。全部、崩れた気がしました、そのとき。（「うーん」）。それに、転院していろんな同じような境遇《きょうぐう》の人に会うなかで、夫婦で、奥さんのほうが、こういう体になってる人もいて、逆もあるんですけど、そういう人がけっこう離婚していくんです。

――そうなんだ。

ケイコ　そういうの見ると、難しいんだなって、思って。入院中は仲良くて、旦那《だんな》さんがすごい面倒みてた夫婦がいても、退院してちょっとしたら、離婚したっていう話は、すごい聞いたので。

――あー、そうなんだ。

ケイコ　やっぱ難しいんだっていうのは、すごい思いました。

――今はどう？

ケイコ　今は……。

――今っていうかそれから、なんか変化はありましたか。

ケイコ　そうですね、うーん……。大学行くようになって、だいぶ元の生活に戻れたというか、どっか行く場所があって、好きなことをどうにかできる範囲でしてっていう、社会にたぶん出れてる、ようになったから、だからたぶん、今は結婚できないとか思ってないし、子どもも産めないとは思ってないので、今は、仕事がんばるけど、その先くらいに、ねぇ、結婚でもできるかな、しようかなっていう気持ちはあります。

――今までで妊娠を考えたこととかはある？　相手がいて……。

ケイコ　あー、前つきあってた、こうなってからつきあってた人とは、ちょっとは考えたんですけど。なかなか、そのときはまだ学生だったし、子ども産みたいとかはまだ思ってなかったですね。でも今、やっぱり女性学とか結婚反対な感じの人いるじゃないですか、そういうのもわかるなとは思うんですけど、でもやっぱりパートナーとかは欲しいし、今はいないので、欲しいと思うし、ちょうど友達とかが結婚していく時期なので、今。すごい多いんですよ。だから今ですかね、考えてるのは［笑］。（「あはは。今めっちゃ考えてる」）。子ども欲しいなとか、すごい考えるようになりました。そういう社会の流れに左右されないとか思ってたんですけど、やっぱり考えます［笑］。

――なんかその、もし将来、パートナー、今いないって言ってたけど、できて、で、この人だったらずっと一緒にいれるかなーみたいな人ができたとして、［子どもを］授かったとするやん。で、なんか、こういうこと心配になるんじゃないかなとか、考えたことあれば……。

ケイコ　うーん、まだそのとき車いすだったら、難しいですよね、生活自体が。乗り移りとか、車いすからベッドへの乗り移りがどうなるのかな、とか。でもベッド上にいれば、一〇ヶ月くらいだし、どうにかなるかなと。今、ほんとにいいヘルパーさんたちに来てくださっているので、それも理解してくれるし、やってくれるんじゃないかなって。

――ふーん。なんとかなるんじゃない？みたいな。

ケイコ　たぶん。できたら産みます。

――そっかそっか。そしたら、生まれる前に、お腹《なか》のなかの胎児の障害の有無を調べて、で、障害があったら、子育てが難しいから中絶をする。それが目的というか。それが出生前検査っていう、その治療のためっていうのもあるけど、それが使えるようになってて、ケイコさんとしてはそれは、もし自分が授《さず》かったとしたら使おうと思うかとか、今どういうふうに考えてるかとか。

ケイコ　うーん。出生前検査……？っていうのがあるっていうのをあまり考えたことがなく、そういうのがあるんだな、くらいのものなんですけど、積極的にそれをしようとかは思わないです。

——うん。たとえば、医者がね、ケイコさんの体にも負担だから、考えたほうがいいよ、とか。

ケイコ　検査自体、負担がかかるんですよね、たしか。

——うん、そう。血を採って調べるやつはただの血液検査なんだけど、それは確率を調べる。確定診断は羊水《ようすい》検査っていって。

ケイコ　自分で中絶しちゃう可能性も。

——そうそう、堕《お》ろしちゃう可能性もある。羊水検査っていうのは、リスクが。

ケイコ　そのリスクを考えると、しないですね。しないと思います。せっかく授かったのに。そんな、もったいない。

——「もったいない」［笑］。そっかそっか。なかの子がどんな子かとかは、とくに別に知らなくてもいいかなって。

ケイコ　もうちょっと簡単に調べられるんなら、（「あー」）、もしかしたら、受けたいと思うのかもしれないですけど。

——その羊水検査みたいに、流産のリスクを冒してまでは、いらないかなって感じ？

ケイコ　そう。

——もし血液とかでわかるんだったら使うかもしれない。

ケイコ　かもしれないですね。でもそれを知って、それで自分で選択するのも大きなことなので、それもしないかもしれないですね。もしわかったとしても、あとの「障害があるとわかってどうしますか」ってなったときに、選択をする自信がない。

——うーん。

ケイコ　……ので。だったら、はじめからしない、のがいいかなと私は思います。（「そっか」）。不妊治療のつらさっていうのも知らなくて。そんなに女性に負担がかかるものだって知ったのが、ほんとに最近なので。

――もし自分が不妊症だってわかったら。

ケイコ　不妊症だったら治療はしないですね。それはそれで、養子もらうとか。そういう他の手段。子どもが欲しいのであれば。

――ケイコさんとしては、授かった子が、生まれて耳が聴こえなかったとか、目が視《み》えなかったとか、わかったとして、「生まれる前に、わかっとけば」とか。

ケイコ　いやー、そのときに、「じゃ、この子をどうしよう」って。

――出てきてから考える［笑］……。

ケイコ　そうですね［笑］。そこからですかね。

――そっかそっか。

ケイコ　あまり「あのときこうしてればな」っていうことを思わないし、っていうか、思いたくない、っていうか、思わないほうなので。

――ふーん。それはこれに限らず？

ケイコ　はい。

――そういうふうになってきたのかな？　思考方法が。

ケイコ　なんですかね。むかしから、そうですね。あんまり、そうですね、何かを、たとえば後悔したら、結局、生まれたことが、自分が生きてることがよくないというか、そういう自分否定ですよね。そこに何かを、「あのとき何かしなければ」「あのとき何かしなければ」……「じゃあ生まれなきゃよかった」っていう話に、絶対いきつくと思うので。

――たとえば今、［東日本大震災による］原発事故があって、放射能漏《も》れが起きてて、やっぱりネット上のやりとりのなかではね、「奇形が生まれる」とかね、「障害のある子の割合がどんどん増えてくる、日本は」とか、そういう言い方がされてて。

なんていうの、そのへん私も整理がつかないんだけど、本来ならばそうじゃないのに、何か人災的なものがかかわって、そうじゃない姿になって生まれる、みたいな。それって、その、ほんとだったら、ほんらいあるべきものが、たとえばケイコさんだったら、事故でそうでなくなってしまって、ということとも、つながるんじゃないかなって思うんだけど。

ケイコ そうですね。可能性としては、これからの世代、わからないですよね。そういう、いわゆる今でいう「障害」をもった人がすごく増える可能性もあると思うし。それを考えたら、今のマジョリティとマイノリティがひっくりかえった感じでもありかなって思う。

── あはは。おもしろいかな、みたいな。

ケイコ そう。誰かが、今で言われている「障害」っていうのが、ふつうになれば、社会は変わるかもしれないなって。今がんばってマイノリティが声あげるのも、ひとつだとは思うんですけど、ほんとに状況が変わると、マイノリティとマジョリティがひっくりかえるっていうのも、今この社会がそうなっていくっていうのも。

── ありなんじゃないかって。

ケイコ 思う。

── みんな、ちょっとずつ、どっか悪くって。

ケイコ そう。それがマジョリティになれば、いろんな考え方とか価値観が変わる。だから、それだからだめだとか、だから産むなとかは思わないですね。

── うーん。なるほど。そっか、じゃケイコさんとしては、こういう体《からだ》として授《さず》かっていて、お父さんとお母さんから授かっていて、なんていうの、負荷がかかって車いす生活になって、っていうところは、ほんらいじゃないって思ってる。で、そこは治したいっていう感じなのかな。ていうのは、一見すると、みんなこう、健常の体のこの社会、で、自分はそうでなくなったから、だから治りたいっていう話とさ……。

ケイコ そうなんですよね。

── だから、そこがどうなってるのかなって思って。

ケイコ こういう体で十何年生きてきて、治りたいと思うのは、マジョリティ側に行きたいっていう願望ではなく、ほんとに今、マイノリティとして生きるしかなく、それで学んだこともももちろん多いし、それで出会いもすごくあったし、だからそれを否定したくはないけど、それと違ったところで、ちゃんとマイノリティマインドは忘れずに、ちゃんと体を［が］元に戻りたいっていう思いがすごく強くて。（「そっかそっか」）。だからって、一〇〇パーセント、もとの体に戻れるか［どうか］もわからないし、でも、ほんと障害はあってもいいんですけど、自分のことは自分でできるくらいの体までにいきたいっていうのは、強いです。一〇〇パーセント、元に戻りたいっていうのは、もちろんあるんですけど、それが難しいのであれば、ほんとに。

―― 自分のことは自分でってどういう？

ケイコ　たとえば、自分でベッドに乗ったりとか。好きなときに好きなところに行ける。そういうのができる障害であれば、別に私は。今はだいぶ制約がありすぎるので。もちろんヘルパーさんに来ていただいて、いろいろやって、いいんですけど、自分のことは自分でしたいっていうのは、あります。だから治りたい、っていうのがあって。

なんか、いろいろ、テレビとか見てても、やっぱり、ふつうの健常者社会としての情報なので、何かしたいなって思ったときに、それができないってことが多いので。たとえばダイビングとかも、障害があってもできるだろうし、もちろん、がんばれば、今でもできるんでしょうけど、何かをしようと思ったときに、すごい準備とか、何かしたいと思う以上に、よっぽどそれに対する情熱がないとできないので、もうちょっと気軽にいろんな、したいなっていうことができるっていうことを思って、治りたいっていう感じですかね。

―― そっか。そうだな……。じゃあ今ケイコさん自身は、障害がある自分っていうのは、それはそれでいいんだけどみたいな感じなのかな。

ケイコ　しょうがないけど［笑］。

―― うん。［笑］。あはは。

ケイコ　しょうがないって感じですね。

―― でも、もしとれるんだったら、とりたいぶんはある。

ケイコ　あります。

―― でもそれを、それが終わりなんじゃなくてって感じなのかな。

ケイコ　たぶん、だいぶ考え方とかも変わらざるを得なくて、変わったと思うし。いろんなものの見方とか。だから、もし治ったからといって、もとの見方に戻るわけではないし、ほんとに境界的な。

――はいはい、マージナルな場所に。

ケイコ　今もいると思うし、もし治ったとしても、ずっとそういうところにいるとは思います。

（二〇一一年八月二七日）

5 胎児をめぐるふたつの「障害」

協力者たちは、出生前検査というものがあることを、いかなる状況で知り、どのように受け止めていただろうか。結論を先取りすれば、かれらの多くは「今ここにいる〈私〉」を青年期－学齢期－幼少期へと遡って、みずからの来《き》し方《かた》をたどりなおして想起《そうき》したエピソード記憶［→151頁］を通じて、出生前検査というものを意識していた。

この遡《さかのぼ》りは、「思春期の頃の私」、「子どもの頃の私」、「生まれたばかりの私」、さらには「かつて胎児だった私」にまで至る。こうして、〈生きられた障害〉と胎児の〈名としての障害〉とは、相互に関連するものとして受け取められる。別の言い方をすると、出生前に〈名としての障害〉の有無を判別できて人工妊娠中絶を利用できると知ることは、協力者に、これまでに経験したさまざまな社会的排除や、安心が脅かされたかずかずの出来事を、時間を逆戻しに思い起こさせるきっかけになっていたのである。そこには、親が自分に発した言葉や、会話の断片、身体《からだ》に残された治療の痕《あと》、治療歴が書かれたカルテなど、一つひとつの記憶の痕跡《こんせき》があった。

そこでまず次節で、出生前検査というものがあることを知ったことで、「かつて胎児だった〈私〉」の記憶を遡って話したトオルの例を取り上げる。[▼1]

出来事が線になる

トオルが出生前検査を初めて知ったのは、福祉系のボランティアサークルで「出生前診断を考える」をテーマに取り上げた大学時代であった。当時は「ふーんって感じ」で、「そこまで何も考えてなかった」という。知識がリアリティをもってきたのは、小耳症《しょうじ》の子どもになされる治療の問題を考えるようになってからであったという。

当時大学生であったトオルは、小耳症の治療は親による子どもの「障害」の否定を含意している、と考えるようになっていた。つまり「自分の障害が否定されてる、みたいな。で、よく考えたら親も否定してる、みたいなさ。専門家はもちろん親も否定している」ことの現われで

はないかと、受け止めるようになっていた。そして「その一番のところ」に、出生前診断の問題が横たわっていると考えた。▼2

トオル 親が障害をもった子を否定するみたいな。親はショックでも子どもはショックなことはないからさ。そういうので優生《ゆうせい》思想みたいなのが透《す》けて見えてきたりするわけやん。出生前診断とかもそういう意味で、ある時期に、問題意識としてもちはじめるみたいな。

トオル 親が僕の障害のことを、こういうふうにみていたんだって、客観的に。そうい

1—— 実際に「胎児」という語を用いた協力者は二名で、「赤ちゃん」「その子」「子ども」を用いて「胎児」を表わしていた（文脈上「胎児」と同意であると解釈した）のは、六名であった。なお、出生前検査そして／あるいは着床前診断の存在を知ったきっかけは、(a)着床前診断にかんする社会的議論が起こった一九九八年前後の報道で知ったと語った二名（いずれも四〇代）、(b)母体血清マーカー検査［↓17頁］にかんする社会的議論が起こった九八年前後に、報道または大学の授業やサークルなどでこの医療技術を知ったと語った三名（二〇代二名、三〇代一名）、(c)二〇〇四年の、国内で初めて着床前診断の承認と実施にかんする報道に触れた経験を語った一名（四〇代）だった。

2—— 小耳症を対象とした出生前検査は、現在の日本では、絨毛検査による遺伝子解析と、超音波検査による耳の形状の診断という、二つの方法によって可能である。また、両耳の小耳症のなかで遺伝子変異が確認されているのはトレッチャー・コリンズ症候群のみである［二〇二一年四月七日取得 https://www.nanbyou.or.jp/entry/3152］。

えば、僕の障害を隠そうとしていたし、みたいな。そういえば、親はね、僕が障害をもっていてショックだったって言っていたな、とかさ、あるとき急に、これまでの何とも思ってなかった出来事が、急につながっていく、一種の優生思想みたいな感じで見えてくるような時期っていう、そういう経験ってあったりするやん。これまでなんとも差別とは思ってなかった現象がつながって、「優生思想」という言葉に一括《ひとくく》りにできるような。遍在《へんざい》してあるものを意識化できるみたいな。

トオルは、やはり大学生のときに、障害学の考え方が日本で初めて紹介された書籍『障害学の招待』（一九九九年）にも触れている。この本には、玉井真理子《たまいまりこ》による出生前検査にかんする章も含まれており、玉井は、出生前検査を「大いに結構」とする論理には「障害」への否定的価値観が内包《ないほう》されていると述べている［↓23頁］。これらの経験と勉学を通じてトオルは、出生前検査による選択的中絶は、親が子どもの「障害」を受け入れらないことを象徴する行為である、と解釈するようになったとも考えられる。

かつて「なんとも思っていなかった出来事」とは、親がトオルの「障害」をショックだと言っていたことや、隠そうとしたことなどである。なかでも大きかったのは、小学校一年生から四年生にかけての計十回近くの耳の手術の経験だった［↓158頁］。手術の目的は、見ためを「ふつう」の耳にすることであるため、トオルは、医師そして親が彼のもともとの耳の形を否定しているのと同じだと、考えるようになった。

親が自分の耳のことをショックだと言っていたこと、髪の毛を伸ばして耳を隠そうとしていたこと、耳の穴を開けて形をつくる手術をしたこと。現在から過去に至るまで点在していた出来事を、あらためて思い起こしたのである。

このトオルのように、出生の前に診断される「障害」――〈名としての障害〉――と同じ「障害」が自身にもあると知った経験や、現在は検査対象にはなっていないが自身も検査対象だったかもしれないと考えた経験は他にもあった。その一人ひとりを見ていこう。

検査対象であることを知る

トオル

先述のように、詳細な超音波診断[↓17頁]を提供する専門の病院に行けば、胎児の段階で耳の形の診断を得ることができる。このことを知ったとき、トオルは、「自分の障害、自分を否定されているっていうふうには思った」という。

トオル　小耳症なんて、まさに、今でこそ出生前診断でね、わかっちゃうからね。

――　超音波でうつっちゃう［映って判明する］？

トオル　うつっちゃうから、しかも中期の時点で。［…］こういう［詳細な超音波診断を提供する］専門の先生のところに行って、ほんとうに耳があるかどうかをチェックしてもらうと。そうすればわかっちゃうから。うん……。だから、そのときには自分の障害、自分を否定されているっていうふうには思ったし。

――　出生前診断の存在が？

トオル　うん。否定されてるって感じる。

タクヤ

タクヤは、自身の障害名と同じ〈名としての障害〉のある胎児が中絶された症例が、国内にあることを知っていた［↓256頁］。

タクヤ　下手《へた》に優生思想の本をだいぶ読んだ気がするので、僕はすんなり「使ってはならない」って思う。うん、これ使ったらあかんもんやろって。

――　この社会にある優生思想ゆえに、生み出された技術だって思うってこと？

タクヤ　なんでしょうね、基本的には。

——あるならば、使ってはならない。それは優生思想を実現させるものだから。

タクヤ　それは使いたくはないですよね。基本のところで「本来あってはならない存在」って言われちゃってるわけですから。

——基本的なところで。

タクヤ　いちばんおおもとに遡《さかのぼ》っていくと。そこに与《くみ》するのはいやですね。すっごいいやですね。

このようにタクヤも、出生前検査は、「いちばんおおもと」にまで遡って障害者を「本来あってはならない存在」として位置づけるものであると語っている。

トオルの言う「いちばんのところ」、タクヤのいう「いちばんおおもと」とは、出生の前の存在——胎児や受精卵——を指すと考えられる。

検査対象だったかもしれない——自分の場合

メグミは、母親が妊娠七ヶ月のときに生まれ、未熟児網膜症《みじゅくじもうまくしょう》になり、視覚障害をもった。未熟児網膜症は、未熟児として生まれた子どもへの酸素供給量の急激な変化によって、網膜の血管に負荷がかかって起こる。したがって、出生の前に判別できるものではない。

メグミ　今だとたぶんぜんぜん問題ない。だって病院で言われたもん、「あなたが二〇年前に生まれていたらたぶんここにいなかったし、二〇年後に生まれてたら健常者になってた」って。(「そうなんだー」)。じゃ、ちょうどいいときだったんだーって［笑］。まにあったかーって。二〇年前だと生まれてないし、二〇年後だとおもしろくないし。［↓89頁］

「おもしろくない」とは、彼女がもし、インタビューした二〇〇〇年代に生まれていたなら、酸素供給量の管理によって、今と同じ身体ではなかっただろうことを指している。中間の八〇年代が「ちょうどいいとき」だったのだという。出生前検査については次のように語っている。

メグミ　私は遺伝性でもなかったし、今だったらわかんないけど、たぶん母親の子宮の状態とか子どもの状態とか、もしかしたら危険だとかわかるかもしれないけれど、ま、私は生まれるまで障害っていうのはわからなかったんだけど、でも、確実に障害をもった子どもという時代を生きてきた。障害のある子どもがだめっていうと、それは自分を否定することになる。［↓96頁］

こうして、自分の存在を遡《さかのぼ》ったときに、属性として「障害をもった子ども」であった期間が自分にあることを語った。一九八〇年代当時は、未熟児網膜症によって視覚障害になるかどうかは、出生前検査を利用しても確かめようがなかった。しかし、出生前検査というものがあって利用できると知ることは、これまでのメグミの人生に起こった出来事を遡って思い起こすことを促し、その間に経験してきたこと、自身に向けられた感情や価値観、安心安全への脅威などのエピソード記憶を、あらためて想起することを促したのであろう。

検査対象だったかもしれない
——パートナーの場合

ヒロトは三五歳のときに、強迫性障害の診断を受けた。強迫性障害は現在のところ、出生前には診断できない。しかしヒロトのパートナー（エリ）は、着床前診断の対象となる「障害」をもっている。

ふたりは一四年前、自立生活センターで出会い、約四年後に付き合い始めた。その後に同居を始め、事実婚関係を結んで現在に至る。

出生前検査についてどのように考えているのかを尋ねると、「［検査を受けて陽性の結果だと中絶を選択する人が妊婦の九割というのは］残念というか悲しいこと。［…］だからって僕は、すごい運動してるわけでもないんだけれど」と語った。そして言葉をつづけた。

ヒロト　たとえばエリは出生前［検査］ではどうかわかんないけども、着床前［診断］だと、エリの障害は「重篤《じゅうとく》な障害」にあたるので、卵の段階から排除されることになる。そしたら僕はエリさんと会えなかったわけですから、そしたら僕の人生はなかった、その人生はなかったわけで。それを考えたときにそれはありえない［笑］って、単純にすごくそう思う。あの、出会って、その、人間は人と出会ってすごく変わっていきますよね、成長していきますよね。そういうことが失われていくというのは、すごい、ありえない。

この、ひと息に話された短い語りのなかには、さまざまな時間と空間が混在している。まず、「着床前だと、エリの「障害」は「重篤な障害」にあたるわけで、卵の段階から排除されることになる」と述べている。そして、次の接続詞「そしたら」以下は、「僕はエリさんと会えなかった」につづいている。

いまヒロトのパートナーであるエリは、卵ではなく、彼の目の前に生きている。二人は、一四年前に、自立生活センターで介助者とピアカウンセラーという関係で初めて出会った。当然のことながら、着床前診断で排除される卵はエリでは、ない。いま四三歳であるエリは、四三年前に母親の子宮のなかの「彼女になる可能性のある受精卵」であっただろう。しかし彼女は、排除されずにこの世に生まれ、一四年前に彼と出会い、いま彼の目の前にいる。時間と空間が交錯しているこの二つの文を、時系列でつなぐことはできないはずだ。

しかし彼が、パートナーの「障害」は卵の段階で排除される対象だということをどのように受けとめたかに、彼の言葉づかいを通して私たちは、思いをめぐらすことができる。

着床前診断の技術を知って、彼は、彼女の存在を、胎児のさらに先の受精卵の段階まで遡って想起した。そして、その受精卵が取り除かれるイメージを抱いた。いま彼女がこの世にいるのは、彼女を発生させるおおもとになった受精卵が排除されることなく、この世に生まれ、子ども時代を過ごし、二〇代、三〇代と、時《とき》を歩んだからである。しかし、着床前診断という技術は、この時間をなきものであるかのように扱う。

接続詞「そしたら」以下で、「僕の人生はなかった」と述べるのは、ヒロトが、卵が取り除かれるイメージから、いま現在の、彼女とともに生きている現実としての「僕の人生」、「その人生」が、なかったかもしれないとイメージしているからだ。「その人生」とはつまり、彼女の人生に伴走《ばんそう》して紡《つむ》いできた過程、すなわち経験の軌跡を指すのであろう。ヒロトは、人は他者と出会って影響しあうことで変容していくと捉えている。現在のヒロトは、エリと出会い生活を共にするという時間の積み重ねによって、エリと出会うことのなかった自身には、もはや後戻りできなくなっている。[3] もしエリが、「重篤な障害」という理由で、受精卵の時点で排除されていたら、いまのヒロトを在《あ》らしめるエリとの出会いも、成長も、なかったかもしれない。出会いによって変容してきた過程、その経験と時間の足跡が、なかったかもしれないのだ。ヒロトとエリは、それぞれに別の人生の軌跡をえがいているが、確実に影響を与えあいながらそれぞれの人生をかたちづくってきた。ヒロトは、エリの「障害」が着床前診断の対象になっていることを知ることで、みずからの人生の軌跡も突如として抹消《まっしょう》されたかのように思ったのではないか。だから、それは「ありえない」と語ったのではないか。

未生の〈名としての障害〉

このように、協力者たちが、出生前検査というものがあることを知ってからの、自身の来《き》し方《かた》をたどる思考には、自身の「障害」種別やその「障害」名が検査可能であるかどうかにかかわりなく、「かつて胎児だった〈私〉」の存在（自身のパートナーが検査対象である場合は「かつて胎児（あるいは受精卵）だったパートナー」の存在）を想起する傾向を見てとることができよう。そのときイメージされていたのは、自分あるいはパートナーの存在が現在に至るまでの時間を遡《さかのぼ》っていったときの「いちばんはじめ」、母親の子宮のなかにいた頃の「かつて胎児だった〈私〉」であった。

つまり、個々の「障害」のある人が、出生前検査などの医療技術のはたらきを、それぞれの遭遇《そうぐう》のしかたで、それぞれのタイミングで認識したときに起こっていることは、出生前検査で検出され診断された〈名としての障害〉のある胎児への同一化というよりも、自己の存在を遡行《そこう》し、「かつて胎児だった〈私〉」に思いをめぐらせる経験なのではないかということだ。「障害」のある人が出生前検査によってイメージするのは、見知らぬ妊婦の子宮にある胎児ではなく、自身の経験の足跡を遡ったところにある胎児、すなわちいま現在の〈私〉を〈私〉たらしめる人生の軌跡《ライン》のおおもとなのである。

しかし、かれらはいまや、胎児や受精卵ではない。出生《しゅっしょう》し、個体としての歩みをすすめてきた。その歩んできた人生の来し方には、たとえば「日本人であること」や「女であること」の経

3――　とくに、精神障害の診断を受けた当初、「やっぱりしんどかったし、あの、なんだかわからなかったし、治せるもんなら［笑］、治したいっていう気持ちはあった」が、徐々に「病気も自分の一部っていう感じの捉え方をしようかと思ってる。まぁしてる」、「症状をもったまま生きていこうと、今はしている」ようになったという。それは、エリの「障害があって楽しかった」、「障害ってすばらしい、完璧だ」という考え方に、「彼女とつきあってきたり、生活を共にするなかで、自分自身感じてきた」ことによって、自分も変わっていったと、ヒロトは語っている。

験がそうであるように、社会的排除の経験もたたみ込まれていて、「障害」があることは、自分の人生の一部になっていた。

　協力者たちの語りを通して浮かび上がってきたのは、「障害」とは、医学的な分類上の診断名や行政上の「障害者」区分――〈名としての障害〉――によってのみ定義づけられるものではないということだ。もちろん、診断名や区分を便宜《べんぎ》的に利用する場面はある［→102頁］。しかしそれだけではないし、それで十二分なわけでもないのだ。

というのは、その個々の身体《からだ》で現に生きられるものでもあるからだ。かれらは、選択的中絶を可能とする出生前検査を知ったことがきっかけとなって、みずからが生きてきた足跡を遡行している。親になろうとしている人がするかもしれない「産まない選択」に関係する〈名としての障害〉は、歓迎されざる遡行のきっかけを呼び込む。しかし、その〈名としての障害〉は、遡行の過程で想起される〈生きられた障害〉とは別の文脈にある。産まない選択のための〈名としての障害〉は、医学的な分類名や診断名、行政的な障害名や便宜的な俗称などでしかないからだ。

　したがって〈名としての障害〉には、時間も身体もない。〈名としての障害〉は、〈私〉が誕生するという出来事以前に、ぽつねんと浮かんでいる。他方の、生きてきた経験がたたみ込まれた、〈私〉の来し方とともにある障害のほうはどうか。この〈生きられた障害〉は、しんどさやせつなさ、いるだけで大変ということ、安心感をくれるもの、時とともに変容していくもの、そして未知なるものでもあった。それらすべてをまとめたものとして、〈私〉の〈生きられた障害〉は経験されていたのだ（これらについては、自分の「障害」をどのように説明したのかや、「障害」を認識したときの語りを検討した第3章と第4章でも扱ったので、ふりかえっていただきたい［↓101・139頁］）。

しかし、出生前検査をめぐっては、経験がたたみ込まれた〈生きられた障害〉ではなく、診断名や障害名としての〈名としての障害〉にかんする情報やイメージのほうが、人びとのあいだに流布《るふ》している。このことは、協力者たちが、出生前検査にかんするインタビュー調査に応答することに、とまどいの態度を示した理由のひとつでもあるだろう［↓82頁］。

ヒロトは、エリが着床前診断の対象とされることを、エリがいま生きていることや、エリと生きてきた自分の人生が否定されることとして受け止めていた。彼のように、出生前検査や着床前診断を、検査対象となる「障害」のある人の存在の否定として受け取った協力者は、複数いた。ただしこのなかには、一〇代や二〇代のときは検査対象であることを自身の否定と受け取っていたものの、インタビューのさいには考えが変容したと語った人もいた。では、かれらは従来の解釈をどんなふうに変えたのだろうか。

メグミ、トオル、エリの三人の語りを見てみよう。

「一般論」との違い

メグミと私（調査者）は、メグミが大学生だった二〇歳頃に出会っていて［→45頁］、私はときどき彼女の友達のことや高校時代の話を聞く機会があった。どのようなきっかけでこの話題になったのかは覚えていないが、彼女が母親に、「障害があるとわかっていたら自分を産んだかどうか」と尋ねると、母親が「障害があるってわかってたら産んでなかったし、今の私［メグミ］を知っていて妊娠したとしても産んでない」と答えたという。

私はこの話をずっと記憶していて、今回のインタビューでもっと聞きたいと考えていた。メグミもこの話を私にしたことをインタビュー時点でも覚えていた。

当時、「障害」がわかっていたら自分を産んだのかと母親になぜ尋ねたのかと訊《き》くと、「ひとつは自分がどう思われているんだろうっていうのもあったんだと思う。思春期をちょっと通り過ぎたくらいで」との返答だった。そして「ちょうどその頃なのかな、テレビとかでも出生前診断とか、いろいろそういう」と話を接《つ》いだ。

――覚えてる？　そういうのがあったたっていうのは？

メグミ　そうですね。

――どう思った？

メグミ　うーん……まず思ったのは、たまたまそういう時代じゃないときに生まれたけど、もし自分がそういう立場に、その時代に生まれてたとしたら産まない対象になってたのかなっていうのは、たぶん考えた。

メグミと母親がこの会話を交わしたであろう一九九九年は、母体血清《ぼたいけっせい》マーカー検査［↓17頁］にかんする盛んな報道があった。つまりメグミがこの問いを母に発したことと、出生前検査の報道には関係があった。彼女は、この報道もきっかけになって、母親が自分のことをどのように思っていたのかを知ろうとして、産まない選択もできる時代だったら自分を産んでいたか、と問うたのだ。

母親からは「障害があるとわかっていたら産んでいなかった」という答えが返ってきた。メグミはショックを受けた。その後どうやってそのショックをやりすごしたのかと質問すると、「まぁそれでも育ててくれたんだなぁって。そして今でもたぶん、連絡くれるということは、嫌われてなくて愛されてるんだろうなって」と言い、今は「［障害があったら産まないというのは］一般論としてね。私ではなくて、視覚障害のある子どもを生むということに対して客観的にそう捉えてるんだ」と考えるようになったという。

かつてのメグミはショックを受けたが、二七歳のメグミは、そのショックから距離を置いていた。彼女は、母親が言った話の受け止め方を変容させたのだ。いま二七歳の彼女は、一七歳のときに聞かされた母親の話は、〈私〉に対してではなく「視覚障害のある子ども」に向けられた「一般論」であったと受け止めている。

では、「視覚障害のある子ども」とメグミとの違いはどこにあるのか。それは、そこに時間や記憶があるかないかであろう。メグミの母親は、メグミが生まれてからずっとメグミを育て、「愛し」て、二七歳の社会人になったいまも連絡をしてくる。メグミは、一七歳でニュースを見たあのときから現在まで、それ以前と変わらず、母親に愛されてきたと思っている。

こうして、あのときの母親が「障害があるとわかっていたら産んでいなかった」と語ったのは、〈私〉ではない「視覚障害のある子ども一般」であると解釈するようになったのだ。「視覚障害のある子ども一般」と言ったときに指す「障害」は、分類名としての〈名としての障害〉と言えるだろう。一方でメグミの「障害」は、メグミという人物の人生の歴史にたたみ込まれている。メグミの〈生きられた障害〉は、「視覚障害のある子ども」に向けられる一般論とは異なるのだ。おそらくは、そう思い至ったことが、ショックから距離を置くことにつながったのだと考えられる。

類推への疑念

トオルは、大学生のときに、中絶可能な時期に詳細な超音波検査を使えば小耳症の診断ができることを知った。そして「自分の障害、自分を否定されている」と思ったという。しかしインタビューをした三〇代には、「最近どうでもよくなってる」、「どうでもいいっていう言い方は語弊《ごへい》があるけど。もうちょっと、ね、ほんとの遺伝性の問題かかえてたり、妊婦さんの立場に立って、相手の気持ちをちゃんと考えないとだめだよね」と考えるようになっている。

なぜそのように考えるようになったのか。障害児の親やその本人にとっての遺伝の問題を踏まえると「自分があんまり当事者だと思えなくなってきた」からだという。では誰が「当事者」だと思うのかと尋ねると、常染色体顕性遺伝《じょうせんしょくたいけんせいいでん》▼4のある人たちであるという。

常染色体顕性遺伝の場合、親の「障害」が子に伝わる確率が高くなる。もし生まれてくる子

4――常染色体顕性遺伝の場合、両親のどちらかに障害の原因となる遺伝子変異がある場合に、子どもに同じ「障害」がある確率が高い。

どもに自分と同じ「障害」があったら、それは自身の身体に由来することが明白である。トオルには、常染色体顕性遺伝の人たちが検査を受けるか受けないか、中絶をするかしないかの葛《かっ》藤《とう》のなかにあることを知る機会があった。「もしもね、子どもを産むときに、障害をもった子を産めるのかっていうと、そんなに産めないなって」、「自分だったら子どもに障害があってそんなに簡単に産めますって言えるかというと、……苦しいな。パートナーしだいだよな」［↓372頁］。

これらの気づき以来、常染色体顕性遺伝の本人こそが、この問題を語りうる「当事者」であると考えるようになったのだという。そして、かれらのように「ほんとに身に降りかかってる人」を前にしたときに、自分が出生前検査は「優生思想だって言ってしまえちゃうことの一種の……なんか暴力さみたいな、そういうのがある」と考えるようになった。

またトオルは、自分の障害名にこだわって「出生前検査があることは自分を否定するもの」と主張するアプローチの限界も指摘していた。

トオル　自分の障害を、自分が否定されてるっていう言い方は、結局、自分と同じような障害で、小耳症とかで選択的な中絶をしてますっていう事例にかんしては、「あ、自分が否定されてる」っていう感じはあったりするわけやん。でもそれって、要するに、自分より重い障害だったら、自分とは引き離して考えられるみたいな。

自分を根拠に自分は否定されてるっていうようなロジックの立て方は、自分より重かったりとかするようなケースは除外して考えられる。だから、選択的中絶をするって、その、胎児が否定されている、胎児の存在が否定されているのと、自分の存在が否定されているというのは、ほんとは違うんだけど、でも類推《るいすい》して考えるでしょ？　小耳症の胎児が殺されているのは、自分が否定されてるみたいな。そうやって類推やってるんだけど。

出生前検査は自分を否定するものだと批判する根拠を、胎児に自分と同じ「障害」が検知されて、その障害名が選択的中絶をする理由になっていることに求めると、自分以外の「障害」をイメージの外に置く態度につながってしまうとトオルは考えている。つまり自分の感じ方の根拠を自身の「障害」にもとめると、その「障害」以外を除外してしまうことになる。

さらに、胎児の存在が否定されることと、自分の存在が否定されることとは別次元であるにもかかわらず、そこに連続性があるかのように想像されてしまう危うさも指摘した。

トオル　そういう［小耳症の胎児が殺されているのは、自分が否定されていることと同じだという］ロジックの立て方って、［自分と異なる障害名の人たちのことが］だんだん自分のリアリティから離れていくわけ。離れていくっていうか、とりあえず小耳症の人が中絶されなければいいみたいな。

トオルは、「類推」によって、胎児の存在の否定と、自身の存在の否定とを関連づけて考える「ロジック」は、分類名としての障害名や種別、程度などが自身とは異なる人たちを、考慮の外に置くことになると考えた。そして、そのこと自体を望ましくないと考えている。というのも、胎児の診断名――〈名としての障害〉――が小耳症ではない場合に「否定されている」と感じるかどうかは、自分がその障害名や種別を小耳症より「重い」と考えているかどうかになってしまうからだ。

　こうして、出生前検査によって「自分が否定されている」と訴える理由を、小耳症があると診断された胎児と小耳症をもつ自分との「類推」によって基礎づけることは難しいと考えるに至ったという。

自己投影を禁欲する

　エリは、実家《じっか》暮らしをしていた一九九八年に、日本産科婦人科学会が着床前診断の実施を認めるとしたニュース番組を母親と見た。日本産科婦人科学会に申請をして承認されれば「重篤《じゅうとく》

な遺伝性疾患」については実施を認める、と報じられたのである。▼5

エリ そのときはニュースで見てすごいびっくりして、何にびっくりしたってニュースで流れたっていうことにびっくりして［笑］。

――［笑］

エリ ［笑］なんか、あぁ、ね。

――はい。

エリ こういう方法ができました、できました、で、承認された、で、よかったっていうニュアンスをニュースから感じた。

――あー。

▼5――「序章」の註7［↓19頁］を参照。日本産科婦人科学会は、一九九八年一〇月に、「重い遺伝病に限り、個別に審査して認める」との指針を発表したが、二〇〇四年まで実施された例はなく（申請は四件あった）、関連する報道の頻度《ひんど》も、年に数回程度であった。たとえば「朝日新聞」に掲載された記事は、〇三年は計四回（「受精卵診断」あるいは「着床前診断」の見出し記事は、名古屋市立大学からの申請が三件、慶應義塾大学の関連が一件）であり、〇四年は計五回（〇四年一月一日〜六月一八日の間に「受精卵診断」あるいは「着床前診断」の見出し記事は、男女産み分けにかんする記事が三件、社説一件、慶応義塾大学の申請にかんする記事が一件）だった。いずれも、朝日新聞の記事検索データベースで確認した件数である。

エリ　喜んでいる人がいる、みたいな。で、そのニュースを見たときに、ほんっとにびっくりして、この障害に対して、この障害の子どもが生まれてこないことを望んでいる人が［笑］すんごいいっぱいいるのかって思って。すごい怖くなって、うん。それこそ、すぐに友達に電話して、あの、セッションっていってカウンセリングの時間をつくってもらって、あの、あまりにも衝撃を受けたので。してましたね。

でも、そうそう、そのニュースを見ているときの出来事で、すごい覚えているのは、ニュースを見ていたら母親が、それを見ていて絶対母親も「よかったな」って言うんじゃないかって思って、「あ、そうなんや良かったな」みたいなこと言ったらどうしようと思って、すごいどきどきしてて、それが意外とそうじゃなくて、見おわったあとに「こんな方法あったらあんた生まれてこんかったやん」って言って、「そんなんやったら困るな」って言って。言ったのを覚えています。

――あー。

エリ　でも世間全部、世界全部が、なんか急に敵に見えて、敵対関係に感じるっていうか、そういう恐怖感を感じました。

エリは、着床前診断の実施が認められたという事実はもちろん、そのことがテレビを通して公表されたこと、アナウンサーがその事実を読みあげたこと、それら自体に驚愕《きょうがく》した。そして、ニュースのつくり手側に、診断が承認されたことで「患者」らが心待ちにしていたことがかなえられてよかった、というニュアンスが前提されていることを感じた。

承認を心待ちにしていた人としてエリが想定していたのは、遺伝性疾患のある子どもが生まれる可能性をもっていると見なされている人たち、そして、このニュースを見ているその他の大勢の人たちである。この図式に、エリは恐怖した。ニュースのつくり手と受け手とのコミュニケーションはとてもスムーズである。エリが感じた恐怖を共有できる人は、ここにはいないのかもしれない。母親は「そんなんやったら困るな」と言い、「意外」にも、その他の大勢の受け手側には入らなかった。しかし、世間全部、世界全部から、自分ははじかれているように思えた。エリは衝撃を受け、すぐに友達に電話をし、コウカウンセリング[6]の時間を設定してもらったという。[7]

6―― コウカウンセリングとは、再評価カウンセリングとも呼ばれ、専門家とクライアント関係ではなく、一個人と一個人がお互いに対等な立場で聞きあい、感情を出し、お互いを肯定していく手法を指す［全国自立生活センター協議会、一九九九］［→68頁］。

7―― 着床前診断にかんする見解が出され、申請の受け入れ報道があったのは一九九八年であった。その六年後の二〇〇四年六月、実施認可一例目の報道がなされた。当時のエリは、遺伝性疾患のある友人たちとピアカウンセリングのサポートグループをつくっていたが、この報道を契機に、「ちょっとこれはほっとったら［何もしないでいたら］やばいんちゃう？みたいな話になって」、メンバーたちと、着床前診断に反対する運動を始めることになった［↓後述の346頁］。運動は二〇二一年時点も継続している。

いま〔インタビュー時〕も「生まれてこなかったかもしれない」と感じていますか、と私〔調査者〕がエリに問うと、もうそうではないという。ニュースに接して、自分は「生まれてこなかったかもしれない」と感じたのは確かだし、なおも、そう感じている人もきっといるだろう。しかし〈私〉は「もうそうではない」。その感情を社会に向けて表現することは「ちょっと違う」と考えるようになっている。

それは、なによりもまず、「生まれてこなかったかもしれない」というのは「事実とは違う」し、「私が生まれてこなかったかもしれないから、どうしてくれるんですかって言ったところで、あまりお話にならないかな」と考えるようになったからである。というのも、「生まれてこなかったかもしれない」と言っている当事者たちは、実際にはすでに生まれているし、その立ち位置から仮定を語ることは疑わしい。何らかの問題を変えていこうとするとき、その問題の当事者であるからこそ切実な感情がそこにはあるし、それを人びとに伝えることはとても大切なことである。とはいえ、「そこ〔を〕主張していくのはちょっと違うかなって思うように」なったのだという。

エリ　単純に、障害がある命が生まれてこないっていうことに対して、すごい障害者を排除するとか、そういうことよりも、障害があるからって生まれてこれないっていう社会のあり方のほうが問題っていうか、なんていうの。障害者が生まれないっていうことだけじゃなくて、そういうことよりも、どういう子どもも、その子の特質のために生まれてこれないって言われること自体に問題があるんじゃないかっていう。

エリ 生まれてこれない子どもに自己投影《とうえい》するってことをあんまりやりすぎないように、その、実際には生まれてきてるわけだし、その子に自己投影してみることは、被害者側に立って文句を言っているみたいなところもあるし。そういうことではなくて、その、どんな子であっても、なんかの特性のために生まれてきちゃいけないって言われたことがおかしいっていう、全体の構造としての問題として捉えたほうがいいんちゃうかなと。［↓68頁］

「その子の特質」とは、その胎児にあると見なされる属性を指しているであろう。着床前診断や出生前検査がもつ問題とは、受精卵なり胎児がそのままで生まれてこれないことにあると、エリは考えているのだ。「特質」のうちのひとつを取り上げ、どの「特質」なら「生まれてこれない」ことにするのかといった線引きにこだわると、問題の核心から離れてしまう。あらかじめ「生まれてこれない」理由になる「特質」がそなわっている受精卵や胎児などない、というのがエリの考えだからである。私たちが直面しているのは、「その子の特質」のひとつが「生まれてくることを中止する」理由になるかのように扱っていることなのではないか。「生まれてこれなかった」と主張をすると、その主張をしている当人たちも、自分の「特質」を「生まれてくることを中止する」理由であるかのように扱ってしまうことになる。そして「障害者」側から声をあげるかのような図式に落とし込まれてしまう。この構造に巻き込まれないためにも、胎児の〈名としての障害〉に、自身の「障害」を投影することを禁欲する必要があると、エリは考えている。

興味がない

では、エリは、いま与えられている立場性をどう受け止めているのだろうか。現在、遺伝性疾患があるとされる受精卵は、日本産科婦人科学会の指針によって、着床前診断の対象とされている。また、テレビのニュースを通して、受精卵に「重篤《じゅうとく》」さがあると報道されている。エリの言葉を借りるなら、社会から「生まれてこなくてよい」と見なされている。もちろん、「全体の構造」の問題ではあるのだが、着床前診断の実施は現実にスタートしてしまっている。これについて、いまのエリはどう受け止めているのか。私が、着床前診断や出生前検査が臨床《りんしょう》で使われている現況に対して何か意見はないかと尋ねると、次のように答えた。

エリ　他人のどうこうっていうのはすごい言いたい感じがするし［笑］、（［笑］）、なんか、あの大谷さん▼8みたいなお医者さんがいると、もうむっちゃ文句言ってやりたいって、そういう気分にもなるんですけど、でも、あの、そこまで興味がないっていうか、そういうところには立てなくて。

エリ　［着床前診断を提供している医師に］話を聞くと、そんな、がちがちに、どうしても着床前診断をやりたいって思ってるわけではなくて、ニーズがあって、必要な人がいて、で、やるんですっていう話でしかないから、逆に、そのニーズがなくなり必要でないって女性が言っていけば、必要じゃなくなるんだろうなって。そんな、どうしてもやりたいって、すすめていきたいって、広めていきたいって、思ってるわけじゃないんだなっていうのはすごい感じていて、それには、その先生が変わること、その先生がやらなくなることを目指すよりは、一般的な、まだ、その、こういうことについて考えたことがない人が、自分だったらどうするかなって考えたり、あの、ひょっとしてこれ、なんで自分の子どもがほしいって思ってるんかなとか、そういうことを考えたり、なんで健

8——二〇一二年に、不妊の女性を対象にした着床前スクリーニングの実施を公表した大谷徹郎医師（「大谷レディスクリニック」）のことを指している。

康な子どもがほしいんかなって考えたり、そういうことを考えたりするチャンスがあれば、ひょっとしたら変わっていくのかもしれないなっとも思ってて。どっちかというと、そっちをやりたいなって思ってる。

エリには、医療者がこの技術を提供することに抗議したいという気持ちがないわけではない。しかし、提供を実際に後押ししているのは、医療者の熱意ではなく、患者のニーズであると考えるようになる。この認識も、医療者への抗議に傾注する意向はないと答えた理由のひとつなのだろう。それよりも、一般の人へのアプローチのほうをしていきたいと語っている。

〈生きられた障害〉の文脈

この章で見てきたように、協力者たちは、それぞれの遭遇《そうぐう》のしかたとタイミングで、出生前検査や着床前診断というものがあることを知っていた。そして、協力者の「障害」の種別とか、出生の前に判別できるかどうかにかかわりなく、「かつて胎児だった〈私〉」や「かつて胎児（あるいは受精卵）だったパートナー」を想起していた。その胎児とは、妊婦の子宮にある胎児――

漠然《ばくぜん》としたステレオタイプな心象《しんしょう》——というよりも、みずからの人生の足跡を遡《さかのぼ》った先にあるであろう「かつて胎児だった〈私〉」であった。

「かつて胎児だった〈私〉」のイメージそれだけを取り出してみれば、それは「障害」のある人だけのものでもないだろう。誰もが、自分が生まれる前には、両親はお腹《なか》のなかの自分をどんなふうに思っていたのだろう、などと想像することはありうる。違いは、先端の医療技術のはたらきを知ることがきっかけとなって、「障害」のある人が想起する「かつて胎児だった〈私〉」が、「生まれてこなかったかもしれない〈私〉」として認識されていたことにある。

「生まれてこなかったかもしれない〈私〉」は、そもそもこの世に出生していないので、成立しえない〈私〉のはずである。たとえば、母体（母親）は、胎児を孕《はら》んでいた時間と経験と記憶をもつので、彼女なら「生まれてこなかったかもしれない胎児」や「生まれてこなかった胎児」を語ることはできるかもしれない。しかし、胎児の側——〈私〉——は、そもそも出生《しゅっしょう》していないので、時間も経験も記憶もなく、したがって何かを語ることなどできないはずなのである。にもかかわらず、たとえばトオルは、詳細な超音波検査のはたらきを知ることで、たとえばヒロトは、排除される受精卵の選別を知ることで、生まれてこなかった胎児／受精卵に、自己あるいはパートナーの存在を見出していた。

そして、のちに、胎児と自己を類推《るいすい》して考えることに疑念を抱くようになったり（トオルの場合）、胎児にある〈名としての障害〉を実体視するかのような言動に疑念をもったり（エリの場合〉といったことを通して、自身が当初に抱いた「生まれてこなかったかもしれない〈私〉」のイメージと、しだいに距離を置くようになっていった。このように、自分自身と「障害のある胎児」とを分けて考えるに至るという、受け止め方の変容が起こった協力者たちもいた。

　出生前検査や着床前診断の文脈で用いられる受精卵や胎児の〈名としての障害〉は、〈私〉の誕生以前の名指しゆえに、時間や身体が存在していない。〈私〉の人生の来《き》し方《かた》がたたみ込まれていない。それゆえ、胎児に下された診断としての〈名としての障害〉は、いらいらする気持ちを胎児に持ち込むことはないし、社会的活動を制約するわけでもない。警官が急にやさしくなることもないし、安心して生きられる居心地を与えてくれることもない。

　一方で、エリやトオルやメグミがこれまでに生きてきた、日々の生活の文脈に添って語られた「障害」――〈生きられた障害〉――は、親の愛や、安心安全への脅威や、社会的活動の制約といった、たくさんの出来事と感情の混成を、それぞれの人生にたたみ込んでいた。胎児の〈名としての障害〉と、誕生後の人生《ライン》の足跡としての〈生きられた障害〉とのあいだには、根本的な隔《へだ》たりがあるのである。

　出生前検査や着床前診断は、生まれてくることを出生の前に中止する選択を可能にする医療技術である。この先端技術が検出する〈名としての障害〉は、母親による出産という出来事の以前に診断名として下される。一方で、「障害」のある人にとっての〈生きられた障害〉は、出生後から今まで生きてきた時間の軌跡のなかで、そして歴史の軌跡のなかで理解される（歴史の軌跡については補章と第8章で考察する)。つまり、これらふたつの「障害」を、同じ言葉なのだからと乱暴に一括《ひとくく》りにしてしまうことなく、「障害」が語られるさいの差異に、注意深く耳を傾けねばならない。

ヒロトの語り

——［病院に］通って、診断されたんですか？

ヒロト　そうですね。

——どのくらい通って？

ヒロト　通ってるのは、今も通ってるので。あの、ずっと何年も通ってますね。

——［今も精神障害のうちどの障害かははっきりしないけれど］とりあえず強迫性の、みたいな感じなんですか。

ヒロト　そうです。

——あー、なるほど。お薬とか出るんですか。

ヒロト　お薬はまぁ、安定剤が主ですけど。最初のころは抗鬱剤《こううつざい》も飲んでたんですけど。あんまり抗鬱剤は効《き》き目がないんですよ、僕は。だから今は抗鬱剤はほんとにちょっとしたものしか飲んでなくて、あとは安定剤を出されていますけど。

　なんていうかな、うーん。病名は病名でしかなくて、なんかそれは、こっからは自分の考え方なんですけど。

——はい。

ヒロト　病名でしかなくて、なんか、もともと昔から不安はもっていたものだし、あの、周りがわりと受け入れてくれるので、あの、いろんなことが起きても。たとえば机をこう叩《たた》いても、なんか「あ、きた」と思って、さっとこういうもの［笑］、コップとかをのかしてくれるとかね、危ないものをのかしてくれて叩かしてくれるとかね、やってくれたり。（「あー」）。泣いてても、あの、好きに……してくれるっていうかな、いい意味ですごい好きにしてくれて、あの、ずっと泣かせてくれたりっていうことをやらせてくれるので、みんな受け入れてくれるんですよね。なので、あの、病気がどういう病名だろうと、あんまり関係なくて。

　僕はそういう症状をもった人間であるっていうか。だからそのまま、そういう症状をもったまま生きていこうと、今はしていて。うん、薬もほんとは、徐々にやめていきたいのはやめていきたくてね。で、少なくはしてるんですけどね。そう……ですね、そういう感じで、病気も自分の一部っていう感じの捉え方をしようかと思ってるんですけどね。まぁ、してるんですけどね。

―― それはだんだん思ってきた感じ？　最初は……。

ヒロト　最初はそうでもなかったですね。最初はやっぱり、しんどかったし、あの、なんだかわからなかったし、しんどかったし、治せるもんなら〔笑〕治したいっていう気持ちはありましたね。当時はね、最初はあったんですけど。なかなか治らないし。（「うーん」）。治らないから、そう思うわけではないんだけど、あの、どっから障害なのかとか、特に精神障害なんかね、どっから障害……、たしかに症状はあるんだけども、その前の段階で、なんかそれを、病気を引き起こす原因がどっかにあって、どっから障害になったってよくわからない気がするんですよ。

他の人もそうだけど。そう思うと、もともとっていたものがずいぶんあるんじゃないかと、僕は思っていて。

―― あー、なるほど。たまたま病院行って、診断名ついたから。

ヒロト　そうですね。

―― ヒロトさんがね、エリさんとお付き合いを始めて「妊娠するかなぁ」とか、そういうのを考えた時期って、覚えてらっしゃいますか。

ヒロト　妊娠について？

―― 妊娠とか、子どもをもつとか、子どもと一緒に生きていく人生って……とか、そういう。

ヒロト　あの、同じくらいに考えましたよ。

―― そうですか。

ヒロト　たぶん同時期に考えてるんだと思うんですけど、あの……。なんですかね……。やっぱり、子どもを単純に欲しいなっていう気持ちもあったり、そういうのもあるし、あの、でも実際、彼女が子どもを産むっていう選択は、やっぱりすごく、その難しいな、とは思いましたね。すごく危険がともなうし、死んでしまうかもしれないし、彼女自身がね。そんなことであるんだったら、そこまでは求めないっていうか。そんなには強い気持ちではなかった。「すごく子どもが欲しい」とか、そういうのはなかったですね。それよりはまぁ、ふたりで楽しく暮らしてたほうがいいなっていう感じでしたね。

――　エリさんと出会われたのは、お付き合いはどのくらい……、どういうふうに出会われて、どういうふうにおつきあいされて。

ヒロト　［笑］

――　［エリさんに出会った頃は自立生活センターで］介助者をされてたんですよね。

ヒロト　そうですね。実は、出会ったのはたぶん、わりと早いんですよ。九七年か八年くらい。エリがまだLに来る前、まだMに住んでたんですけど、自立する前ですね。

――　そうなんですか。

ヒロト　たまにこっちにきて、N自立生活センターとかかわりがあって、それでピアカウンセリング［→45頁］とか、自立生活プログラムとかをやりにきてたんですけどね。そのときに僕は介助者［エリの介助者ではなくプログラム参加者の介助者］で、参加することがあって、知り合いではあったんだけども、付き合おうって言って付き合いはじめたのは、二〇〇〇年か二〇〇一年だったので、しばらく経ってからですね。

――　ヒロトさんは、エリさんと出会う前にそういう、自分の人生のなかで、子どもと一緒に生きていくっていうのとかを考える機会ってありましたか。

ヒロト　あんまりなかったですね。

――　エリさんと一緒に暮らしはじめて……。

ヒロト　実際に暮らし始めて、生活がみえてきて、生活を感じるようになって、たぶん、子どもっていうのがみえてきたんじゃないですかね。みえてきたというか、考えはじめたというか。

――　生活がみえてきてってどういう？

ヒロト　ふたりで生活するようになって、一緒に生活をつくるってどういうことなのかって、あの、ひとりで暮らしているのとは違うっていうことは、やっぱりありますよね。

二人で暮らしていると、一人の意見だけでは暮らしていけないし、どっちかが優先されることもあるだろうし、あの、そういうものだって。でも、お互いがお互いを大事にしなければ生きていけないしっていうことを含めて自分たちの生活なんだ、ふたりで暮らすっていうのは、こういうことなんだっていうのが、なんとなくみえてきて、じゃあ子どもがいてもいいのかな?っていうか、子どもがいても、それはそれでおもしろいだろうなって。思うときもありましたね。

——避妊をしようとか、スキンシップが大事ということに戻るんですが、この話のときに「お互いに」相容《あいい》れない部分というか、「それはわかんないよ」とか、そういう議論を重ねてそうなったのか、それともけっこうすんなり……だったのか、どうだったんですか。

ヒロト 議論とか相容れないっていうことはなかったと思いますね。彼女の言っていることは、すごくよくわかったし、そうだなってすごく納得できたし。あの……いいんじゃないかなって思いましたね。その、何がいいのかな? 彼女の負担を強いてまで、何かをやりたいって思わないし。あの、とくに命が危険になるとか、そういうことは思わないし。うん。それはすごくそう思います。

　そのね、ずっと以前にね、エリとつきあうずっと前、東京にいた頃なんですけど、札幌のCILかな、いちご会かな、(「あー、いちご会って聞いたことあります」)、いちご会のビデオ[1]を観たことがあるんですよ。それは障害者のセックスとか性を扱ったビデオだったんですけど、それなんか強烈に覚えていて。

1——ヒロトが見たビデオは『愛したい愛されたい(障害者のセックス)』である(原題CHOICES, In Sexuality With Physical Disability作・監修:ニューヨーク大学医学センター・リハビリ研究所、日本語翻訳:岩崎・グッドマンまさみ、一九八三年製作)。このDVDの貸し出しをしている「NPO法人日本せきずい基金」は、「現代社会において、障害を持って生きていくためには、ハード面においてもソフト面においても多くの壁を乗り越えていかなければなりません。「性」についても例外ではありません。障害者の性は、特別なものではなく、男女のコミュニケーションから探っていくものだとこのビデオでは語っています」と、ビデオを紹介している[二〇一五年二月二四日取得 http: //www.jscf.org/look/index.html]。

なんか、介助がいて、セックスの手伝いをする感じのをやってたりして。そこでその、体《からだ》をこう、なんていうか、くっつけあうだけのセックスもありですよっていうことを言ってたのね。で、なるほどって思ったっていうか、そのときは「ふぅん」って思ったのかな。

なんか、それがすごく頭に残ってたんですよね。そういうものが、あの、頭に残ってたもので、何もその、なんていうかこれは、射精まで行くようなセックスでなくても、別にいいんじゃないかって思っていて。

―― 二〇歳《はたち》くらいで？

ヒロト いや、それはもっと後。最終的にそう思ったのは、ずっとエリと一緒に暮らすようになってからだけど。その、若いときに見たそういうビデオとかが、なんか元になるというか、一般的に、その、男女でセックスするときはこういうふうなことですよっていうものだけじゃなくて、そういう違うものも、もともと知識としてあったような気がして、それとリンクしたような感じがちょっとあったのかな。

―― あのことか、そういうことだったのか、みたいな。

ヒロト そうですね。（「へー」）。だからなんか、ずっと障害者の介助をしてると、なんかあの、常識がどんどん壊《こわ》されるところが、やっぱりすごくあって。

―― うん。

ヒロト あの……、なんでしょうね、なんか、ちょっと思いつかないけど、そういうところが、すごくあるので、ふつうの一般常識じゃないところをすごく見てきたと思いますね。で、自分はそういうところにいて、すごく心地よい感じもすごくしてたし。だからエリと一緒に暮らすようになって、その、一般的なものじゃなくても全然いいような気がしたし、っていうのはすごくありますね。あんまり葛藤《かっとう》とかいうのは、僕のなかではなかった。

―― そしたら、なんていうか、膣《ちつ》のなかに射精してなんぼとか、そういう、孕《はら》ましてなんぼとか。

ヒロト ははは［笑］、孕ましてなんぼっていう考え方があるの？［笑］

―― いやわかんないですけど、なんていうんですかね、「ちゃんと機能しているんだね」っていう。結婚して何年も子どもができないとか、一緒に暮らして何年も一緒にいる人がいるのに子どもが出来ないのは機能していないんじゃないか。

ヒロト なるほど、はいはい。

―― っていうようなことを言われてしまうような男性もいるんじゃないかって思うんですよね。そういうのから全然、自由な場所に生きてこられた感じなんですね。

ヒロト そうですね。たとえばうちの両親なんかね、僕が健常者と結婚してたらね、もしかしたら「子どもどうなの?」って訊《き》いてきたかもしれない。けども、彼女が障害をもってるってことで、そのことは全然期待はしてない［笑］。そのこと自体は良《い》いのか悪いのかよくわからないけども、そういうところがあって、だから、あの、一般に外から言われることが多いじゃないですか、そういう、子どもができて一人前みたいなこととか。あの、特に女性はそういう抑圧が強いと思うんだけども、あの、子どもが生まれてようやくあなたもこの家の一員になれたわね、みたいなこともあるかもしれないけど、そういうのはなかったですね。うちでは、すごく少ない。

―― お兄さんは、あの、子どもさんいらっしゃって?

ヒロト 子どももいないんですよ。

―― そうなんですか。

ヒロト だから、うちは家《いえ》的にいうと絶えてしまう［笑］と思うんですけどね。ただそれは、ちょっとね、両親が孫の顔をみて楽しむ姿っていうのはあったのかもしれないなっていうのは、たまに思うことがあって。

―― ヒロトさん自身に?

ヒロト そうそう。うちの兄貴にも子どもがいないから、自分に子どもがいたら両親がかわいがるんだろうなって。孫はすごくかわいいって言うじゃないですか。だから、いたら楽しいのかもなって思ったことはあって。うちの母親かなんかにも養子の話もしたのかな、ちょっとしたんだと思うんですけど。

―― お母さんに?

ヒロト　うちの母親に養子も考えてるんだけどって言ったんだけど、うちの母親は、そんな養子なんてもらわなくていいって、養子なんかきっと大変だからって。それは、そういうふうに言ったし、それは、そういう養子なんかも期待してないみたいだし。あの……。あんまりどこからも期待されてない［笑］。

――あはは［笑］。

ヒロト　そんな感じですかね。そういう抑圧は非常に少なかったかもしれないですね。

――ただ、ちっちゃいのがいても楽しい人生だろうなって思ってた、今も思ってるっていう……。

ヒロト　今も思ってる。やっぱり子どもがいたらぜんぜん違う人生になるだろうなって思うところはありますね。ただ、それによって一人前になるとかね、それだから男になるとかは、思ってない。

――たとえば、障害をもつ子を授かった女性が、産んだ後の将来を女性が思い浮かべたときに、今の社会じゃ無理だって思うっていう、それは、どういうふうに思いますか。

ヒロト　そうやね。えー……。そういうのを変えていきたいというのは思いますよね。あの、自立生活センターにかかわってきたり、障害者とかかわってくるなかで、障害者に対する抑圧とか、親に対する抑圧とかもあると思うんだけども、そういうものを変えようとしてきていると思うんですよね。障害者が生きていてよかったと思える社会をつくることだと思うんですよ。

それは、親についても同じことがたぶん言えて、この子と暮らしてきて、この子を育ててきて、その子が巣立っていって、それでよかったと思える社会。そういうことをつくっていくことだとほんとは思うんですよね。それはとても、あの、実際やってみたら大変なこともあるのかもしれないけども、それを目指して。そこを見失ってはいけないってやっぱりすごく思うし。［女性に対して］検査をしろみたいな抑圧があるのかもしれないけども、僕は、自分の生きているまわりの世界ではね、そういう世界があんまりないから、よくわからないのだけども、あの、単純に、そういうことがどこかであるとか、身近であったりすると、すごく腹がたちますね、きっとね。

なんだよそれって、すごく思うと思うんですよね。あの、なんでそんなことを、あの、女性が決めるっていうのも、おかしいと思うしね。あの、どうするのかって女性にすごく迫られるとか。女性が負担がすごく大きいような気がする。それは、身体的にもそうなんだろうし、決定しなきゃいけないっていう、すごく、それはすごい間違ってると思いますね。

子どもを育てるにしても、夫婦で育てるわけじゃないですか。だから別に、あの、どちらかがすごく負担を背負っていくっていうやり方は、すごく間違ってると思うんですよね。そういう社会にしていきたくないっていうのはすごく……。

やっぱりあれですね、もともとね、男性が女性と結婚するときに「ついてこい」とか。俺についてこいとか。そういうイメージをなんとなくもってて、女は力がないから俺が守ってやるとか、そういうことがあった場合に、たとえばそこで妊娠するっていうことがあったときに、セックスするところから、妊娠することから、すべて男性は自分でやってきたこと、ずっと関与してきたことなんだけども、もう産むのはお前に任せるっていうのがもしあったとしたら、そこでなんかその、すでにそこで女性と男性の不一致というかな、あの、役割の差もあるだろうし、そういうものがあるんじゃないかと思うんですよね。

そういう流れのなかで、じゃあ、お前、出生前検査を受けてみろと、子どもが、障害があったらそんなもの育てられないじゃないかと、もし言って、受けてみろって強制的に言われることがあるとしたら、常に男性がこう、しんどいことは女性に全部任《まか》せて、男性は言うだけみたいな［笑］ところが、ちょっとある気がするし。

そういうことは、ほんとは夫婦として一緒に生きていく上では、極端にいま言ったけれども、そういうことがあるとしたら、それはあんまりいい関係ではないと思う。そんなこと言っていいのかな？　あんまりそういう、ことは、僕としては望まないし、ありえないことだと思うんですよね、ほんとはね。

で、検査で、たとえば障害のある子がわかったときに、お前が中心になって育てていくんだからお前が考えろって言うかもしれないし、そんなもの育てられないから中絶しろって言うのも、どちらにしても無責任ですよね。

そういうのは、なんか、もともとあった男性が女性より勝《まさ》っているっていうようなものがすでにあって、その流れがあるような気がする。

——あー、なるほど。

ヒロト あの、障害があって、どうして中絶するのかっていったら、やっぱり、生まれた後のことが気がかり。あの、どうやって育てていくのかわからない。障害がある子を育てるなんて、障害者と会ったこともない人が、そんな重大なことを決断するっていうのはすごく大変なことだと思うんですよね。ましてや女性一人で決断しろって言われた場合に、すごい負担を強いられると思うんですよ。そこでやっぱり夫婦であるんならばそこで、その、しんどい、その決断を二人でやっていくっていうのが正しいんだと思うし、その判断するときに、この先しんどいことばっかりが待ってるとか、そういう情報ばっかりが流れてくるような気がするんですね。

生きていく、障害者が生きていくのは、今の社会じゃ大変だよって。でも、現実には生きてる人はいるんですよね、すごく。現実には生きてる人がいることはとりあえず置いといて、大変そうに見えるから、大変だから、お前やめとけっていうのは、やっぱり違う気がするんです。

——ヒロトさんがそういうふうに思ったのはやっぱり障害者運動にたずさわって？ それまでは？

ヒロト 二〇歳以前は、全然思ってなかったですね。二〇歳の最初に介助を始めたころは、ぜんぜんそんなに思ってなかった。ちょっとずつ、いろんなことを考えたり経験したりしながら、今はそういうふうに思ってますね。

（二〇一一年九月二四日）

6 「障害」という言葉

これまでの章で協力者たちは、自分自身の障害名、身体《からだ》の機能や形態が他の人たちと違うことを初めて認識した出来事、そして出生前検査というものがあることを知ったときの思いについて語ってくれた。聞き手である私は、一人ひとりの語りに耳を傾けて考察を編《あ》んできた。

インタビューのはじめに、「障害名を教えてください」と尋ねたとき、協力者たちは、分類の秩序に従うように、診断名や属性名または俗称など――〈名としての障害〉――を口にした。その語りはいわば、医学的な分類名を伝えるものであった。そして、診断名などの説明につづいて、服用している薬のことや、とりたてて不便はないと考えている日常の些事《さじ》、とはいえ通院に家族や介助者のサポートが必要なことなど、さまざまな事柄が語られた。

次に「自分の障害を認識したときのことをおしえてください」と訊《き》いたさいは、医学的な障害名――〈名としての障害〉――ではなく、自分の身に起きた出来事やそのときの感情といった人生の来《き》し方《かた》――〈生きられた障害〉――をめぐるエピソード記憶〔→151頁〕が語られた。最後に「出生前検査や着床前診断についてどのように考えていますか」と尋ねたさいは、この問いには答えにくさがあるという意思表示があった。そして、自分の障害名が検査対象となっていることを、自分自身の存在の否定として感じているという認識、あるいは、最初はそのように受け取っていたが今は「どうでもよくなっている」、「そこまで興味がない」、「一般論と私は違う」といった認識の変容が語られた。

この章では、これらのそれぞれの語りの場面における「障害」という言葉のはたらきに焦点を絞り、出生前検査や着床前診断の対象とされる〈名としての障害〉の認識と、出生後に経験する〈生きられた障害〉の認識とについて、さらに検討していきたい。

「障害」とインペアメント

それぞれの「障害」という言葉のはたらきを見ていくために、まず、日本の法制度において

「身体障害者」「障害」「障害者」といった言葉がどのように規定されているのかを確認してみよう。ここでは、二〇一六年四月より施行された、障害者を差別や不利益から守ることを目的とした障害者差別解消法の定義を見てみる。

障害者差別解消法における「障害者」は、「身体障害、知的障害、精神障害（発達障害を含む）その他の心身の機能の障害（以下「障害」と総称する）がある者であって、障害及《およ》び社会的障壁《しょうへき》により継続的に日常生活又《また》は社会生活に相当な制限を受ける状態にあるもの《ママ》」と特定されている。そして「社会的障壁」は、「障害がある者にとって日常生活又《また》は社会生活を営む上で障壁となるような社会における事物、制度、慣行、観念その他一切のもの」と定義されている。ちなみに、これらは障害者基本法（二〇一三年改正）においても同じ定義である。▼1

このように、「障害」のある人の活動を制限する原因を「社会的障壁」として捉える考え方は、「障害の社会モデル」と呼ばれる［↓27頁］。この「障害の社会モデル」は、障害を「ディスアビリ

1―― ただし「障害者手帳」交付の根拠法のひとつである「身体障害者福祉法」において、「身体障害者」の定義は、「別表に掲《かか》げる身体上の障害がある十八歳以上の者であつて《ママ》、都道府県知事から身体障害者手帳の交付を受けたものをいう」となっている。別表には、「一、次に掲《かか》げる視覚障害で、永続するもの、二、次に掲げる聴覚又《また》は平衡機能の障害で、永続するもの、三、次に掲げる音声機能、言語機能又《また》はそしゃく機能の障害、四、次に掲げる肢体《したい》不自由、五　心臓、じん臓又は呼吸器の機能の障害その他政令で定める障害で、永続し、かつ、日常生活が著しい制限を受ける程度であると認められるもの」という記載がある。

ティ（社会的障壁）」と「インペアメント（機能障害）」の二つの次元に分けて説明する。

この考え方は、一九七六年にイギリスの「隔離《かくり》に反対する身体障害者連盟」［→27頁］によって唱えられた定義にもとづいている。

> 我々の見解においては、身体障害者を無力化しているのは社会である。ディスアビリティとは、私たちの社会への完全参加から不当に孤立させられたり排除させられることによって、わたしたちのインペアメントを飛び越えて外から押しつけられたものである。このことを理解するためには、身体的インペアメントと、それをもつ人々の置かれている社会的状況との区別が不可欠であり、後者をディスアビリティと呼ぶ。
>
> ［杉野、二〇〇七：一一七頁］［→27頁の註15］

障害の社会モデルは、ディスアビリティをこのように位置づけ、個人のインペアメントではなく、社会環境とインペアメントがさまざまに作用しあうことによって障害者に不利な状況《ディスアビリティ》が生じるのだと捉える。それゆえこのディスアビリティをできるかぎり除去することを目指す。

日本の障害者差別解消法の成立は、国連の障害者権利条約▼[2]（二〇〇六年採択）の批准《ひじゅん》に向けた、国内法制度の整備の一環として取り組まれた。この障害者権利条約も、インペアメントとディスアビリティを用語として使っている。

例えば、外務省による条約の日本語訳（二〇一九年一二月）を見てみよう。前文で「障害は、発展する概念である（disability is an evolving concept）」とふれた上で、「障害は、機能障害を有する者とこれらの者に対する態度及び環境による障壁との間の相互作用（disability results from the interaction between persons with impairments and attitudinal and environmental barriers）」であると訳している。また第一条では、「障害者（persons with disabilities）」とは、「長期的な身体的、精神的、知的又は感覚的な機能障害（long-term physical, mental, intellectual or sensory impairments）であって、様々な障壁との相互作用により他の者との平等を基礎として社会に完全かつ効果的に参加することを妨げ得るものを有する者を含む」と翻訳している。

このように、障害者権利条約では、人を表わした語として「persons with impairments（機能障害を有する者）」や「persons with disabilities（障害を有する者）」という表現があるとはいえ、両者にどのような違いがあるのかは明確でない。つまり、ディスアビリティとインペアメントの使い分けに揺《ゆ》れが生じている。これについては従来から批判がなされてきた。

2―― 障害者権利条約は、二〇〇六年一二月一三日に国連総会において採択、〇八年五月三日に発効された。日本は〇七年九月二八日に署名、一四年一月二〇日に批准し、二月一九日に効力を発生した（https://www.mofa.go.jp/mofaj/gaiko/jinken/index_shogaisha.html 二〇二一年五月七日取得）

たとえば、弁護士で研究者のローズマリー・カイエスは、「persons with impairments（インペアメントを有する人びと）」と「disability（ディスアビリティ）」とのあいだには決定的な関係がないにもかかわらず、障害者権利条約はこの区別を曖昧《あいまい》に用いて「概念的混乱を永続」させてしまっていると指摘している［Kayess, 2008 : p.21］。

社会モデルにおけるインペアメントへの批判は他にもある。イギリスの社会学者のビル・ヒュージとケヴィン・パターソンは、ディスアビリティの視座は、確かに障害を非医学化することに貢献しはしたが、しかしそれによって、インペアメントのある身体（impaired body）を医学的解釈の独壇場《どくだんじょう》にしてしまっていると指摘している［Hughes & Paterson, 1997 : p.330］。また、かれらの指摘を引き継いで、ミシェル・フーコーやジュディス・バトラー［↓85頁］の哲学を参照しながらインペアメントについて考察したシェリー・L・トレメインは、インペアメントが実体（real entity）として表現され、そのアイデンティティが他の属性とは区別されていること、そしてカイエスと同様に、インペアメントを有するとされる人びとだけがディスエイブルドな人びととしてカウントされていると論じた［Tremain, 2001 : pp.630-31］。さらには、インペアメントを「たんに記述的なもの」と見なす態度は、あまりに政治的にナイーブであるとも述べている。なぜなら、インペアメントのある身体（impaired and disabled body）もまた、医学や社会保障や保険業などの言説《げんせつ》によって、社会的・歴史的に構築された人工物だからである。トレメインは、ディスアビリティに先立ってインペアメントが実体として——自然なものや中立的なものとして——存在するわけでははないことを指摘し［Tremain, 2015］、「自然なものだと思われているインペアメントはそれ自体、特定の主体の自己理解と自己認識に組み込まれ、行政政策や医学・司法的言説あるいは文化的表象などによって作り上げられる、知／権力の産物として同定されるべき」だと主張した［Tremain, 2017 : p.93］［北島、二〇一九：二七頁］。

本書では、インペアメントの捉え方について、このトレメインの考察を無視できないと考えている。というのも、たとえば、トモコが自分は走ったり飛んだりしない足をもっていることを［↓154頁］、メグミが自分は誰かに「あっち」と言われても見えないことを［↓157頁］、トオルが子どもの頃の自身の耳に穴や形がないことを［↓158頁］、ただそのようなものとして受け止めていたことからしても、その足や目や耳が、社会モデルの言うもともとのインペアメント、つまりディスアビリティに先立って、差別や不利益を受けやすい条件としてもともと身体にそなわる実体だとは考えにくいからである。社会モデルの考え方を踏襲《とうしゅう》して、もともと存在するインペアメントとして本質化すると、その身体を生きる〈私〉の自己理解や自己認識、そして〈私〉にその理解や認識をもたらす社会や文化や政治の作用を切り捨てた理解のしかたになる。つまり、〈私〉もまた変容しうる存在だという事実を捨象《しゃしょう》した考察に陥るのではないか——この危惧《きぐ》が、自然なものとしてのインペアメントという視座を本書で採用しない理由のひとつである。

〈生きられた障害〉と〈名としての障害〉

したがって、これまでの「障害」をめぐる議論の歴史を強引に単純化すると、インペアメントのある身体を言葉で位置づける営為が不十分（あるいはおよび腰）であったとも言えるだろう。先述のトム・シェイクスピアは［→25頁］、社会モデルには「障害者の人生におけるインペアメントのもつ意味を考慮に入れてこなかった怠慢《たいまん》」があると自省している［Shakespeare, 1999 : p.682］。この不作為《ふさくい》を乗り越えるために、ヒュージとパターソン、トレメインを含め、いくつかの試みがなされてきたことは先に紹介した。本書では次に、社会学者の榊原賢二郎による「身体情報」という概念を見ていきたい。

榊原は、社会的排除の経験が生起した後に、その現象の説明に身体を用いうると述べている。つまり「身体情報」とは、「話されたり書かれたりする体は、体そのものではなく、社会というシステムにとっての情報」なのである［榊原、二〇一六：六頁］。そして私たちの目の前に現われている事象は、この「情報」という視座から、私たちが生きる文化や社会制度や医学によって意味づけられた「情報の束《たば》」として捉え直される。それゆえこのアプローチは、インペアメントをゆるぎない実体や自然として前提する考え方を相対化するのに役立ちうる。なにより、健常とは異なる形態や機能を生きる身体を否定的なものとして前提しない。ついては、協力者たちのしんどさなどを［↓112頁］、目や耳や手足といった身体の部位や機能についてのその都度の情報がたたみ込まれた経験として読み解くよう促すだろう。

先述のように［↓224頁］、障害学の論者の多くは、インペアメントの物質性が個人の経験に先立って存在していることを前提としており［Abberley, 1987］、インペアメントや性別は、「歴史も文化も超えた客観的な実体」として扱ってきた［Tremain, 2001 : p.617］。私たちは、「遺伝性の障害」と聞くと、実体としてのインペアメントを条件反射のようにイメージしてしまい、おおもとには、なんらかの遺伝子型の〝異常〟が存在すると思い浮かべることに慣れきってしまっている。しかし、榊原の提示する「情報の束《たば》」は、従来の認識の順序をひっくり返す。

榊原は、社会の成員として正当な扱いをされないなどの、排除を受けやすい条件という意味あいで、インペアメントが想定されているのではないかと考えた。この考え方は、社会学者の江原由美子《えはらゆみこ》による、「排除」とはそもそも自分が暮らす社会の「正当な」成員として認識されない経験であるとする議論を参照している［江原、二〇二一／一九八五：一三九頁／八一頁］。江原は、障害者差別や性差別などは、一見、「能力」や「身体的条件」にもとづくように思えるが、それは「そうみえるだけ」だと指摘している。つまり、「能力」や「身体的条件」などは測定することが困難であるのに対し、「性別」や「障害の有無」は明示化できるので、それが「能力」や「身体的条件」の指標になるという、因果関係の逆転を明らかにしたのである〔同書：一四一－二頁／八七頁〕。

榊原は、能力や身体的条件が差別や不利益のもと「であるかのように見える」はたらきを示すために、「情報」という考え方を導入する。そうして、「性別」や「人種」にかんする社会的排除に結びつけられる身体情報と、「障害」と呼ばれる現象に結びつけられる身体情報とを区別するために、「障害」にかんする身体情報を「断片的身体情報」と呼んだのである〔榊原、二〇一六：六頁〕。断片的身体情報とは、ある社会的排除の場面で、目や耳や手足といった身体のそれぞれの部位や機能に限定された身体情報を指す。

この断片的身体情報という視座から見直すと、生まれたときに何らかのインペアメントが医療から割り振られたとしても、たとえば「平均寿命○歳」「乳幼児期の発達指数○」などの医学的説明がもたらす先入観を回避できるかもしれない。「障害の社会モデル」では、インペアメントという言葉は、差別や不利益といった処遇《しょぐう》のもともとの原因を意味するはたらきを与えられている。だから社会モデルの視座から「障害」や「障害者」について語ろうとすると、インペアメントが揺るぎない厳然たる「自然」として前提されてしまい、その固定した視点から抜け出ることは難しくなってしまう。しかし、インペアメントを実体としてではなく情報の束――〈名としての障害〉――としてあつかうと、別の視界が広がってくる。つまり、人びとが経験する社会的排除の場面や、「しんどさ」「せつなさ」などを説明する場面ごとに、他の人との機能や形態の違いをめぐる情報を活用する可能性が芽吹《めぶ》いてくるのではないだろうか。

　当事者研究に取り組む小児科医の熊谷晋一郎《くまがやしんいちろう》は、「「脳性まひ」だとか「障害」という言葉を使った説明はなんだかわかったような気にさせる力をもっているが、体験としての内実が伝わっているわけではない」と述べている［熊谷、二〇〇九：二二頁］。本書は、第3章から第5章をつかって、協力者の「障害」の「体験としての内実」を表わすことに努めてきた。各章では、社会的排除や不利益の経験だけでなく、薬を服用しなければ苦しかったり、何もしなくても腰が痛かったり、歩きながら子どもを抱《だ》っこできなかったり、健常者のなかにいるだけで大変なのに健常者に助けられると安心するといった経験を取り上げた。これらの経験をめぐって、ある身体《からだ》の内奥にたたみ込まれている一人ひとりの語りがある。それぞれの経験を凝縮《ぎょうしゅく》して表現できる言葉として、かれらが生きてきた時間や経験が折りたたまれた〈生きられた障害〉という語を、そして、インペアメントという語意とは異なる、情報の束《たば》としての〈名としての障害〉という語を使ってきた。

　繰り返すが、〈生きられた障害〉に先行して〈名としての障害〉が実体（自然や本質）として存在するわけではない。〈名としての障害〉もまた、言説によって編み上げられた人工物である。〈名としての障害〉は、出生の後のエピソード記憶がたたみ込まれた個人史、すなわち社会関係のただなかで生きられた経験を説明するさいに、臨機応変に活用される。それゆえ、個人史における記憶の想起にもかかわっている。つまり、〈名としての障害〉は、しんどさ、せつなさ、大変さ、安心感といった経験を説明する場面で姿をあらわす場合もある。あるいは、社会的排除に直面したさいにも、その場その場で活用される（たとえば［→102・150頁］を参照）。ただし、〈名としての障害〉それ自体が特定の時間や空間をもっているわけではない。時間や空間がたたみ込まれているのは〈生きられた障害〉のほうであり、〈生きられた障害〉は〈名としての障害〉を包み込んだり切り離したりする。

　つまり〈生きられた障害〉は、日々の出来事や加齢によって変容していくので、〈名としての障害〉に与えられていた意味もまた変わっていく――〈名としての障害〉を特別なものとして抱えたり、逆に（たとえばトオルの場合のように）「どうでもよく」なったと言って突き放したりする。このように、その身体を生きてきた経験の一部を説明するために姿をあらわす〈名としての障害〉もまた、人生《ライン》の軌跡を遡行《そこう》するなかでつくりあげられていく情報の束《たば》なのである。

　このように捉え直すことで、機能や形態に他の人との違いがあることをその人のまるごとの価値判断に直結させるというやり方から、抜け出ることができるのではないか。つまり、〈生きられた障害〉と〈名としての障害〉を用いることで、身体の機能や形態をめぐる語られ方を更新できるのではないだろうか。次の節でもひきつづき考えていこう。

他者を抱え込む〈生きられた障害〉

〈生きられた障害〉の経験には、周囲の人びとが見たり感じたりしている、自分の身体《からだ》への評価もたたみ込まれている。自分の身体に対して、悲しい表情を向けられる、かわいそうと言われる、とまどわれるといった、他者からの何らかの反応がきっかけとなって経験されるのが〈生きられた障害〉である。他者は、身近な親であったり、学校の同級生であったり、教師であったり、街ですれちがった人だったりする。

出生直後から三歳前後までに診断を下された協力者は、医師が診断名――〈名としての障害〉――を告げたその場にいたであろうと推測されるが、診断内容や治療方針の説明を聞いて理解して決定する主体という意味では不在だった。本人の代わりに診断を受け取ったのは、親であった。診断の後、手術などの侵襲《しんしゅう》的治療（身体に負担をかける治療）を受けた者もいたが、その治療を受けることを決定したのは、親であった。親は、診断――〈名としての障害〉――の説明や治療の決定によって惹《ひ》き起こされた感情との折り合いや、家族をはじめとした人間関係にひろがる波紋《はもん》の調整などを、全面的に請《う》け負う。そして、子どもの診断を受け取ったことも含めて、その後の人生をつづけていく。親の人生の軌跡《ライン》には、子どもの治療の選択、保育園や学校の選定、母子教室への通い路《じ》、毎日の介助と送り迎《むか》え、いじめられないようにする工夫、子どもから「なんで自分はこんな身体なの！」と詰め寄られたさいの返答の苦慮《くりょ》、リハビリの送り迎え、あるいは、親戚の葬式のときに、家人としての役目を果たすため、「障害」のある子どものほうだけを留守番させるといったことにいたるまで……、何が正解かわからない霧中《むちゅう》で、そのときどきに、大きな、あるいは小さな決断を重ねてきた日々がたたみ込まれている。

子どものほうは、中学生くらいになって、自分が生まれた頃の出来事を親から伝え聞く。親が医師からの診断を聞いたときに受けた印象（「ショックを受けた」、「泣いた」など）を知る。そうして、親の解釈のもとで〈名としての障害〉に出会い、その後の成長の年月を重ねていく。

ただ、診断時の説明内容やその後についての話を親から聞いたときに子どもが抱く印象は、聞いたときのまま変わらないというよりも、ある時期がくると、変化をみる。親の解釈している〈名としての障害〉と、自身の身体で経験する〈生きられた障害〉には、隔《へだ》たりがあることを徐々に知っていくからである。

つまり、子どもである〈私〉自身が感じているしんどさやせつなさ、いるだけで大変ということ、安心感をくれるといった認識を、親が〈私〉自身と同じようにもっているわけではないことに気づいていくのである。と同時に、親が診断を受けた当時、どんな気持ちだったか、治療選択のさいの逡巡《しゅんじゅん》、一人の健常者として障害のある子どもをはじめてもつことでどんなに不安だったか、また親戚やご近所との人間関係をどう調整していったのかなど、親の置かれていた状況に思いをめぐらせるようにもなっていくのである。

たとえばトオルの場合は、手術をしてつくった耳を、親が自分にしてくれたこととして「ありがたく受け取る」と語る一方で、「親はぜんぜん〔…〕、本人とは相当ね、認識の違いってある」とも述べた〔↓180頁〕。エリの場合は、自分が三歳のときに、母親は、医師からこの子は「一七歳で死ぬ」と告げられたが、そのことを母親は、エリが二〇歳になるまで独《ひと》り胸にしまっていた。エリは、自分の母親が長い年月にわたって抱えていた恐れに想いをはせた。他方で、自分の身体のことで学校で大変な思いをしても、それを母親に話したことは一度もないとも語っていた〔↓57頁〕。母親には「言っても受け止められるとは思えなかった」からである。

子どもは成長するにつれ、生まれてから自分がたどってきた足跡《ライン》と、親の人生の足跡《ライン》とは別であることを知っていく。しかし両者は密接に絡《から》みあっていることも知っていく。子どもの身体の機能や形態に対する親の認識は、本人の〈生きられた障害〉の経験に影響しているし、その逆もまた然《しか》りであろう。〈生きられた障害〉を認識する契機は、他者からの反応や、他者とともにした何らかの出来事がきっかけとなっているからである。

したがって、協力者それぞれにとっての〈生きられた障害〉の経験は、親を含めたさまざまな他者を抱えこんでいるし、抱えこまざるをえないのだ。その他者は、〈生きられた障害〉をめぐる記憶のなかで、自分や家族を脅かした者として刻まれていたり、あたたかな感情として銘記《めいき》されていたりする［↓150頁］。〈生きられた障害〉の経験のなかには、かならず他者が折りこまれているのである。このこともまた、〈名としての障害〉を実体化することが不適切であることの、理由のひとつになるだろう。このことを次節でもう少し掘り下げていこう。

出生前に見つかった〈名としての障害〉

榊原は、断片的身体情報は未来の状態も含めた考え方であると述べているが、同時に議論の中心ではないとも主張している［榊原、二〇一六：一七八頁］。つまり、説明に用いる舞台として想定していたのは、いまこの社会に生きている人びとであり、まだ生まれていない存在ではないのだ。では、断片的身体情報の考え方を出生前の存在にも拡張してみると、どのように説明できるだろうか。

出生前検査や着床前診断の場で用いられる、染色体の数の「過剰」や、DNA配列上の「欠失」や「重複」といった情報は、子宮内の個体のもつ身体の形態と機能に直接的に影響があるものと考えられている。そしてそれぞれが「遺伝的」「非遺伝的」な形質として、子宮内の個体に発現すると見なされている。しかし当然のことながら、子宮内の個体にとって世の中はまだなく、その個体が現に社会に生きている他者と相互に関係しているとは言えない。したがって、子宮内の個体が何らかの不利益を社会的排除としてみずから経験している、あるいは苦しさや安心を感じているという立論は難しい。つまり、子宮内の個体にはまだ〈生きられた障害〉はない。

〈生きられた障害〉がないのなら〈名としての障害〉もないはずである。しかしあえて想定するとしたら、きっと経験されるであろう〈生きられた障害〉の軌跡においてきっと用いられるであろう〈名としての障害〉——というかたちをとるだろう。そこにはたとえば、出生後に社会の成員として正当にあつかわれないだろう、といった予期も投影される。そしてこの予期は、着床前診断や出生前検査を利用する人びとにとって、目前の行為を決断したり選択したりするさいの指標になる。

第5章でエリが、着床前診断の存在を初めて知ったときに「生まれてこなかったかもしれない」と感じたが、「今は違う」と述べたことを取り上げた〔↓204頁〕。彼女は、「その子の特質のために生まれてこれないって言われること自体に問題がある」と述べ、「どんな子であっても、なんかの特性のために生まれてきちゃいけないって言われたことがおかしい」とも語った。彼女はあらかじめ「生まれてこれない」理由になる「特質」が備わっている受精卵などないと考えているからだ。ある「特質」を、生まれてくることを中止する理由であるかのように扱うこと、つまり実体視することに、疑問が示されていると言える。実体視されているそれは、社会に成員として受け入れられない宿命をもっていると予期されている。

そこにその「特質」があると考える論理は、まずそのような宿命がこの世にあることを認める、ということから始まって、そのあとに、この考えを投影させる「特質」を見出している。それが、いわゆる「過剰」「欠失」「重複」である。これらがあるとされる受精卵や胎児が、社会に成員として受け入れられない宿命を帯び、排除や人工妊娠中絶の選択にかかわる診断や検査の対象(「検査適応がある」〔↓187頁・後述の282頁〕)になる。榊原の述べる論理の逆転は、このように、出生前の存在に生じていると言える。エリは、この転倒したシステムを見抜いて、「全体の構造としての問題」があると指摘したのであろう〔↓205頁〕。

〈私〉は生まれてこなかったかもしれない、出生前検査の存在は〈私〉を否定している、卵の段階から排除されていたら〈私〉の人生はなかった、などの語りは、〈私〉以外のすべての人にとって〈私〉はそもそもいなかったかもしれないとか〔加藤、二〇〇七：一六六頁〕、もしあなたがいなかったことにされたとしたらあなたと生きてきた〈私〉もそもそもいなかったかもしれないとか、そういった心象をあらわにしている。この心象は、〈私〉またはあなたはもともとこの社会に存在していなかったのだという、人生《ライン》の軌跡を根こそぎ消し去るかのような錯誤を人びとにもたらす。時系列と論理が転倒したこのような心象のあらわれは、協力者たちにもみられた〔↓188頁〕。しかし、それは協力者の心境の最果《さいは》てではなかった。

二〇一〇年代を生きる協力者たちは、実際のところこれまでこの社会に生きてきたこともあり、出生前検査による自身の存在の否定について「どうでもよく」なったり（トオル［↓197頁］）、自分は生まれてこなかったかもしれないという主張は「ちょっと違う」と考えるようになったり（エリ［↓204頁］）していた。自身に振り分けられたインペアメントは、何らかの宿命を持ち込むものではなかったし、生涯にわたって固定化されるものでもないことを、協力者はその身体で知ってきた。言い換えると、どうでもよくなったり、興味がなくなった人たちは、〈名としての障害〉に宿命としてのはたらきをもたせていないのだと言えよう（これらのことは第8章で再検討する）。

先の第5章でも触れたように［↓209頁］、受精卵や胎児の〈名としての障害〉と、自分が生きてきた足跡《ライン》としての〈生きられた障害〉とは同じでない。このふたつの「障害」が同じであるかのように扱われる場面があるとすれば、〈生きられた障害〉の経験を説明しようとするときに、まったく招かれざるかたちで、みずからの経験の軌跡ではなく、抽象の表象《ひょうしょう》である受精卵や胎児の〈名としての障害〉を語らざるをえないときである。

たとえば、自分の人生の歩み《ライン》を過去（母親の胎内にいる時点まで）へと遡行《そこう》するなかで、「生まれてこなかったかもしれない私」を想起せざるをえないときにも、この〈名としての障害〉は、その場その場で活用されている。「私は生まれてこなかったかもしれない」は、「生存権を脅かす（脅かされる）」にも連なる表明でもあり、障害者が置かれてきた歴史をも背負っている（出生前検査をめぐる障害者運動の歴史のひとつについては補章と第8章で触れる）。

この章で試みたように、医療が受精卵や胎児に見つけた「障害」を〈名としての障害〉として捉え、「障害」をめぐるイメージを情報の束として再解釈すると、〈名としての障害〉は、一生変わらない烙印《らくいん》などではないし、いつでもどこでも、説明のためにもちださなければならないようなものでもないことがわかる。みずからの経験の軌跡の外で受精卵や胎児にいかなる〈名としての障害〉が与えられようとも、まず、自分の〈生きられた障害〉があり、〈名としての障害〉はときに活用することもある、という関係なのだから。

協力者たちが示した語りは、一九七〇年代に形成された言説にしばられて身動きできなくなっていた、出生前検査をめぐる議論に変化をもたらす可能性を秘めているのかもしれない（このことに関連して第8章では、一九七〇年代に形成された出生前検査をめぐる言説の、いったい何を継承し、どのように再編できるのかについて検討をしている）。

次の第7章では、出生前検査の場面での、産む／産まないの決定や、どんな子を産むのかをめぐる決定を、協力者たちがどのように考えているのかについて検討する。

——えっと、手帳［障害者手帳］とか持っておられますか。

ヒサコ　はい。

——障害名って。

ヒサコ　えっと、糖尿病性網膜症《もうまく》って。

——糖尿病性網膜症……。

ヒサコ　で、視覚障害になります。

——等級はなんですか。

ヒサコ　えっと、一種一級ですね。

——いつ、診断っていうか……。

ヒサコ　一型糖尿病っていうのがあるんですけど、それに一〇代のときになったんですね、で、それが原因で、三五くらいのときに、目のほうに障害なったので、正式に手帳をとったのとかは覚えてないけど、だいたい三五くらいに、一二年くらい前かな？

——一〇代のときは糖尿病で通院とかお薬とか……。

ヒサコ　ずっとインシュリン注射をしてました。

——この、一型糖尿病っていうのは遺伝性ですか？

ヒサコ　いや、遺伝性じゃないって言われてますね。二型はね、なんか遺伝が多いみたいですね。いわゆる成人病、生活習慣病って言われる糖尿病は、わりと遺伝だったり、家族が同じような食生活でなるとかいうのがあるんだけど、一型はウイルス性なのか原因がまだわからないんですよね。

——そうなんですか。

ヒサコ　最近は、阪神の岩田投手[▼1]が公表したりして、今までわりと病気があっても公表しなかった人が多いのもあって、あまり知られてないですけ

1——当時は阪神タイガースに所属していたプロ野球選手（二〇二一年引退）。一七歳のときに一型糖尿病になった。

どね、やっぱ一型糖尿病は生後すぐになる方《かた》もすごく多いから、これはもう、原因がいまだにわからない。

―― 三四歳くらいに見えにくくなってきたときは自覚症状がだんだんあって、みたいな感じやったんですか？

ヒサコ もともと近視が強かったんで、急に視力が落ちるとかそういうのはなかったんだけど、あの、なんかね、ぱーっと赤いものが見えだしたんですよ。ぼあーっと。で、これなんやろって思って［病院に］行ったら、もう即《そく》入院しなさいっていうことになって、で、入院してからはどんどん、朝起きたらもう見えなくなっていく部分が……なんかね、インクが飛び散っているみたいな、黒いものがぶあーっと目の前にあるんですよ。あれが眼底《がんてい》出血なんです。で、それが自分の目に見えてて、インクが飛び散ったみたいなのが日《ひ》に日に増えていって、その黒い部分がどんどん増えて、あの、最後は一応もうほぼ全盲状態に一時《いっとき》はなってて、両目ともね。左のほうは手術三回やったけど、だめやって、ほとんど見えなくって、右目のほうは、何回くらいしたかな、やっぱりこっちも三回か四回くらいして、で、まだちょっと視力が多少、あの、レンズ入れたらちょっと視力が出るようになって、ていう感じですね。

―― あー、けっこう手術とか入院も長かったりとか……。

ヒサコ 長かったですね。けっこう長くしましたね。何回も、それも。

―― そのときは、お仕事とかされていたんですか。

ヒサコ そのときはね、もう全部辞《や》めてましたね、辞めるしかしかたがないっていうか、そのときは正社員は辞めてたんで、ちょっと前に。で、わりとフリーター的な感じで食いつないでいたっていうのがあって、だから辞めやすかったっていうのもあるんやけど、でも、体《からだ》もだいぶ悪くて、働ける状態じゃ正直なかったんですよ。でも、まっ、しかたないっていうので働いてたんだけど、あの、その状況を話したら、もう生活保護を受けたらいいって言われて、それで生活保護をとって、うん、で、入院したんです。

―― なるほど。じゃ、目だからというよりは、体調自体が。

ヒサコ　そうそう、かなり悪くって。治療してないから。（「あー、そっか」）。ほんまはねぇ、インシュリン、ちゃんと入れとかなあかんねんけど、入れてなかったので、言《ゆ》うたら高血糖な状態で、けっこう体がだるいんですよ。そのだるい状態で体に鞭打《むちう》って働いてたんで、そうとう無理してたみたいで。もう、休養できて、ちょっとよかったかなっていう。ほっとしたっていうところもありましたね。

―― 眼底出血して、だんだん視界がなくなっていくっていうか、見えてた世界とかもヒサコさんはご存知やから、それはどんな……。

ヒサコ　あのね、やっぱ、一型糖尿病になったとき、合併症がいちばん怖いよって言われて、こうなります、ああなります言われたんね。壊疽《えそ》とかね、手足切らなあかんとか、いろいろ言われて。こわいなと思うけど、まさか自分がそうなるって、なんかね、結びついてなかったんやね、あほやね、もうぜんぜん考えてなかって、まさか自分がそんなんなるって想像できなくて、で、いざ、そういう状況になったときに、初めて後悔して、あー、やっぱ治療、ちゃんとしとけばよかった、ま、治療してたからってどうなったかわからんけども、でも、やっぱ、すごい悔《く》やみましたよね。本好きやったから。もう本も読めなくなる、テレビもみえないーとか、あぁーこれもできなくなる、なんかもう、できなくなることばっかり考えたし、朝、目《め》ぇ開けたのに見えないっていうのが、やっぱり一回寝ると忘れるんですよ、見えてないことを。まだ最初の頃は。で、夢もちゃんと見えてる夢をみるんですね。で、朝起きたら、あれ？　起きてるのになんで見えへんの？って、で、あ、そうや目ぇ見えへんのやって、現実に引き戻されるっていう。だからもう、毎朝起きるのが憂鬱やった。もう今はね、ちゃんと白杖《はくじょう》もってる自分の夢みたりしますけどね［笑］。

―― あ、そうなんですか［笑］。

ヒサコ　もうだいぶ、板《いた》についてきたかなっていう感じですけど［笑］。

―― そしたら、ヒサコさんの妊娠の経験に［話を］移りたいんですけど、お子さんが六歳ってことは、四一歳のときに産《う》まはったんですかね。

ヒサコ そうですね、高齢出産ですね。

―― パートナーさんは？

ヒサコ えっとねぇ、若いんです、まだ。私より一五下《した》。

―― おお。

ヒサコ 彼が二五で私が四〇のときに出会って。（「えー どんな出会いやったんですか」）。彼がガイドヘルパーやったんです。

―― あ、そうなんですか。

ヒサコ ほんとはね、異性介助はしないんですけどね。（「はいはい」）。ちょっと違反をしていました。だいたい視覚障害者の派遣って、すごい単価が低い、事業所的な部分でいうとあんまり利益にならないので、みなさん嫌《いや》がってあんまりしないんですよ。で、探すのが大変で。

私、趣味で夜に歌をうたいに行っていて、どうしても夜が困るんですよ。昼間はまだ明るさがあるから一人でも多少は歩けるんだけども、夜はほんとに見えないからガイドが欲しいけど、夜って今度は女性がいなくって。

―― あー、家にとられちゃって。

ヒサコ そうそう。女性のガイドさんていうと、年配の方が多いんですね。で、夜は無理って。で、男性しかいなくって、しかたなくっていう感じで、あの受けてたんです。で、彼とね、なんとか子どもができて［笑］、授かって［笑］。

―― え、あの、なんていうかですね、彼との子どもが欲しいなって思ったとか、そういう感じですか。

ヒサコ いや、もともと私ね、すごい子ども欲しかったんですよ。

―― そうなんですね。

ヒサコ すっごい結婚願望も強くって。（「そうですか」）。家の母がすごい古い人間で、「女の幸せは結婚」みたいな人だったのね。だから私は、子どものときから「なにになる？」言われたら「お嫁さん」ていう、そういうふうに育てられたのね。だから、結婚にすごい大きな夢を描いていて。うん。とにかく私は成長したら結婚して、子どもを産むものやって思ってきたから、ずっとそれまで独身でいることに不本意な思いをしてきたっていうか。

――中学とかその頃から思ってはったんですか。

ヒサコ　いや、もう小学生くらいから。

――結婚してお嫁さんになるんだって。

ヒサコ　そうそう。将来、何になりたいですかって、よくあるじゃないですか。あれがいちばん困ったね。何になりたいって、だってお嫁さんだもんって［笑］。職業じゃないもの、みたいな。それくらい。でも、適当に考えて書いとったけどねぇ、看護士とかね、ぜんぜんなりたいと思ってへん［笑］。

――三〇代の頃とかお仕事をされていたときに、付き合ってた人は、いはったんかなぁ［いらっしゃったのかな］、とか思ったんですけど。

ヒサコ　ま、付き合ってた人はいたんですけどね。ま、ちょっと結婚にはいたらなかったですね。

――家庭を築くとかいうのを具体的に思ったのは、この彼、がはじめて？

ヒサコ　うん。ていうか、じつはわたし、四〇歳になった時点で、結婚はできるかもしれへんけど、子どもを産むのは無理やなって、正直思ったんですよ。三〇代のときは、産みたいーって思ってたんですけど、まず、病気があるでしょう？で、一型糖尿病っていうのは、やっぱり全身の病気だから、やっぱりちょっと出産っていうのは耐えられへんのとちゃうかなって、自分で判断してたとこもあって、四〇の誕生日にもう無理やなって。出産はあきらめようって思っててん。だから正直いって、彼と子どもができたのは、意外やった。（「あー」）。なんかね、勝手にもうできひん［できない］と思ってて。避妊もいい加減やったかもしれん。

　彼も若いし、あの、私もあの、結婚とかの対象には、ま、つきあったら、結婚したいなって思いはもちろん前から夢もあったし、その夢はぬぐいきれてなくて、結婚したいなって思いはもちろんあったんだけど、その彼と結婚するっていうのは、なんか申し訳ないような。

――申し訳ないような？

ヒサコ　そうそう、せっかく彼は健常者で若くて、まだまだ夢のある歳《とし》じゃないですか。それをこんなおばさんが彼の将来を奪ってはいけないと思って［笑］。（「あー」）。そりゃね、結婚したいっていう思いは募《つの》るけれども、でも、彼に結婚を切り出すとかいうのは、ちょっとできないなっていうのはあったし、彼も俺についてこいみたいなタイプじゃないのね。うん、だから、まず、待っててもプロポーズはしてくれそうもなかったから、このままなんとなくつきあっていくのかなぁーみたいな感じでいたら、子どものほうが先に。で、産むってなったときに、私をみてくれた病院の先生が、また女医さんやったんやけど、精神的な安定って、すごく大事だから、産むんやったらちゃんと結婚したらって言われて、彼も籍《せき》入れてしよかなっていう。［そういう］感じかな。

―― パートナーさんは［子どもを］欲しいと思ってはったんか［おられたか］とか、そういうのは？

ヒサコ　あー、今となってはね。できたからしかたなく結婚したの？とか言うと、いや、そんなことはないって、言うねんけど［笑］。

―― びっくりしてはった？［おられた？］

ヒサコ　やっぱびっくりしてたね、最初、うん。なんかごはんも喉《のど》に通れへんくらい、びっくりしてた［笑］。

―― ［笑］

ヒサコ　なんやねん、それは、って思ったけど［笑］。

―― ［妊娠中は］▼2つわりは、だんだんおさまって？

ヒサコ　まぁね。つわりは、ちょっと長かったけどね。だから結局、産んで完全復帰するまでは職場にはいけなかった。ずっと休んで家で、のんびりでもないけどしてたから。で、あれ何ヶ月くらいのときかな、出生前診断ね、これは、別に障害があるとかなしとかではなく、私の場合は高齢出産ていうのもあるし、病気もあったんやろね。うん、これはね、男性のほうが若いとか年とってるとかは関係ないんです、いうて言《ゆ》われて、とにかく、母体が三五歳以上だと高齢で影響が出るんで、みなさんにお伝えしてるんですって言《い》われてね、二人で呼び出されてね。話をされたんですよ。

—— そうなんですね。

ヒサコ　みんなに言ってるんだなって、別に私が障害者だからじゃないんだなっていうのは、そんときは確認したけどね。

でもね、ほんとね、ああいうところって障害を怖《こわ》がるから、なんかね、私、自分が障害をもってることも否定されてる感じがした。私自体を否定されて、お腹《なか》の子もね、なんかもう障害をもってるものみたいな感じにね、思われてるんじゃないかって。そう確信されてたようなくらいに感じたよね。二人ともが、なんか否定されたみたいな感じがして。

うん、なんかもうほんと、ねぇ、これで、私、障害児産んだら、どれだけ周りから言われるんだろうっていうくらいの、感じがしたね。だからふだん、自立生活センターっていうところにかかわって、障害はね、別に、不幸じゃないよっていうことをしてたし、私もそう思ったし。実際に障害もってからのほうが人生楽しいなって思ってるところがあって、うん、すごいよかった。

障害があってパートナーとも出会えたし、なにもほんとに私にとったら障害はぜんぜんわるいことじゃなくってっていうのもあったんだけど、あれだけね、障害のことを言われるとね、やっぱり、世間って、こうなんやわって。なんか私、負け

2—— ヒサコは妊娠中、「高血糖［の状態］は子どもに悪い、子どもが苦しい」と医師から言われ、血糖値の管理を普段以上に厳密にしていた。「毎日自分の指に針を刺して、血糖を計るんですね。ふだんは、朝だけとか、夜だけとか、日に二、三回計ればいいだけなんやけど、妊娠中は毎日朝の食前食後、昼の食前食後、夜の食前食後、寝る前の七回」測っていたという。現在は血糖測定器リブレが普及しており、測定の負担が減っているとのことであった。リブレは、小型のセンサーを上腕後部に装着して、そのセンサーにリーダーをかざして血糖値を測る。それゆえ、指先穿刺をすることなく、服を着たまま測定できる（https://www.myfreestyle.jp/patient/freestyle-libre/feature.html 二〇二一年五月一日取得）。

犬の遠吠《とおぼ》えみたいな、いくら障害が個性だよって言ったところで、みんな一般の人は、やっぱり結局、こう考えるんやっていうのを、もう、まざまざと見せつけられた感じがして。うん。やっぱり無理なんかな、とかね。

　出生前診断がきっかけっていうわけじゃないけど、周りの反応が最初からそうやからね。まず堕《お》ろしなさいって言われたこととか、さらに出生前診断っていうのを勧《すす》められてね、いや、これ知ってどうするんですかっていうのを訊《き》いたんやね、そしたら、それはね、こちらでは決められませんので、あなたが決めてくださいって言《ゆ》うよね。

――はいはい。

ヒサコ　私に決めろって言《い》うんよね。まっ、それはそうなんやろけど。だったら別に調べんでもいいやんって思ったんやけどね。でも、それを知って、やっぱりあきらめる方《かた》もいらっしゃいますって言われたから、はぁ、そうなんだーって思って、障害があるってわかって堕ろすんだなって。で、もう今が、ここ何週間のうちに判断してくださいと、タイムリミットですよって。

――［検査を］受けるかどうかの。

ヒサコ　うん。もし堕ろすんであればこれがタイムリミットですよって。あんまりね、お腹おおきくなってからやったら母体にも影響するので、とにかく、早めに。もし決断したら早めにしてください、っていうのを言われて。で、私は一瞬、受けてもいいかなって思ったのは、もし、障害をもってるっていうことがわかったらね、その子のためにバリアフリーの家、マンションにせなあかんなとか、そういう準備のためにするんやったら、ちょっと受けてもええかなって思ったけど、でも、それで堕ろそうとは別に思わへん［思わない］から、そしたらリスクもあるって言われて、その羊水《ようすい》検査［→17頁］で羊水を採《と》ることでね。何点なんなんなんパーセントの割合で流れることもあるって言われたら、そんなん、わざわざしなくていいわって思って、で、拒否して、受けなかったんですよ。うん、だから、出生前診断は受けてはいないです。

――勧められたのは、血《ち》ぃ採るやつですか。

ヒサコ　羊水検査。

――パートナーも一緒に来てくださいっていう

のは、お医者さんからですか？

ヒサコ　そうやね。

――いついつまでに決めてくださいって。

ヒサコ　そうやね。もうその場で「もういいです」って言うたんやけどね。

――そうですか。パートナーは、どういう感じやったんですか。

ヒサコ　もうその場で受けんでいいよなって。

――あー。そこで返事して帰った、みたいな。

ヒサコ　はい［笑］。しかも一〇万かかる言われてね［笑］。どっちかいうと、そこで決めたんちゃう？みたいなね［笑］。

――あはは。そうですよね、もしそこで、一〇万かからへん［かからない］、ふつうの保険医療に入ってます、とか、あるいはみんな受けてますとか、なんか、そういうふうな切り出し方をされたらね、なんかね。

ヒサコ　受ける人もいると思う。（「そうですよね」）。もっと増えると思うわ。よっぽどね、そんな私らみたいにね、障害のある人にふだんかかわってていう人はね、まだ想像つくじゃない？ね。バリアフリーの家にしてとか、ヘルパーさんに来てもらって、とかって、そういう制度があることも知ってるから、年金もろてとか、いろいろ考えられるけど、そういうことぜんぜん知らない人がね、いきなり自分の子どもに障害があるかもしれませんって言われたら、そりゃ心配になるし、で、また、先生もそういうことにならないようにっていうのをものすごい言《ゆ》ってはるから、そんなん絶対ありえへん。自分は絶対、健康な子どもしか産んだらあかんって、きっとなると思うねん。で、産んだら自分の責任とか、羊水検査とかされるっていうことは、やっぱり母親に原因があるっていうふうに思わされますよね。ほんまはどうかはわからないじゃないですか。

――そうですよね。

ヒサコ　夫のほうの古い血縁たどっていけば実はあったとか、あるかもしれないけど、やっぱり、ふつうは母親が自分の責任をね、感じるでしょ。だからね、ほんとにね、今まで障害児を産んだ親っていうのは、つらい思いをしてきたんだろなっていうのは、そのときに思った。自分がそう言われたことでね。障害児が生まれるっていうことは歓迎されない。私も、そういえば母親に、そういうの、ちらっと言われた。遠い親戚にそういう子が生まれたときに「なんて言ったらいいんやろ」って。「おめでとうなんて言われへんよな」って言《ゆ》うのを確かに聞いたことあるなって思って。そのときは私は、あんまり気にもせずに聞いてたんやと思うんやけど、この世はまだまだ、そういう障害児が生まれることは歓迎されへんのやなって、すごい感じたよね。

私らのやってることって、ほんま、なんなんやろって。結局この狭い世界だけなんかなとか。自立生活センターとか世間の人、知らんし。私ももともと健常者の世界にいた人間やし、正直知らんかったし。障害のある子どももった親の気持ちとか、考えたこと、ま、そりゃ、ちょっとはあったけど、そんな深くね。考えたこともなかったし、実際どんな制度でどんなふうにして生きていくのかとか、障害児が生まれたら困るっていうことだけで、生まれたらどうしたらいいっていうことはいっさい教えてくれないから、産科の先生は、そんなん知らんしね。でも、やっぱ知っててほしいなって思ったわ。生まれたらこうしたらいいよっていうのが、あればね、安心して産めるじゃない。でもやっぱり、生まれたらあかんって、めっちゃ先生ら、がんばってはる［いらっしゃる］から。(［笑］)。万が一、産んでもうたら［産んでしまったら］どうしよ、みたいなね。不安になるよね。

――結婚願望があって、その、子ども産んで、お嫁さんになってって思ってはって［思っておられて］、いうならば女性役割をみずから引き受けていこうって思ってはったと思うんで、でも産むときとか今は、それを距離をおいてみてはると思うんですけど、なんか、その、きっかけみたいなのは、あらはるんですか［おもちなんですか］。

ヒサコ　そうやねー。やっぱり自立生活センターはおおきい存在やね。やっぱそこで、いろいろ得たこと。ピアカン［ピアカウンセリング［↓45頁］］とか。あと、Yさんがやってはる RC▼3 とか。ピアカンの。ああいうところの考え方って、やっぱあったんだろうね。

――ふーん、どんな考え方なんですか。

ヒサコ　自分を、ほんとうの自分を取り戻していくっていうのかな。人間の本質ってすばらしい。ピアカンでいうところのは。ほんとにすばらしい存在なんだけど、傷ついていくことで、どんどん、かさぶたみたいなんを心につくっていって、あの、あまりよくない行動とかをとってしまったりとか、いうのはぜんぶパターンと言われるもので、傷をね、どんどん治していくことでね、傷を癒《いや》していくことでね、そういったほんとにもってるいいものが出てくるんだよ、それを取り戻していくことがピアカンとかRCで、自分の再生のためにあるっていうんですよね。生まれ変わるっていうかな。そういうなかで、女性として、とか、男性として、とか、障害者としてとか、そういうやっぱり役割みたいなものっていうのが、やっぱりあってっていうのを、私たちも［ピアカンの］リーダーをするなかでいろいろ言うんですよ。男らしくあれとか。女らしくとか。そういう役割っていう話は、ジェンダーとかそういったものは、けっこうピアカンとかで、そういうなかで意識的に、そうやったなぁっていうのはすごく、あったかな。その頃は私、リーダーとかもやってたから、やっぱし、そういうのは影響おおきかったのはあるね。

――ピアカンで付与《ふよ》されてる役割みたいなのを離してみようよっていう、そういう経験っていうのが。

ヒサコ　そうね、セッションのなかで、いろいろテーマをもって話したりするんだけど、ほんとは私らって、子どもらしくとかね、女らしくとかね、すごい言われてきたっていう、そういう時間をもつのね。

そういうなかでほんとうの自分っていうのを見つめて取り戻していくっていう。だから、女はこうあるべきっていうのを私は、ものすごく母親から求められて、されてきたので、いったんそれを

3――再評価カウンセリング（Re-evallution Counselling : RC）を指す［→68頁］。

ね。でも、なかなかぬぐいきれへんけどね。まだまだあるなって。自分のなかにも思うんやけどもね。できるだけ、自分、ほんとの自分っていうのを取り戻すっていうのを、やっていこうって思うので。うん。

――えっと、そしたら、産まはってからのことを。お子さんはヘルパーさんとか入れて子育てするというよりかは、二人で？

ヒサコ　最初の頃は、沐浴《もくよく》［乳児の体を洗うこと］とかはね、私もしばらく仕事も辞めてたので、私が見てる時間はヘルパーさんに入ってもらって、沐浴を手伝ってもらったりっていうのは、うん。その間《かん》［期間］っていうても短いからね、時間が、あの一ヶ月に二〇時間しかもらえないんですよ、子育て支援っていうのはね。▼4

――そうなんですか。

ヒサコ　毎日もらえるわけではないので、一日一時間したところで二〇日しかないから、だから、そういう方《かた》に手伝いに来てもらってお風呂入れたりとか、で、その間《あいだ》にうまくうんちするわけじゃないからね、来てる間《ま》に。帰って、ちょっとしたらうんちしたっていうこともあるから、そこはもう、しかたないんでね。その間《かん》は、私がひとりでしたりしてましたけどね。だからやっぱ、ちょっと、うんちがまだ残ってたとかね、そういうのはどうしようもないかな。なかなか障害者の制度自体が、障害者が子育てをするっていう土壌《どじょう》にないわけね。

そういうのもね、みんな知ってたり、お医者さんとかも、たぶん、知らへんから不安なんやと思うねん、余計に。先生がわかっとったらね、もうちょっと、そんな障害こわがらんでもええでって、言《ゆ》えると思うんやけど、知らんから、言《い》えへんのと思うねんね。おっきい病院やったら相談員とかおるから、そういう人に任せてるんかもしれへんけどね、でも、やっぱりその、多少なりとも本人とかかわるなかで、最初、患者って先生とか看護士さんに不安を語るじゃない。そういうときになんかこう［病院を出た後の障害者の生活がどんなふうなのかを患者に］言ってあげられるっていうのがあったらいいのになって。やっぱ、医療の現場で最初に障害者って診断される。そこ〔医療の現場〕で生まれると言っても過言《かごん》じゃない。障害児が生まれるのも病院だし、たいがい今はね。だから病院のスタッフが、なにかしら障害についての理解っていうのをもってないと、いい印象をもてないよね。（二〇一一年八月二五日）

4——　厚生労働省が二〇〇九年七月に発出した「障害者自立支援法上の居宅介護（家事援助）等の業務に含まれる「育児支援」について」では、親へのサービスと一体的に行なう子どもぶんの掃除、洗濯、調理、通院の付き添い、保育所通園の送迎について、「居宅介護（家事援助）」または「重度訪問介護」の対象に含めると定められた。利用できる上限時間数は居住する市町村によって異なる（http://www.pref.osaka.lg.jp/jigyoshido/jiritu_top/210710_kaji_ikujisie.html 二〇二一年五月一日取得）。

（NIPT等の出生前検査に
関する専門委員会 第七回

真 ⟷ うそ，真でない，偽
出生前診断には 偽の目的がある
真の目的も．

真の目的を述べる
染色体疾患の罹患
胎児に染色体疾患
染色体疾患に罹
染色体疾患

"く生活において発生する"

偽の目的 → 胎児の選別（25％をみつける
遺伝病の
あるいは，選別による中絶
障害

新しい事実に合うように変化するのを
を与えるという信念である"

胎児
障害を持つ ㊥ なし／あり

障害させる運命
誰によって？ 両親の意志
また別の運命 つまり，生まれてくる運命
誰によって？ 出生前
医師の

色体疾患の罹患率
児に染色体疾患
色体疾患に罹患している確率
色体疾患

（75％を
救う）
真の目的 → 胎児を障害から救う
どんな胎児？ 正常な胎児
胎児にとっての
救う 危険にさらされ
状態から
助け出す

に
もたらす
「両親の力は
胎児の意志に
かかわりなく作用する」
＝運命

病態？

出生前診断が行なうのは
「正常な胎児」。
何から救うのか？「両

胎児を
障害させる運命から救う
出生前診断

その可否を判断する場合
た場合

誰が決定する？ 異常染色体常染色体の
疾患児出産の既往のある夫婦

心配する染色体以外の染色体疾患
つまり，生まれてくる
誰によって？ 出生前診断によって
医師の手の中に

医師が行なうのは
救うから
「正常でない胎
助けられた
障害し
「両親の意
救うこ

疾患（微細な構造異常
（性染色体 モザイク

（75％を
救う）
救う 危険にさらされていた
状態から
助け出す
胎児の未来を望んで

何をする？
なぜ？

あれば人工妊娠中絶を選ぶ
の染色体疾患

常な児 胎児がDown症候群，18トリソミー，13トリソミーに罹患している可能性
頻度 半分以上
わかる 過半
→ どのくらいのもの
データはあ

児する染色体以外の染色体疾患
断する 車から降りれば → まだ乗っていない
も
正常な児
異常所見
染色体正常

不幸 ⟷
障害

有効な治療法のない ＝ 治らない
疾病
⟷ 重症 正常な胎児の
ー 希望の障害
ま発病の遺伝的背景をもつ保因者を確定できる

障害させる運命
誰によって？ 両親の意志
誰によって？ 出生前診断によって
医師の専門的判断する

周産期臨床遺伝 学習セミ

（75％を
救う）
真の目的 → 胎児を障害から救う
どんな胎児？ 正常な胎児
胎児にとっての
救う 危険にさらされていた
状態から救い 胎児の診断？
助け出すこと 胎児が疾患を有する
妊娠中に胎児の疾

に
もたらす
「両親の力は
胎児の意志に
かかわりなく作用する」
＝運命

出生前診断が行なうのは
「正常な胎児」。
何から救うのか？「両親の意

児に何らかの異常が
児の疾患が判明
検査で児の疾
正常児を中絶
検査で発見

胎児を
障害させる運命から救う
出生前診断

誰が決定する？ 異常染色体常染色体の
疾患児出産の既往のある夫婦
染色体疾患
つまり，生まれてくる

7

「中絶」や「検査」を勧められた経験

日本産科婦人科学会は一九八八年に、「先天異常の胎児診断、特に妊娠初期絨毛《じゅうもう》検査に関する見解」を発出した［↓後述の259頁の註3］。そのなかで、妊娠初期絨毛検査法については、夫婦のいずれかが染色体異常の保因者《ほいん》であるなどの、検査対象となりうる条件を規定している。また二〇一三年六月に発出された「出生前に行なわれる遺伝学的検査および診断に関する見解」でも、羊水《ようすい》検査［↓17頁］やＮＩＰＴ［↓17頁］の実施要件により、カップルのいずれか、もしくは両方が、「染色体異常の保因者」であったり、「重篤《じゅうとく》な常染色体優性遺伝」や「劣性遺伝」のヘテロ接合体であったりする場合は[1]、希望があれば出生前検査を実施できるとしている。今回の私のインタビューでは、「染色体異常」に由来すると診断された「障害」のある人はいなかったが、常染色体潜性《せんせい》遺伝に由来する「障害」を生きる人がいた。タクヤがそうである。

そこで、タクヤが語ってくれたある出生前診断（確定的な胎児診断）についての症例報告をこの章の糸口としよう。それは白皮症《はくひ》であることを理由に実施された診断であった［↓184頁］。症例は、第一子として白皮症の男の子（九歳）をもつ母親が、第二子を妊娠したさい、胎児診断が可能だと医師から教えられ、妊娠一九週めで胎児皮膚生検《せいけん》を受検したというケースであり、一九九〇年代初めに実施されていた。この症例では、胎児に白皮症があることが分かったため、その母親は二〇週めで中絶をしていた。▼2 この症例報告を読んだタクヤは次のように語っている。

――それ日本で？

タクヤ　国内です。

――国内でできるんだね。その論文読んだときは、どんなふうに感じた？

タクヤ　えー、別にしなくてもよかったと思いますっていう。一人め生まれてますし。その事例で。

症例報告には、「白皮症の発端者《ほったん》（第一子）」というタイトルで、九歳の男の子の写真が掲載されている。男の子は上半身の服を脱いだ状態で写っていて、写真のキャプションには「全身の皮膚、頭髪には色素を全く認めず、眼振《がんしん》、弱視を認める」と記されている。

――それはどういう意味? 一人も二人も一緒じゃんってこと?

タクヤ うん……

――一人めでわかってるんだからっていう?

タクヤ あー……〔笑〕あの、医学系の論文だったので、『周産期○○』とかそういう類《たぐ》いの雑誌だったので、その、堕胎《だたい》した胎児の写真も載《の》ってる。〔机を小突く音〕

――は……。

タクヤ あれはちょっとなしだなって。けっこうそういうの平気で載せますよね。九〇年代の、九七年くらいかな。ふつうに載っけてますよね、あの類いのやつは。

1――「染色体異常」には、数的異常と構造異常が含まれる。この見解には「重篤」の定義は示されていない。また「劣性」という用語が使われているが、「優性遺伝」「劣性遺伝」について、日本遺伝学会は二〇一七年に『遺伝学用語集』を改訂し、「優性 dominant」を「顕性《けんせい》」に、「劣性 recessive」を「潜性《せんせい》」に、「色覚異常 color blindness」を「色覚多様性」に改めた。その理由は、個人の遺伝情報にもとづいて最適な治療を選ぶゲノム医療の時代を迎えるにあたり、遺伝情報の多様性についての正しい理解を普及することにあると、学会は説明している〔日本遺伝学会、二〇一七〕。

2――遺伝子診断では、「発端者《ほったんしゃ》」の遺伝型を判明させないかぎり胎児の出生前診断をすることはできないので、この症例の九歳の男児は、遺伝子診断を受けているはずである。男児の「知る権利」について考慮があったかどうかについては、この症例報告の論文中には言及されていない。

――「奇形」の子とかも載ってるもんね。……みた？　それ。

タクヤ　みた。いやあれぜんぜん気持ちのいいものではないですよ。まったく気持ちのいいものではないです。

この症例報告には、白皮症の症例とは別の出生前診断で、「正常」と診断されたうえで生まれてきた一歳の男児と、白皮症と診断されて中絶された胎児の写真とが掲載されていた。この症例報告の執筆者は、「出生前診断の真の目的は、遺伝病に罹患《りかん》している胎児を選別することではなく、出生前診断がなされなければ両親の意志により堕胎《だたい》される運命にある、正常な胎児を堕胎から救うことである」という［清水、一九九三、一一頁］。つまり、「正しく」診断した結果、「正常な胎児」を救ったという主張こそが、この報告の主眼なのである。[3]

遺伝性疾患の保因者であったり、すでに遺伝性疾患のある子どものいるカップルが、健常な子どもを得るために出生前診断を行なうことは妥当であると医療者が主張するのは、この報告だけのものではない。[4]

妊娠するかもしれない人に、胎児に影響しうる慢性《まんせい》的な疾患があったり、胎児に「遺伝」するかもしれない疾患があったりする場合、健常な子どもをむかえるために、妊婦の「健康」を管理する方策をとるとする考え方は、広く受け入れられている［利斎、一九八四］［秋久、一九八六］［東、一九九〇］［道木、二〇〇五、二〇一〇、二〇一一］［大森、二〇〇八］。

これらの論文に登場する女性たち、そしてタクヤが読んだ先述の症例は、妊婦を管理する考え方にもとづいていると言える。では、私のインタビューに答えてくれた女性の協力者たちは、

3――　清水による出生前診断は、一九八八年に日本産科婦人科学会より示された「先天異常の胎児診断、特に妊娠初期絨毛《じゅうもう》検査に関する見解」に従って実施されたはずである。この見解には、「妊娠初期絨毛検査法」について、「下記のような夫婦」から希望があった場合に行なうとしている――「a夫婦のいずれかが染色体異常の保因者／b染色体異常児を分娩《ぶんべん》した既往を有するもの／c高齢妊娠／d重篤な伴性（X連鎖）劣性遺伝性疾患の保因者／e重篤で胎児診断が可能な先天性代謝異常症の保因者／f重篤でDNA診断が可能な遺伝性疾患の保因者／gその他重篤な胎児異常の恐れがある場合」である。また、妊娠前半期の「先天異常の胎児診断」の説明には、これらの検査を実施できるカップルの明示はなく、代わりに「羊水検査、絨毛検査、胎児鏡、胎児採血、超音波診断などの方法」があると記載されていて、胎児診断にあたってカウンセリングを行なうことや、安全かつ確実な技術を習得した産婦人科医が担うことなどが示されている。この見解は、二〇〇七年の改定後、一二年に「出生前に行われる検査および診断に関する見解」へと再改定された。

4――　きょうだいが主張する例もある。たとえば、親から子へ二分の一の確率で遺伝するFAP（家族性アミロイドポリニューロパチー）の人を家族にもちつつ、FAPの他の家族を支援してきた志多田正子（志多田は「患者」のきょうだいである）は、「医学でこの病気を治せないのなら、根絶しかない」、「患者が子どもを産まなければ病気はなくなる」、そしてそのための方法は「羊水検査しかない」と考えたことを、その著書で述べている［大久保、二〇一四：三八五頁、三八六頁］。志多田はその後、女性でFAP当事者が述べた「母の時に羊水診断があったら私は生まれてなかったかもしれない」、「診断をして遺伝子があるから、ダメという選択はしたくない」という言葉に愕然《がくぜん》とし、自分の思いや考えは脇《わき》に置いて、当事者が子どもをもつかもたないかを決めるのは「本人たちの問題だ」と考えるようになったという［同書：三八七頁、三九〇頁］。

自身の妊娠出産のさい、どのような経験をしたのであろうか。あるいは、これから妊娠出産を迎える将来を、いかに捉えているのだろうか。

この章では、インタビュー調査における語りから、産む／産まないの決定や、どんな子を産むのかをめぐる決定を、協力者たちがどのように語っていたかについて見ていく。その前に、まずは〈性と生殖にかんする健康と権利《セクシュアル・リプロダクティブ・ヘルス／ライツ》〉とは何かを概観《がいかん》し、その後で、協力者たちの語りを具体的に見ていきたい。

産む／産まないを決める

〈性と生殖にかんする健康と権利《セクシュアル・リプロダクティブ・ヘルス／ライツ》〉は、一九九〇年代の日本でも、国内政策に取り入れられるようになった考え方である。まずは先進諸国を中心とした国際的な動向をみておこう。多国籍企業の展開や情報化の進展によるグローバル化、冷戦の終焉、国境を越えた労働力の移動、産業構造の転換や利潤率の低減にともなう不安定雇用労働者、女性就労者の増加など、地球規模の急激な変化のなかで、人権、環境、教育、健康などへの新たな取り組みが喫緊《きっきん》の課題となっていた。日本もこの変化と無縁ではいられなかったのである。

一九六八年の国際人権会議のテヘラン宣言において、「親は子どもの数と出産間隔《かんかく》を自由にかつ責任をもって決定する基本的権利をもつ」と唱えられ、七四年の世界人口会議（当時は社会主義国であったルーマニアの首都ブカレストで開催）で討議された世界人口行動計画においては、「すべてのカップルと個人は子どもを持つか否《いな》か、および子どもの数と出産間隔を自由に決定し、そのための情報・教育・手段を入手する権利をもつ」ことが謳《うた》われた。翌年には第一回の世界女性会議がメキシコで開催され、これ以降、女性解放運動（フェミニズム）の潮流も並走していたこともあって、〈性と生殖にかんする健康と権利〉をめぐる国際ネットワークが発足したり、「女性と健康国際会議」（一九八四年）の会議スローガンとして「人口管理NO 女性が決める」が選ばれたりした。また、九五年にアジアではじめて第四回世界女性会議が北京《ペキン》で開催され、そこで採択された北京行動綱領《こうりょう》には、「女性の人権には強制、差別、暴力を受けず、セクシュアル・リプロダクティブ・ヘルスを含め、みずからのセクシュアリティに関することがらを自由に責任をもってコントロールし決定する権利が含まれる」と提言された。

日本では、七二年と八二年に、人工妊娠中絶の要件のうちの経済条項を削除することと胎児条項の付記とが国会で提案されたことに対して、女性団体と障害者団体による「優生保護法改悪阻止」の運動が伸張した。当時の資料によると、産む／産まないの決定は、国家が介入する問題ではなく、個人とカップルに任されるべきという考え方が日本でも広まりつつあったことがわかる［荻野、二〇一四：一五四－五頁］。つまり八〇年代は七〇年代よりも、後の〈性と生殖にかんする健康と権利〉という考え方を導入できそうな空気があった。しかしながら、政策の現場にこの概念が姿を現わしはじめたのは、ようやく九〇年代に入ってからであった。日本が、国際的な〈性と生殖にかんする健康と権利〉の動向に追いついたのは、九三年一二月に、樋口恵子《ひぐちけいこ》や原《はら》ひろ子《こ》（いずれも大学教授で、後に男女共同参画審議会委員などを歴任）らが、人口会議の準備会に女性の参加がないことに疑問をもち、ＮＧＯ「女性と健康ネットワーク」を立ち上げたことが、ひとつの契機《けいき》になった。

人口政策の対象であり、人口の媒介にすぎなかった女性たちが、人口政策の方針決定にかかわることを求め、人生の自己決定権と健康を守って生きる権利を提唱してきた。危険な中絶に命を落とすのも、薬物による避妊、あるいは多産奨励《しょうれい》で衰弱するのも、女性の体《からだ》である。産むも産まぬもそのリスクを負うのは女性の体と人生なのだ。

［94カイロ国際人口開発会議 女性と健康ネットワーク、一九九五：二七二頁、読みかなルビは引用者］

そうして日本の政策は、九四年の人口開発会議、翌年の世界女性会議を経て、〈性と生殖にかんする健康と権利〉の定着に向けて、ようやく重い腰をあげはじめる。

その後、具体的な施策として、九六年より厚生省児童家庭局母子保健課の新規事業として、「生涯を通じた女性の健康支援事業」が取り組まれていく。▼5 この九六年は、優生保護法が母体保護法に改定され、優生保護法に明記されていた優生的な文言が条文から削除された年でもあった（ただし、堕胎罪は残されるなど、〈性と生殖にかんする健康と権利〉の課題はなおも途上にある）。▼6

このような九〇年代の動向と伴走《ばんそう》して、学問領域においても〈性と生殖にかんする健康と権利〉をめぐる考え方がさらに磨《みが》きあげられていった。

5——　「生涯を通じた女性の健康支援事業」には、都道府県の「女性の健康支援センター」の「保健師等による婦人科的疾患及び更年期障害、出産についての悩み、不妊等、女性の健康に関する一般的事項に関する相談指導」が含まれる。

母子保健医療対策等総合支援事業の二〇一八年度予算は二億九七〇〇万円、女性の健康支援事業を含む母子保健対策関係の予算は約二五六億円となっており、生涯を通じた女性の健康支援事業はこのうちの一一・六%を占めている。そしてそのうち五割強が、不妊専門相談センター事業に割かれている。

女性健康支援センターは、一七年の時点で、全国に七〇ヶ所あり、このうち自治体単独設置が一一ヶ所、併設の設置は、保健所三三ヶ所、助産師会・看護協会一四ヶ所などとなっている。相談実績は、女性健康支援センターが八万七六四二件（二〇一六年）で、不妊専門相談センターの約四倍の相談が寄せられているにもかかわらず、その予算は、不妊専門相談センターの二分の一にとどまっている。

6——　一九九六年六月一七日の参議院厚生委員会では次の附帯《ふたい》決議がなされた。

「優生保護法の一部を改正する法律案に対する附帯決議／政府は、次の事項について、適切な措置を講ずべきである。／一、この法律の改正を機会に、国連の国際人口開発会議で採択された行動計画及び第4回世界女性会議で採択された行動綱領を踏まえ、リプロダクティブ・ヘルス／ライツ（性と生殖に関する健康・権利）の観点から女性の健康にかかわる施策に総合的な検討を加え、適切な措置を講ずること。右決議する」。

たとえば、「生殖に関わる女性の自己決定」のうちの、中絶にかんする決定にかんして、政治哲学者のドゥルシラ・コーネルは、胎児の「生命」は「胎児が身体の一部」となっている女性の肉体的精神的健康と不可分であり、それゆえ中絶の権利は、「自己としての身体のまとまり bodily integration」を損《そこ》なわないための権利であると述べている〔Cornell, 1995＝一九九八：八二－三頁〕。つまり、自己の想像《イマジナリー》において統一された身体として（寸断されていない身体として）、女性の身体を再定義することで、中絶の権利の基礎づけを、男性の身体を根拠にするのではなく、女性自身の統一的な身体に求めたのである。

一方、ジェンダー研究者の山根純佳《やまねすみか》は、コーネルのこの再定義では、胎児を母親の所有物とする所有権の話に矮小化《わいしょうか》されてしまう恐れを指摘した〔山根、二〇〇四：八八－九頁〕。山根は、「身体は「自己」の所有物ではなくそれをとおして「自己」が生きていかざるをえない自己の基盤である」という視座から、中絶をめぐる議論をさらに掘り下げていく。そして、「妊娠と中絶が女性の身体をとおして生起する出来事」であるかぎり、「「私」がその身体をとおして生きている、生きざるを得ないのだから、ほかの誰よりも「私」に決定権がある」という、コーネルとは違った基礎づけを提起している〔同書：二〇〇－〇一頁〕。この基礎づけは、産む身体をもたない（とされる）生物が子孫をもうけることは不可能である一方、産む身体をもつ（とされる）生物はそれが可能であるという、条件の差にもとづいている。それゆえ、産む身体をもつ個体が、この決定権の行使に直接的にかかわるのだと述べているのである。

では、以上のような〈性と生殖にかんする健康と権利〉をめぐる動向を背景に、妊娠や出産の当事者たちは、産む／産まないの決定や、どんな子を産むのかをめぐる決定を、どのように考えていたのだろうか。次節からは、山根純佳が再定義した妊娠と中絶をめぐる考察、そして序章で紹介した加藤秀一による「胎児は権利主体でもなく所有物でもない」という考察［→20頁］にも目配りしながら、協力者たちによる語りを通して、具体的に見ていくことにしよう。

妊娠するかもしれない身体

ケイコは、一〇代のときに四肢《しし》機能の障害をもったが、「どうも私は動かないらしい」とわかった直後に考えたことは、「私は結婚できるのかな」だったと語っている［→172頁］。そして、施設で死ぬんだ、とさえ思いつめた。「障害をもって社会に出て生きるっていうことをまったく知らなかったので全部崩《くず》れた気がした」のである。「結婚できる」は「結婚する」とは異なる。つまり、「結婚できる」の対《つい》は「結婚できない」であり、シングルとして生きることをみずから選択するという「結婚しない」とは異なる。「結婚をする」人生を「標準」的な人生の一部と考え、結婚をしたら子どもをもつといった、「標準」と見なされる人生を表わす言葉として、ここでは「結婚」という語が用いられている。この「標準」の可能性が消え去ったことを言おうとして「結婚できない」と吐露《とろ》したのであろう。このとき、「標準」的な人生に対置されたのが「施設で死ぬ」人生であった。もはや「社会に出て生きる」ことができないと、このときは考えていたことがわかる。

しかしケイコはその後、入院を経たのちに「元の生活」、すなわち「どっか行く場所」があり「好きなことがどうにかできる」生活をふたたびおくることで、「社会にたぶん出れてる」ような自認になってからは、結婚や出産を「できるかな、しようかな」と考えるようになっていったという。ケイコは将来、再生医療を受けて四肢機能が回復していても、あるいは車いす生活をつづけていたとしても、「たぶん。できたら産みます」とも語った。妊娠をしたさいの、車いすからベッドへの乗り移りなどへの懸念《けねん》はもっているが、介助をしている現在のヘルパーさんたちは「理解してやってくれる」と考えているからである［↓173頁］。

ケイコと同じく二〇代のメグミも、障害があるから妊娠や出産はできないなんて思っていない、と語った。その理由として、「子育ては自分ひとりでするもんじゃない」と考えていることや、「たぶんなんとかなる」と楽観していることなどを挙げていた。そのように考え始めたのはいつ頃かとメグミに尋ねると、「自分の障害を肯定できるようになって」からの、二〇歳以降だと語った［↓98頁］。

二人の語りから垣間《かいま》見えるのは、ケイコもメグミも、「社会に出れて」いたり「自分の障害を肯定できる」ようになってから、ヘルパーなどの周囲の助けを借りて妊娠－出産－子育てをしていく未来を、自身のきわめて具体的な将来として思いえがいているということだ。二人は、妊娠－出産すれば社会的排除を受けるのではないかと思い煩《わずら》うよりも、介助を利用しつつ暮らしている現実のほうに信頼をよせて、妊娠－出産－子育ての可能性を考えているのである。


エリは、パートナーと同居しはじめた三〇代の頃、妊娠する将来について考えたことがあったという。しかし、妊娠は身体的リスクになることや、二四時間の介助態勢《たいせい》で妊娠－出産－子育てをする困難さを予想し、ずっと「妊娠するつもり」はなかったし、今は四〇代半ばということもあって、やはり「妊娠するつもり」はないと語った。エリには、身体的な理由だけでなく、現実的な介助態勢への不安があったことがわかる［↓65頁］。

ヒサコは、四一歳で思いがけず妊娠をして出産した。彼女は、三〇代の頃は子どもをもちたいと希望していたが、一〇代の頃からの持病である一型糖尿病もあって、自分の身体では出産に耐えられないのではないかと考えていた。そして四〇歳の誕生日のときには、「出産はあきらめよう」と思ったという［↓245頁］。

トモコは、三四歳で出産したが、インタビュー当時はもう一人を授《さず》かりたいと考えていて、産婦人科に通院していた。彼女は、自身の年齢から、妊娠の確率を上げるための体外受精も視野に入れていたが、足の障害で股《また》が開かないので体外受精の施術《せじゅつ》を受けるのは難しいかもしれない、と語った。

このように、インタビュー時点で四〇代の女性の協力者たちは、介助態勢への不安、妊娠可能年齢のリミット、妊娠‐出産が自身の身体状態にもたらす影響などについて語ってくれた。エリが介助態勢への懸念《けねん》を語り、ケイコやメグミが語らなかったのは、必要とする介助の量にもともと差があることも関係しているのかもしれない。

次に、出生前検査についての協力者たちの考え方をみていこう。協力者たちは出生前検査をどのように受け止めていたのだろうか。

出生前検査を受ける／受けない

ケイコは、これまでに妊娠出産の経験はなく、出生前検査について考える機会もなかったと述べていた。それゆえ、「積極的にそれをしようとかは思わない」と語った。そこで私（調査者）が、医者が提案をしたらどうかと尋ねると、検査を受けることには負担があるのかと、逆に私に尋ねてきた。私が羊水検査［→17頁］の流産リスクを説明すると、もし「リスク」なしに「もうちょっと簡単に」調べられるなら検査を利用するかもしれないと答えた。しかしつづけて、でも胎児に「障害」が判明した場合に「［中絶をするかしないかの］選択をする自信がない」ため、結果として「はじめからしない」ことになるだろうと結論づけた。

この語りの論理は、柘植あづみ［→16頁］らによって二〇〇三年に行なわれた妊娠と出生前検査にかんする調査のなかで、幾人かの女性たちが語っていた考え方と重なる［柘植・菅野・石黒、二〇〇九］［Tsuge, 2015］。たとえば出生前検査を受けたことのある女性は、「もし検査の結果が悪かったらどうするつもりだったんだろう。まだすっきり解決していない。だから、解決できない人が大半だったら検査もむだなのかしらと思う」と語っている［同書：四一八頁］。つまり、出生前検査を受検《じゅけん》した後に待つ、中絶するかしないかの選択について想像してみた場合、この女性も、そしてケイコも、その選択を引き受けることに、ひどく困難がともなうと捉えている。そして、この困難を回避したいなら、検査は受けないほうがいいというのが、これらに通底する論理である。

メグミも、これまでに妊娠や出産や経験はなく、胎児に障害があると判明すれば中絶するかしないかを「迷うと思うから、受けない」「［出生前検査を受けるか受けないかを］選べるうちは選ばないかもしれない」と語った一人だ［→94頁］。私が、調べたほうが良いという考えをパートナーがもっていたらどうするかを尋ねると、パートナーが検査を自分に勧《すす》めるのは、「調べてもし障害があるってわかったら産まないっていう選択肢をとったほうがいいっていうのを半分含《ふく》んだかたちになってる」と答えた。そして、そのような提案がパートナーから自分に提示される場合は、「そのパートナーよりも自分の気持ちを優先する」と語った。メグミの語る「自分の気持ち」とは、〝中絶を選択したくない〟という「気持ち」だけを指しているわけではないであろう。たとえ〝中絶をするかもしれない〟という「気持ち」だったとしても、検査を受けるか受けないかや、産む／産まないにかんしては、パートナーの意見よりも自分の気持ちのほうを優先するということだ。なぜなら「子どもを産むっていうのは、それなりに自分の体《からだ》へも負担がかかる」からであり、その負担を請け負うかぎり、検査を受けるかどうか、あるいは選択的中絶をするのかどうかを決めるのは、あくまでその女性であると考えているのである〔↓97頁〕。

　メグミは、障害のある子どもをもつという現実が女性に何をもたらすのかを、自治体の青年局で働く公務員として見知っている。たとえばそれは、「つらい」思いを抱えることであったり、パートナーとの離別を経験したりすることでもある。そのような事例を「たくさん」見てきている。そのうえで、生まれてくる子どもに障害があるかもしれない可能性を踏まえつつ、検査を受けるかどうかや産むかどうかを「覚悟」するべきだと語っているのである。

　リカは、二二と二六歳のときの、二度の出産経験がある。彼女は、女性は「産む張本人」なので、安心を得たいという理由で検査を受けたり、検査の結果をうけて中絶をしたり、たとえどんな理由や決定であったとしても、女性にその判断を任せるしか術《すべ》がないと考えていた。私がパートナーの男性の関与についてリカに問うと、たとえば女性が「産みたい」「検査は受けたくない」と考えているときに、男性がそれに反対して「検査を受けてほしい」と主張した場合、その男性はその女性を「大事《だいじ》にしていない」のではないかと答えた。

リカ　［女性の側が］どんなことがあっても私の子やという気持ちがあっても彼が反対したとか検査しろと言《ゆ》うんやったらね、それはあなた自身を尊重してくれる彼じゃないですよ。

リカにとっては、妊娠している女性はいわば「その身体をとおして生きざるを得ない存在」［山根、二〇〇四：二〇〇－一頁］なのであり、男性が、胎児と共にある女性を受け入れないのは、その女性自身を受け入れていないことになると述べているのである。この論理は、胎児が胎内にいないときの二人の関係性にまで及ぶ。たとえば、女性が「がんになった」場合、男性は彼女のその状態を受け入れることができるかどうか……。リカは、この点を問うているのである。

リカ　がんになりました、あなたががんになりました。ご主人その奥さん受け入れへん［ない］かもしれへんよ［ないよ］。

男性が、その女性と一体となっている胎児もろとも彼女の存在そのものを受け入れ、パートナー関係を築いているかが、リカにとって重要なのだ。この二人の関係のあり方は、二人のあいだに子をむかえるという命の「始まり」のみならず、どちらかが病いに倒れるといった「終わり」にも影響してくると、リカは考えているのである。

では、サエの場合はどうであろうか。出生前検査についての考えをサエに問うと、「妊娠している体《からだ》の人」が担わざるをえない状況と「そうではない人」の状況とのあいだには、決定的な違いがあると語った。この違いゆえに、出生前検査はこの両者を「分けて」考えなければならない問題だとサエは答えている。つまり、妊婦と、妊婦のパートナーを含めたそれ以外の人たちとの状況とは、異なっていると認識すべきだということである。また、「みんなは「障害」があるってわかることがいいっていうか、リスクが事前にわかると思ってるじゃないですか。じゃなくて、リスクが事前にわかるっていうことで、相当のリスクを背負うことになる」とも語っている。つまり、妊婦以外の人びとは、検査によって胎児に「障害」があるか否《いな》かがわかることで、胎児に「障害」がある「リスク」を知ることができると考えているが、それを知ることは、妊婦にとっては、中絶するという選択をみずからの身体に呼び込むこと、つまり、妊娠の中断を選択肢のうちに入れる「リスク」を背負うことになるのだと、彼女は認識している。周囲の言う「リスク」と、妊婦にとっての「リスク」とは根本的に異なるのだと、サエは解釈しているのだ。

とくに検査を受けるかどうかを検討する妊娠初期の時期は、つわりなどによって体調が不安定で、とても「つらい」「苦しい」時期でもある。そのような時期に、中絶をする可能性を含む選択肢を差し出されることは、妊娠する身体を生きる人とそうではない人とでは、意識や考え方に違いや差が生じざるをえないという。そこで、では検査を受けるかどうかの最終的な決定はどのように行なうことになるのか、とサエに尋ねてみた。

サエは、パートナーである男性が「［妊娠や出産が］女性にすごく負荷《ふか》がかかることなんだっていうのを理解してくれてたり、わかってくれてる人であれば、［…］女性側の意見が尊重されるんじゃないのかな」と述べつつも、「でも世の中には男性のほうがつよい家庭もあるので、そこらへんはわかんない」とも語った。そして次のように語った。

サエ　やっぱり、そうですね、二人の合意があって……ですかねー。合意はしやすいのかもしれないけど、でも、そういうので夫婦仲が悪くなるとかもう嫌《ヤ》ですよね［笑］。

――［笑］そうですね。そこでだめだったら、もうだめなのかなみたいな……。

サエ　そんな感じしますよね。もうなんかね。嫌《ヤ》ですよね。そこでお互いね、一緒にこれから育てていこうっていうふうになれないっていうのは……だからほんとに余計な心配を増やしてるっていうか。

――そっかそっか。

サエ　そういうテストでもあるような。

ここまで、五人の協力者たち（ケイコ、メグミ、リカ、エリ、サエ）による、出生前検査を受けるか受けないかについての考えや、医師から検査にかんする説明を受けたときの経験について見てきた。

ケイコとメグミには妊娠出産の経験がなかったので、私は「もしこれから妊娠することがあったら、出生前検査を受けると思うか」という尋ね方をした。二人は、検査を受けて「障害」が判明したときに、「［中絶をするかしないかを］選択する自信がない」から「はじめからしない」（ケイコ）、または「［中絶をするかしないかを］迷うと思うから受けない」、「選べるうちは選ばないかもしれない」（メグミ）と答えた。

一方の、妊娠出産経験があるリカとサエの場合は、ケイコやメグミとは視点や声音を異にする返答であった。安心を得るために検査を受けたり、検査結果によっては人工妊娠中絶したりすることも、最終的には「女性が決めること」（リカ）であり、また、妊婦にとって検査受検は「中絶という選択をとるリスクを背負うこと」（サエ）でもあると語った。

メグミ、リカそしてサエに、パートナーが受けたほうが良いと勧《すす》めてきた場合はどう思うか、と尋ねると、メグミは「自分の気持ちを優先する」と述べ、リカは、そのとき女性が検査を受けたくない、産みたいと考えているにもかかわらず検査を受けたほうが良いと勧めるパートナーは「その女性を受け入れていない」と語った。サエは、検査を受けるかどうかの最終的な判断は、妊婦とパートナーの「二人の合意」によると述べた。そして、検査を受ける／受けないをめぐる合意をかたちづくる過程は、二人がその話しあい以後も一緒に生きていくことができるかどうかを試すテストのようでもある、とも語った。

　このように彼女たちは、〈私〉がその身体を通して生きざるをえないのだから他の誰よりも〈私〉に決定権があるという〈性と生殖にかんする健康と権利《セクシュアル・リプロダクティブ・ヘルス／ライツ》〉［→260頁］の考え方を［山根、二〇〇四］、その濃淡に差があるとはいえ、たしかに身につけている様子である。とはいえ……、メグミが、検査を受けることも人工妊娠中絶も決めるのは女性なのだと述べて、「女性が産まないって決めたら男性がいくら言っても産めない」と語って笑ったとき［→98頁］、私は、違うんだよ、人工妊娠中絶手術には配偶者同意要件[7]があるんだよと、目の前の二〇代のメグミに言えなかった。

7――　配偶者同意要件とは、婚姻している女性が人工妊娠中絶を受けるためには、配偶者の同意を得る必要があることを指す。日本の場合は、具体的には「人工妊娠中絶に対する同意書」への本人と配偶者の署名を必要とする［→18頁］。WHOが二〇一一年に、女性差別撤廃委員会が二〇一六年に、配偶者同意要件の是正勧告を出しているが、日本政府は対応していない。WHOのGlobal Abortion Policies Databaseによると、配偶者同意（spousal consent）要件のある国は、世界に一一ヶ国ある。日本をはじめ、インドネシア、サウジアラビア、イエメン、トルコ、シリア、モロッコなどである［二〇二一年一〇月一一日取得 https://abortion-policies.srhr.org/?mapq=q2e］。

今も言えていない。日本は、ほんとうに信じられないことに、いまだ、性と生殖にかんするすべてのことを自分で決めるという基本的人権を享受《きょうじゅ》できる国ではないのである。

出生前検査の説明を受ける

次に、医療機関で受けた出生前検査の説明をめぐって、ヒサコが経験したことを見てみよう。▼8

ヒサコは、一〇代の頃から一型糖尿病を持病としてもっていて、三五歳のときに糖尿病性網膜症になり、視覚障害者となった。小学生の頃から結婚や出産への憧《あこが》れを強く抱いていたが、二〇代から三〇代にかけてその「タイミング」がなく、四〇歳の誕生日を迎えたときには、糖尿病のこともあって、「結婚はできるかもしれへん［ない］けど、子どもを産むのは無理やな」、「出産はあきらめよう」と思っていたと述べている。しかし、ちょうどこの頃、現在のパートナーと知り合い、おもいもかけず妊娠をして、その後に結婚し、四一歳で出産した。

妊娠がわかって何回めかの受診で、医師はヒサコに中絶をすすめた。

ヒサコ　そのときはコントロールがあまりうまいことといってなくて、あの、［血糖値の］値《あたい》が高いときだったのね、もちろん、高齢やしね［だからね］。それで何回めか［健診を］受けたときに、そのとき女医さんやったんやけど、そのときには、「わかりました。産む言うんやったら産みましょう」って、「でも、この子は流しましょう」って言われましたね。

――……。

ヒサコ だから、この子は、今いる子は流しましょうって言われたんですよ。（「え、なんでやろ…」）。コントロールがうまくいってなかったから。だから産むんやったら応援しますけど、この子はいったん流して、もういっかい体調を整えて、よくなってから、その先生にしてみれば結婚もちゃんとしてから、いうのもあったでしょうね、で、もいっかいがんばりましょう。別に四一歳でも産めないわけじゃない。そのとき四〇やったから、四〇でもだいじょうぶやからって言われて。糖尿病があってもコントロールしてたらだいじょうぶですよって言われて。でもねぇ、私にしてみたらこの子にしてみたら、お腹《なか》の子はひとりだけやし、同じ子が生まれるわけじゃないからね、二人めを産んだところでね。一人め二人めぜんぜん違うと思うし。いやもう絶対産みたいって。タイ

8――協力者のうち、妊娠出産を経験した者は五名で、その全員が出生前検査を受けた経験はないと語った。この章で言及したヒサコとサエ以外の三名も、出生前検査を受けることを選択しなかった。その理由は、「病院がそういう方針ではなかった」（トモコ）や、「受けるつもりがなかった」（アサコおよびリカ）であった。

ムリミットもね、三〇そこそこくらいならあれだけど、言《ゆ》うても［とは言っても］そんなまた流してまたできるなんてことわかんないしね。もうこの子はぜったい産もうと思って。

ヒサコは、自分が未婚であったことと、血糖値のコントロールが当時はうまくいっていなかったこととが、この医師の態度の背景にあると解釈していた。▼9 しかし、自分の胎内にいる「この子」は「この子」でしかなく、「もう一度」と求めても、同じ「子」が、ここにもう一度宿《やど》るわけではない。医師のほうは、ヒサコの妊孕性《にんようせい》（妊娠するために必要な器官とその働き）を評価して、「四一歳でも産めないわけじゃない」と述べて、将来の妊娠の可能性を助言した。しかしヒサコのほうは、次に妊娠できるかどうかはわからないばかりか、その可能性は低いのが実際だろうと考える。そして彼女は、医師の提案を退《しりぞ》け、「ぜったい産もう」と決心する。

こうして妊娠継続を決めた後、ヒサコは、通常の妊婦健診とは別の機会に、パートナー同席のもとで羊水検査の説明を受ける。ヒサコやパートナーが説明を望んだのではなく、医師から「呼び出され」たのである。ヒサコは、この説明を受けたのが妊娠何週めのことだったのか、はっきり覚えていなかった。しかしヒサコが、つわりが重い時期だったと語ったこと、羊水検査の受検《じゅけん》時期は妊娠五ヶ月（一六週〜二〇週）であることからおそらく、安定期に入る前の妊娠三ヶ月〜四ヶ月頃だったのではないかと推測できる。

この羊水検査の説明のときにヒサコがまず確認したのは、自身の障害と胎児に「障害」がある確率との因果関係である。医師は、「三五歳以上だと高齢で影響が出るんで、みなさんにお伝えしている」と述べた。つまり、人工妊娠中絶を勧《すす》めた一型糖尿病が理由ではなく、年齢〈三五歳以上での出産〉によると説明したのだった。ヒサコの妊娠年齢では胎児に「障害」がある「リスク」があり、その「リスク」は羊水検査で明らかにできると説明したのである。

医師が羊水検査を説明する時間をとったのは、ヒサコの「障害」ではなく「年齢」が理由だったが、▼10 病院自体が「障害を怖《こわ》がる」ところ、つまり治せない病気としての「障害」を忌《い》み嫌う場所であると彼女は考えていたので、自分が、「お腹の子」の「障害」を見つける検査の対象者だと告げられたことを、自分の「障害」〈〈生きられた障害〉〉の否定のように感じたのである。

ヒサコ　みんなに言ってるんだなって、別に私が障害者だからじゃないんだなっていうの

9――　一型糖尿病の女性の妊娠出産にかんして、東京女子医科大学糖尿病センターの医師は、「妊娠初期の器官形成期に高血糖であると、児の形態異常が発生し、それに伴い流産の可能性も高くなります。児の形態異常や流産を防ぐには、妊娠してからの血糖管理を行っては間に合いません。妊娠前からの厳格な血糖コントロールが必要です」と述べている［柳沢、二〇二一：四六頁］。

10――　羊水検査は、胎児に染色体異数性や二分脊椎があるかどうかを明らかにする検査であり、胎児に糖尿病性網膜症の影響があるかどうかを調べる検査ではない［→17頁］。註9で引用した柳沢が、糖代謝異常合併妊娠の胎児・新生児合併症として挙げているのは、「形態異常・先天異常」「胎児機能不全・胎児死亡」「巨大児」「新生児低血糖」などである［同書：四六頁］。

は、そんときは確認したけどね。
でもね、ほんとね、ああいうところって障害を怖がるから、なんかね、私自分が障害をもってることも否定されてる感じがした。私自体を否定されて、お腹の子もね、なんかもう障害をもってるものみたいな感じにね、思われてるんじゃないかって。そう確信されてたような、くらいに感じたよね。二人ともが、なんか否定されたみたいな感じがして。

妊娠三〜四ヶ月であった当時、「お腹の子」とヒサコは、いわば未分化の状態にあり、その状態で「お腹の子」もヒサコも、生きざるをえない。医師が「障害」を恐れていることを彼女は感じていたが、自分と一体になっているお腹の子まで恐れているようにも感じたのだろう。彼女はその場で、検査を受けないことをパートナーと一緒に決めて、その旨《むね》を医師に伝えた。

〈私〉と胎児が否定される

ヒサコは、妊娠初期に、医師から人工妊娠中絶を勧《すす》められ、その後にパートナーも同席して、羊水検査の説明も受けた。ヒサコを担当した医師は、なぜこのような対応をとったのだろうか。あくまで推測のかぎりではあるが、すこし立ち止まって考えてみたい。

日本では、母体保護法第一四条が定めるところにより、「妊娠の継続または分娩《ぶんべん》が身体的または経済的理由により母体の健康を著《いちじる》しく害するおそれのあるもの」は、人工妊娠中絶の施術《せじゅつ》を受けることができる。また、胎児に「障害」がある可能性を理由とした人工妊娠中絶も、「母体の健康を著しく害するおそれのあるもの」というこの法律文を拠《よ》りどころとして行なわれている。

また私が見た、母体保護法指定医師向けの『指定医師必携』（日本産婦人科医会、非売品、二〇一九年）には、「人工妊娠中絶は、患者の求めに応じて行うものではなく、中絶の適応があると指定医師が判定した場合のみ行うべき」という記載があった［強調は二階堂、同書、九頁］。

おそらくヒサコのケースは、母体保護法の「適用」が可能で、なおかつ中絶の「適応」があると判定しうると、担当医師は考えたのであろう。

では、医師からヒサコとパートナーへの羊水検査の説明のほうは、どのような理由や課題が考えられるだろうか。

医師が懸念《けねん》したのは、胎児に「障害」があるかもしれないということであった。しかしそれは、一型糖尿病の合併症ではなく、年齢が理由であったことは、ヒサコの語りからも推《お》し量れるだろう。おそらく「高齢妊娠」のヒサコは、羊水検査を受検する対象に該当すると判断されたのであろう。

ヒサコが妊娠‐出産をした二〇〇〇年代初期の羊水検査は、日本産科婦人科学会の指針に従って行なわれていたはずである［↓259頁の註3］。この指針では、「高齢妊娠」の夫婦からの希望があった場合に出生前診断を行なう、と条件づけられている。▼11
ヒサコは、医師に呼び出されるまで、羊水検査の受検を考えていなかった。しかし、検査対象に該当すると医師から告げられた。羊水検査は、受検の後に、妊娠を中断するかどうかの選択を妊婦（とそのパートナー）が迫《せま》られることになり、また、検査による流産の危険性がともなう。おそらくは、これら新たな選択肢とリスクが彼女の目の前に提示されたことによって、「自分もお腹《なか》の子も否定されている」という心象を抱くに至ったのであろう。しかし、問題はもっと根深いところにあるのかもしれない。

と言うのは、妊娠を継続する意思が明確にあるヒサコのような妊婦に、担当医師が、「あなたは出生前検査の対象に当てはまる」と口にすることが、どのようなメッセージとして妊婦に受け取られるのかという、倫理的な問いが浮上するからである。もちろん、さらに多くの事例を調べ、慎重に考察しなくてはならない問いであることは言うまでもないが、このヒサコの事例から考えうる事柄を、ここに素描しておきたい。

産婦人科医で臨床遺伝専門医の山中美智子《やまなかみちこ》によると、医療の現場では、「出生前検査の適応がある／ない」という言い方がなされているという〔山中、二〇二一：八〇頁〕。このことに関連して山中は、「母体血を用いた出生前遺伝学的検査（NIPT）に関する指針」（二〇一三年）（**付属資料**4→398頁））のなかで、検査対象となる属性を指針に明記することの問題点を指摘している。すなわち、指針の用いられ方によっては、属性に該当する人は出生前検査の「適応」がある者である、と妊婦（とそのパートナーなど）に公言して知らせることになり、検査の受検（そして選択的中絶）に「適応」があると示すかのように働きかねないのである。山中は、この指針に「優生的な考え方が潜んでいる」可能性を指摘している。また、法学者の斎藤《さいとう》有紀子《ゆきこ》も、マススクリーニング化を避けるためとはいえ、検査対象を具体的に名指しするこの指針は、「優生的な方策に近づく」のではないかと危惧《きぐ》している。▼12

二〇〇〇年代初期のヒサコの事例もまた、母体保護法の「適用」が可能で、日本産科婦人科

11―― 出生前検査の実施指針の一つである「母体血を用いた出生前遺伝学的検査（NIPT）に関する指針」（二〇一三年）にも、「本検査を行う対象は客観的な理由を有する妊婦に限るべき」と規定されており、検査を受けることができる妊婦の属性が記されている。この「客観的な理由」とは、高齢妊娠や、染色体異常のある子どもを妊娠した過去があるといった事実である。その後一八年に公表された「出生前に行われる遺伝学的検査および診断に関する見解」の実施要件にも、「高齢妊娠の場合」という記述が見られる。

12―― 二〇一二年一一月一三日の、日本産科婦人科学会公開シンポジウム「出生前診断：母体血を用いた出生前遺伝学的検査を考える」での講演「母体血を用いた出生前遺伝学的検査：確認すべき基本理念はなにか、見切り発車を始める前に」より。

学会の指針の「適応」にも該当するケースであることを、法と指針が裏づけることによって、羊水検査を妊婦に説明するという公的・制度的な行ないが、医療現場を貫通していたとは言えないだろうか。それゆえ彼女は、羊水検査の説明を受けたことによって、医師の発言のなかに優生学的なニュアンスを感じとったのであろう。

　前述したように［↓280頁］、対応した医師は胎児に「障害」があるかもしれないと怖がっていた様子を、ヒサコは語っていた。「障害」を否定的なものとして前提したうえで、医師は、ヒサコに羊水検査の説明を行ない、受検の「適応」があると知らせた。そうすることで、現実のヒサコのお腹のなかの胎児の「障害」は、医師の説明のなかで実体として先取りされてしまっている。公的・制度的な言説自体が、医療の現場に「障害」の実体化や宿命視をもたらしている可能性がある。

　「あなたは出生前検査の対象に当てはまる」、「結果によっては妊娠の中断を考えたほうが良いかもしれない」と知らせることが、どのようなメッセージになるかについての権力作用の効果を、ヒサコの事例に見てとることができるだろう。

> なんかもう障害をもってるものみたいな感じにね、思われてるんじゃないかって。そう確信されてたような、くらいに感じたよね。二人ともが、なんか否定されたみたいな感じがして。［↓280頁］

担当医師によって〈名としての障害〉が宿命視されて（「もう障害をもってるものみたいな感じに」）ヒサコを警告する材料として使われたことで、ヒサコがこれまで生きてきた〈生きられた障害〉の経験までもが毀損《きそん》されたように感じたのではないだろうか（「なんか否定されたみたいな感じがして」）。なぜなら、ヒサコ自身は、一型糖尿病になった一〇代以降や、視覚障害者になった三〇代以降もずっと、〈生きられた障害〉を経験してきたその身体《からだ》で、日々を生きてきたからである。

もし、自分の「障害」すなわち〈生きられた障害〉を理由として、羊水検査を受けたり人工妊娠中絶をしたりするとしても、その選択はあくまでも、ヒサコ自身が、ヒサコ自身のタイミングで（ヒサコの〈性と生殖にかんする健康と権利〉を尊重して）なされるべきもののはずである。ヒサコの〈生きられた障害〉が、羊水検査の受検や人工妊娠中絶を勧める理由として、彼女の断りもなく医師によって勝手に利用され横奪《おうだつ》された可能性が高いこの事例は、重い社会的倫理的課題を引き起こしているのではないだろうか。

出生の前に、産むことを中止する医療技術の社会的倫理的課題は、主に障害者にかんする問題として、一般にも知られてきた。たとえば「「生命の選別」につながり、障害者の生きる権利と命の尊重を否定しかねない」といった論調で報道されてもいる［「西日本新聞」二〇一二年九月四日］。

ところが、産むことを実際に中断するかもしれない妊婦が現に存在する現実についてはほとんど言及されず、「生命の選別」といったステレオタイプな言説のほうに照明の焦点が絞《しぼ》られてしまっている。

いま「障害」の属性をもって生きている人（出生した人）が、検査による診断名である〈名としての障害〉によってみずからの暮らしの足跡を否定されたように受け取る必要がないことは、すでに述べてきた［↓208頁］。繰り返すが、「障害」がある人には〈生きられた障害〉の経験の軌跡《ライン》があり、医学的な〈名としての障害〉には、当事者の経験の意味や記憶はたたみ込まれていないからだ。〈私〉の人生の来し方《ライン》と〈名としての障害〉とは同じ次元にないことを、協力者たちの語りを通して見てきた。

ところが、検査の対象とされる妊婦の場合は、検査する必要があると見なされた胎児と身体を共有しつつ今まさに人生を歩んでいる。それゆえ、妊娠を継続する意思がありながらも検査を提示される妊婦の場合は、妊婦である〈私〉の人生の軌跡と〈名としての障害〉とは別々のものだと、必ずしも分けて捉えられないのではないか。というのは、出生前検査の「対象となる妊婦」と見なされて〈私〉の胎児に〈名としての障害〉が診断される経験は、胎児と共に生きる〈私〉＝妊婦の身体に「障害」の実体化や宿命視を持ち込むこともあり、そのときその宿命視は妊婦の経験の軌跡《ライン》に刻まれるからである。

従来の社会的倫理的な課題とされてきたものは、「障害」の属性を自認して現に生きている人、あるいはその家族の問題に照明の焦点が絞られる傾向があったと言えるかもしれない。だとしたら、なぜ検査の対象とされる人（妊婦）には光が当たってこなかったのだろうか。

おそらくは、「不良な子孫の出生を防止する」ことを目的とした優生保護法（一九四八〜一九九六年）にもとづく強制不妊手術が、間近な近年に至るまで放置されてきた歴史と無関係ではないだろう。

優生保護法の前身はナチス政権が成立させた法律を手本とした国民優生法だが、戦後になってこの国民優生法に「母性保護」の名目で人工妊娠中絶について加筆し、生産労働人口と国家財政の管理を企図したのが優生保護法である。この法律は、ようやく一九九六年六月一八日に、参議院本会議で可決された「優生保護法の一部を改正する法律案」によって、「優生上の見地から不良な子孫の出生を防止する」などの文言や、疾患《しっかん》名が羅列《られつ》された別表が削除された。ただし、医師が認定する条件のうちの「優生上」の理由が削除されたにすぎず、配偶者同意要件も残されたままであった［↓275頁］。母性保護の名目で人工妊娠中絶を「付帯的《ふたい》」に定めた旧優生保護法のあり方は省《かえり》みられなかったし、それゆえ、強制不妊手術の問題が国会で議論されることもなかった。▼13

これは、日本近現代史の歴史学者の藤野豊《ふじのゆたか》が指摘するように、遺伝性とされた障害者、病者が子孫を増やすことは「公益」や「公共の福祉」に反するという認識を、戦前から今日まで、政策として具現化していたということである〔藤野、二〇二一：一五四頁〕。「公益」や「公共の福祉」に反するがゆえに、障害者や病者に不妊手術を強制することは、基本的人権の侵害には当たらないという理屈である。このような政策が一九九六年まで維持されたのである。そして、人権侵害の実態についての検証がなされないまま、優生保護法は母体保護法へと衣装替《が》えされた。[14]

二〇二〇年一一月、神戸地裁での証人調書において、日本障害者協議会代表の藤井克徳《ふじいかつのり》は、強制不妊手術による被害には、手術を受けたこと自体の苦しみだけでなく、被害を起点として人生の振幅《しんぷく》の全域にわたる苦しみがあったと述べている〔藤井、二〇二一：八七頁〕。本書で述べてきた私の視点から別言すれば、国家が「不良な子孫」と名指して強制した手術によって、被害者の一人ひとりがいかなる人生の軌跡を歩むことになったのか、その足跡が辿《たど》られねばならないのである。[15]

国家は、「公益」や「公共の福祉」に反する（と勝手に見なした）属性を、優生保護法の別表に名指して法制化し、そのような属性があると見なした身体に対して、つまりそのような属性のある子を産む可能性のある身体に対して、政策的・制度的な強制不妊手術を行なっていた。

ヒサコが医師から羊水検査の説明を受けたのもまた、出生前検査の実施指針に掲げられた属性や検査対象に合致したからであった。柘植あづみ等による研究が明らかにしたように、医師が出生前検査の説明をする行為は、妊婦において、検査を勧《すす》められたかのように受け取られることがある〔柘植・石黒・菅野、二〇〇九〕。実施指針として、具体的な属性や検査対象を公的に提示し説明することは、医療の現場で、出生前検査を妊婦に勧めるかのように機能しかねない。現在のこの制度的な危うさをさらに詳細に明らかにしていくためにも、旧優生保護法による一人ひとりの被害の足跡が辿られねばならないだろう。人を制度的に宿命づける行ないは、現在もかかわらず、一人ひとりの人生を対象としているのだから。

この公的・制度的な行ないについては、一九七〇年代に、羊水検査を県立病院で提供する計

13――　旧優生保護法の一九七四年の改正時、国会で、法律の名称を「優生」という語をやめて「妊娠中絶法」と改称すべきという問答があった。そのとき、当時の厚生大臣官房審議官は、旧優生保護法では「人工妊娠中絶にかかる部分はむしろ付帯的」であり、「あとから母性保護が入ったような関係」であると反論した［藤野、同書：一五〇頁］。

14――　全国「青い芝の会」が、一九九六年六月一三日に衆議院議員に送った、旧優生保護法の優生部分の削除にかんする要望書簡も、強制不妊手術には触れていない［横田、二〇〇四、一一九頁］。一九七〇年代の青い芝の会が取り組んだ胎児チェック反対運動では、県立病院で羊水検査が提供されることに対して「たとえ一例でも」許さないと唱えたにもかかわらず、約一万六五〇〇件の強制不妊手術について は言及がなされていない。

15――　棄却という判決の後に、原告から発せられたコメントとして、「私はこの裁判で優生手術によって奪われた私の人生を返してほしいと訴えました。もちろん、手術をなかったことにすることはできません。でも、国が事実としっかり向き合って、責任を取ってくれることで、私も少しは自分の人生を受け入れることができるように思えたのです」（東京裁判原告の北さん）、「私たちがどんな時代を生きてきたか裁判所に分かってもらえず悔しい」（仙台裁判原告の東さん）、「みんな何十年も苦しい思いをしてきたので、裁判所はその苦しみを認めてほしい」（仙台裁判原告の七〇代女性）などがあった［SOSHIREN ニュース No.373 二〇二〇年八月八日発行］。

画に対して、青い芝の会が激しい批判を展開したさいの論拠にも見てとることができる。これについては次の補章で見ていく。ただし、補章における主要テーマではないことをお断りしておく。主に補章で述べるのは、七〇年代における青い芝の会による障害当事者運動が抱えていた課題についてであり、そして当時の障害者が置かれていた歴史的な文脈である。この歴史的文脈をめぐっては、第8章でもふたたび取り上げる。

タクヤの語り

―― ［障害者］手帳って、もっておられました？
タクヤ　はい。
―― あ、もってる。手帳はいつもらった？
タクヤ　一〇年ちょっと前ですね。成人してから。入学［を］辞《や》めたあとですね。大学中退して、学生証がなくなって、身分証明書が要《い》るから。二一か二二［歳］くらいですね。
―― それは視覚［障害］でとったんですよね？　アルビノっていうのはいつ知ったの？
タクヤ　……。
―― それは［手帳取得と］重ならない？
タクヤ　重ならない。もっと前ですね。知ってることは知ってましたけど、ほっといてましたから。
―― 手帳とは別に、診断はいつ？
タクヤ　診断は別にされてない。
―― されてないの？
タクヤ　そんなのは別にない。病院に行く予定は、なんらないですから。生まれたときに親とかは聞いてるかもしれないですけど、診断とかはないですね。
―― 聞いてない？
タクヤ　聞いてない。
―― 自分で調べて？
タクヤ　うん。
―― それは何歳くらい？
タクヤ　えっと、大学入って、家のパソコンでネットができるようになってからですね。（「あー」）。いちおう手帳には書いてあるんです、原因疾患《しっかん》の名前は。いちおう。でもそれよりも前には知ってたことは知ってた。
―― 自分で知ってて、医者が言ったわけではない。
タクヤ　そう。
―― へー、一回も病院［へ］行ってないの？　それからも？
タクヤ　基本的にこれで病院行ったことないですね。手帳の診断書［を］もらいに行く以外は。

―― 自分で認識した頃のことっていうか、ちっちゃい頃の、もの心つくくらいになって、こう、見えにくいなーとか、日焼けしていたいなとか、そういうのは、どういう記憶が……？

タクヤ　就学前なんちゃらっていうのがありますよね。

―― 就学前健診？　はいはい。

タクヤ　で、そのまんまW市の弱視学級▼1がある学校に行ったんですよ。

―― へぇー、W市内の？

タクヤ　はい。そのへんは、だから、なんていうかな、「見えにくいなー」がわかったうえで、そのためにはどうしたらいいのかが用意してあるところに行ってますから、そこは楽《らく》は楽でしたね。

―― その前は、どういう……、覚えてない？

タクヤ　うん。適当にやってたと思いますけど。ふつうに外で遊んでましたよ、ちっちゃいとき。

―― そっかそっか、で、検診で指摘され……。

タクヤ　うん。もうちょい前に言われてた……かぁ。生まれたとき、病院を何件かまわったらしいので、ある程度のことはわかってたはずですけどね。

―― それは見た目で？

タクヤ　ええ。

―― ふつうの病院で生まれたの？

タクヤ　なんかその辺《へん》の産科で。おっきくない病院で。

―― で、おっきい病院に連れてって？

タクヤ　はい。

―― え、正式な障害名ってなんですっけ？　ごめんなさい。

タクヤ　皮膚科だと「白皮症」ですね、白い皮の……で、眼科に行くと「白子症」になるんですよ。

―― じゃ、アルビノっていうのはなんなの？

タクヤ　アルビノは俗称です。えっと、英語圏は基本的に「アルビニズム」なんで。英語圏の蔑称《べっしょう》が「アルビノ」なんですけど。だから、英語圏の人にアルビノって言ったら怒るんですけど。

―― 蔑称なんだ。

タクヤ　英語圏では、ですよ。日本の場合は定着しちゃってるんで、別にいいじゃんみたいな。俗称です。

――眼科では白子症による視覚障害ってなる？

タクヤ　そう……弱視？かな。

――皮膚科ではこう呼ばれて、眼科ではこう呼ばれて……っていうのは、生まれたときは、ご両親は知ってた感じ？

タクヤ　さぁ。そんなことは知らないと思います。そんな細かいことまでは知らないはずです、たぶん。

――でも、なんか診断はされてた……。

タクヤ　たぶん。ちょっとくらいは知ってたと思いますけど。

――でも、よくは知らない。聞いたことない？

タクヤ　これにかんしては親とまったく話しませんからね。ぜんぜん触れませんから。

――はぁ、そうなの。自分から訊《き》いたら答えてくれそうな感じ？

タクヤ　訊いたら答えるんですけど。なんだろ。

――訊く気はない？

タクヤ　訊かないですね。

――訊けない感じ？

タクヤ　訊きたかないですね［笑］。

――なんで？

タクヤ　訊きたかないですね。なんか、めんどくさい雰囲気になりそうで嫌《や》だ。

1――　弱視学級は、一九六三年から七〇年までに全国に一六が設置された。当初、弱視学級で対象とした児童生徒は、両眼の矯正視力が〇・一以上、〇・三未満であった。二〇〇六年の時点で全国に約二五〇学級ある。小・中学校に弱視学級を設置している県は大都市圏が中心で、対象児が一人いれば学級を開設するといった方針（奈良県が行なっている通称「奈良方式」）をとる場合を除いて、弱視学級を設置していない都道府県は二〇一〇年度においても一都一〇県ある。また大都市圏にある弱視学級に通う児童の通学距離もつねに課題であった。交通事故予防のために入級条件として登下校に保護者同伴を課す学級もあり、入級を断念する例もあった。視力値だけでその児童に適した学習環境を決められるわけではないが、二〇一〇年に弱視学級が対象とする児童の視力は、〇・一未満が全体の約三割強を占め、そのうち約一割が〇・〇二未満となっている［中村、二〇一九：七一一－七二二頁］。

―― そっかそっか。タクヤさん自身がなんとなく察知して、聞かないほうがいいのかなって思ってるところもあるのかな。

タクヤ うん。これまで話題にしたこと、なかったですから。それはしないですよね。

―― [弱視学級がある学校は]楽しかった?

タクヤ ぼちぼち。そうですね、そこはもう、ちゃんとしてましたよ。問題は登下校ひとりっていうのが。家に帰ってから学校の友達と遊ぶっていうのが基本、ないですから。

―― そうだよねー。

タクヤ そっちのほうが僕は問題だったのではなかろうかと。今のこの、社会適応のできてなさ、みたいなのを考えると。(「適応のなさ?」)。まったくこの現在、社会適応できない、感じがして。(「え?」)。まぁ別に大丈夫なんですけど、家に帰ったら近所の子と遊んでた。そこは、ぱっと分かれてたんですけど。

―― おにいちゃんとか妹は近くの公立の学校に通ってて、自分は電車乗って、みたいな。それは自分にとってはあたりまえでっていう感じだった?

タクヤ そうですね。

―― で、中学はどうだった?

タクヤ 中学もそのまんま、おんなじ、上の中学に。そこにかたちだけ弱視学級っていうのがあったのでそこに行きました。そっちはあんま、なんもないですね。

―― なんもない?

タクヤ なんもないっていうか、小学校のほうが充実してるんですけど、中学校のほうは、これといってなにもないし、そのまま惰性《だせい》で行ってる感じで。ある程度の機材とかはあるんですけど、スタッフがぜんぜん、小学校に比べると充実してなかったから。小学校がちゃんとしてたから、そのまま上がってきた連中は使い方、みんな知ってるんで。

―― そっかそっか。じゃあ、メンバーもあんまり変わらず?

タクヤ いや、減ってきますよ。

―― みんなどこ行くの?

タクヤ　自分とこの地元の学校に転校する。だんだん、なんだかんだで統合教育に行ってしまいますね、少しずつ。
――なぜ［タクヤさんは地元の学校に］移らなかったの？
タクヤ　さぁ。
――親の方針？
タクヤ　親がどう考えてたか知らないですけど、そのまんま行きました。
――自分でそれが［いい］って思ってた？
タクヤ　途中から変わるのは嫌《や》ですね。途中から変わるのは嫌《や》です、ただ。
――［ご実家には］あんま戻らないんですか？
タクヤ　ぜんぜん。家の妹、去年結婚して今年、子ども産まれたんですよ。何も考えなかったんですかっていう。
――タイプは三人とも一緒ってこと？
タクヤ　いってるとしたら全部同じものがいってるはず。
――出たか出ないかだけだったのに。

タクヤ　遺伝子をもらってるとしたら、僕と同じものがいってるはずですよね。なんら気にしないっていう。うちの妹はよくわからんですね。何事もなく子どもが生まれました。
――気にするもんだろうって思ってた？
タクヤ　若干思ってた。一切気にしてなかったです、たぶん。
――そういう話もしたことない？
タクヤ　ないです。したことはなくて。なんていうか僕にかんしては、なにせ事後報告で。今度結婚式があるから帰ってきなさいっていう。
――［笑］妹どこにいるの？
タクヤ　Pに。「先週、姪《めい》が生まれたから写真を送ります」とか。
――妊娠してることも知らなかった？
タクヤ　知らなかった。
――あなたは男性で、日本人で……ってカテゴリーでみると、障害者って見るカテゴライズのされ方もあると思うんだけど、そのなかの一員だっていう意識はある？

タクヤ　はい。

――とってもある？

タクヤ　はい。

――で、そのことって、タクヤさんにとって、どんなことっていうか。うんと、たとえば男であるっていうことはめんどくさいよねーとかいう感じで答えるとすると、障害者であるっていうこと、カテゴリーの一員として見られることは、どんなこと？

タクヤ　使える制度は使いましょう、っていう。

――制度を使うためのひとつのっていう感じ？

タクヤ　そうですね。

――それ以外は特に感じてない？　アイデンティティを感じているかとか。

タクヤ　そこ以外は、それほど考えないですね。使えるか、使えないか。

――たとえば、男性であるっていうことはどうですか？

タクヤ　どうですか［笑］。

――どうですかってへんな訊《き》き方ですけど。

タクヤ　どうって言われても……。

――あんま考えたことない？

タクヤ　えー……いやぁ……。

――プレッシャーを感じるとか？

タクヤ　それは僕、たぶんないんですよ。家の場合はたぶん、兄貴にしわ寄せがいってるんです。

――そうなんだ。

タクヤ　長男のほうにしわ寄せがいってる。

――家の感じが？

タクヤ　家の家業を継げ的なことも含めて。

――家業なになの？

タクヤ　電気工事です。だから家の家業は、それこそ僕の視力じゃだめだし、車乗れないと話にならないし、たぶんぜんぶ、いってると思うんですよ。それが、僕んとこに来てない。

――今の三二歳のタクヤさんの、生き方とかに影響した人との出会いとか思想とか……あります？

タクヤ　思想？…人との出会い？……伊集院光《いじゅういんひかる》のラジオ［番組］があるんですけど、高校生のときにずっと聞いてたんです。（「へぇー」）。大学入ってからもしばらく聞いてて。伊集院光のラジオはリスナーの男女比が極端なんです。モテない男しか聞いてない。

――［タクヤさんは］モテない男なんですか？

タクヤ　そうそう。モテない男の子の、あれを、なんていうんでしょうね……。

――あー。共感する感じなんだ。

タクヤ　たいへんに共感する、ええ。

――夜やってんの？

タクヤ　夜中にやってます。人間こんなに自虐的になれるもんなんだって。

――へー。

タクヤ　テレビとラジオで伊集院光ってぜんぜんキャラクターが違って。

――ふーん。それは……高校の頃とか、モテたいなーって思ったけど……みたいな？

タクヤ　はいはい。そうそう、そうそう。

――モテないなーみたいな。

タクヤ　そうそう。そんな感じ。

――今、三二歳で、その、自分のなかでパートナーがいて、家庭をもってっていうのは想像したり、えがいたりっていうことあります？

タクヤ　ほぼない……。

――希望もしていない？

タクヤ　いや、別になりたくないとも思わないけど、あんまり考えない。とりあえず、報われない努力はしないっていう。

――報われないと思ってる？

タクヤ　いや、努力したぶんだけ報われるならいいんですけど。

――あー、そういう意味では報われないわな。

タクヤ　ギャンブルみたいなところがあるから。

――婚活はしない？

タクヤ　それはしない。

――親御さんも別になにも言わない。

タクヤ　そこは別に言ってこないです。妹、結婚して、初孫生まれたから、だいぶもう、それでオッケーですよ。家の親は。

――孫はね、喜ぶだろうしね。親を喜ばしたいとかは思う？

タクヤ　いや、別に。家の妹さんにごくろうさまです［笑］っていう感じです。

——　生まれてくる子どもが、アルビノかどうかは調べないとして、たとえば二分脊椎だとかダウン症だとかは染色体異常で、確定診断になるんだけど、そういうのは利用したいと思います？

タクヤ　したいと思わない、あんまり思わない。

——　あんまり思わない。まったく思わないっていうわけでもない？

タクヤ　うーん……、うーん、それほど、うん、考えないですね。

——　出てきたら出てきたなりにって感じ？

タクヤ　出てきたら、とりあえずセルフヘルプグループを探すかっていう感じですね。

——　あ、セルフヘルプグループ。

タクヤ　それ探しゃいいだろうっていう。

——　なにが出てきても。

タクヤ　なんか出てきたら、とりあえずセルフヘルプグループを探す。

——　なるほど。そのイメージはたしかにあるって感じなのか。白か黒かだったら、[2] 白が出てきてほしいなっていう気持ちはあります？

タクヤ　どっちでもいいです。ぜひ出てきてほしいとまでは思わない。

——　それなりの確率で、それなりの結果が出るし、っていう。

タクヤ　はい。ただ、白が出てきても困らないっていうのはあります。あわてないですし、まず。

——　今、妊娠をすると安産祈願をしたりってあるんですよね。五体満足の子が生まれますように、とかね。それってどう思いますか。

タクヤ　いやー［笑］それは神社とかで？（「うん」）。あー、神社とかでやるなら、それは別に要《い》らね。うん。半分くらい宗教の話ですよね？

——　半分宗教で半分慣習かな。だからお家《うち》ではやろうっていうかもしれないし、お家では言わなくてもパートナーのお家がどうかとか。パートナーのお家は、あなたの、あの、異性愛者ですか？

タクヤ　はい。

——　異性愛者だったら、女性の、そのお家はそりゃやるもんでしょ、とか。

タクヤ　ははぁ。

――で、五体満足、とか。

タクヤ　なんら効果があるとは思えない［笑］。

――［笑］効果の面で疑問がある？

タクヤ　なんら効果もなさそうだから。いや、あの気休めになるなら、おつきあいはしますけど。うん。神様にお願いしてどうこうなる話じゃなさそうですよね。

（二〇一二年七月一九日）

2――　インタビューの冒頭で家族構成と「障害」の有無を尋ねたさい、タクヤは、兄－タクヤ－妹のことを「黒－白－黒の順番」と言い表わした。「白か黒か」は、このタクヤの語り口を流用している。

補章

一九七〇年代、青い芝の会による要求

日本に羊水検査が登場したのは一九六八年と言われている。だが、導入当初に何らかの反対運動があったという記録は、私が調べた限りでは、今のところ見つけられていない。ただし、その前の六五年には、母子保健法制定にかかわる政策「不幸な子どもの生まれない運動」[1]に対して、障害者運動や人権団体からの強い反対運動が起きていた。その後の七〇年四月の時点で、「不幸な子ども」というフレーズを活用した運動は、全国三二都府県および一〇市にのぼった［土屋、二〇〇九：九七頁］。この運動の広がりは、「日本社会における優生政策の位相《いそう》が、優生手術を主な手段とする「古典的優生学」から「胎児の選別」を基礎とする「新しい優生学」へと移行するターニングポイント」となった［同書：九一頁］。

この「不幸な子どもの生まれない運動」という政策に採用されていたのが、「異常児出生予防策」としての羊水《ようすい》検査［→17頁］への公費補助であった[2]。この検査技術の登場によって、障害のある胎児の早期発見が可能になり、日本医師会や日本母性保護医協会（現在の日本産婦人科医会）、そしていくつかの政治団体は、障害のある胎児の中絶を合法化するよう政府に提言したのである。

そもそも優生保護法は「不良な子孫の出生を防止する」ことを目的として、「障害」や「疾病《しっぺい》」を有するとされた人への不妊手術と人工妊娠中絶の実施を法制化していた。「胎児条項」は、「重度の精神又《また》は身体の障害の原因となる疾病又は欠陥を有しているおそれが著《いちじる》しいと認められる」胎児の中絶を合法化する法案で、これが七二年に優生保護法の改正案に付記されようとしていたのである。

この動向のなかで、脳性麻痺者の障害当事者団体である「青い芝の会」は、優生保護法の改正案に対する反対運動を展開する。

まずは七二年に全国に先駆けて、出生前検査への公費補助政策への反対運動を展開したのが、関西の「青い芝の会」であった。そして七四年には、

兵庫県の政策を中止に追い込む［松永、二〇〇二］。

この関西の青い芝の会による運動から少し遅れて、対《たい》自治体交渉を行なったのが「青い芝の会」の神奈川県連合会であった。

神奈川県連合会から神奈川県宛に提出された、七五年の要請書の部分を以下に示す。[3]

県立の子供医療《ママ》センターで羊水検査を始めとした「胎児チェック」が行われているとゆうことは、社会の人たちに対して「優生思想」を助長させる効果以外のなにものでもありません。

こうした「優生思想」が社会の中に広がっていった結果が障害者が街の中に存在すること自体間違っているのだということになり、日常的な差別、抑圧となってあらわれるのだと思います。

私たちは、こうした「優生思想」を否定し、私たちの生存する権利と生活する権利を守るために、少なくとも子供医療《ママ》センターを始めとした県立病院において羊水検査を含めた胎児チェックを行わないことを強く要求いたします。

［会報「あゆみ」No.27、一九七五年一一月二三日発行、「青い芝の会」神奈川県連合会、一九八九b：四六二―三頁］

本文中には「優生思想」という言葉が三回登場する。羊水検査の公費補助に対する一都市での反対運動が、国家的な優生保護法改正案に反対する運動とリンクしていたことが読み取れよう。

1――一九六六年に兵庫県は、「不幸な子ども産まない対策室」を衛生部に設置し、「不幸な子を生まない県民運動」を展開した。七二年には羊水穿刺《せんし》を開始するが、七四年に廃止となる。検査費用（一回二万五千円まで）は県費で補助していた。七四年四月には、不幸な子を生まない対策室と医務課母子衛生係とを合併し、母子保健課を新設した。

2――兵庫県一九七〇年、静岡一九七二年、福岡一九七三年、鹿児島一九七三年であった［土屋、二〇〇九、九八頁］。

3――「青い芝の会（神奈川県連合会）」から、神奈川県知事、横浜市長、川崎市長宛に提出された。

参考までに、後の二〇一三年に、全国の障害者団体を統括するDPI日本会議[4]が、新型出生前検査（NIPT）の臨床研究の開始にさいして、日本産科婦人科学会宛《あて》に発したパブリックコメントも見ておこう。ここにも「優生思想」への言及がある。DPI日本会議は、「これまでの歴史上、障害者は、地域社会から排除・分離され、生存そのものを脅かされ、厳しい差別と偏見、排除の中で過酷な生活を強いられて」きたこと、そして「障害児が生まれてくること自体が不幸」であるかのような偏見・差別意識が醸成《じょうせい》されてきた現実を指摘し、次のように書き添えている。

> 今回貴学会が、特定の染色体異常を診断の対象とする出生前遺伝学的検査に関して、指針を作成し、実施を進めようとしていることは、再び、障害児・者に対する偏見・差別を強めかねないものとして、強く反対します。これまでの優生思想とそれに基づく歴史に対する反省、並びに、国連・障害者権利条約（社会モデルや差異の尊重と障害者の受け入れ）、障害者制度改革の動きなどの点から、出生前診断に反対するとともに、貴学会に対して、これらの動向を最大限尊重した取り組みを求めるものです。
> ［二〇一三年一月二一日「日産婦指針案パブリックコメントへの意見」、特定非営利活動法人DPI（障害者インターナショナル）日本会議、第二九回DPI日本会議全国集会in神戸資料集、二〇一三：九一頁］

時代を隔てたふたつの要請書・意見書は、その宛先に違いがある。一九七五年は対自治体、二〇一三年は対日本産科婦人科学会[5]であった。というのは、七五年は、県立病院における検査費用の公費補助が焦点化されたのに対し、一三年は、医療者集団の倫理的立場性が問われたからである。後者では、当時の小宮山洋子《こみやまようこ》厚生労働大臣（民主党政権）が、自主規制のための方針案を提示するよう日本産科婦人科学会に催促《さいそく》したこともあって[6]、同年に臨床研究開始のための指針が公表されて運用が始まった。その後一九年（自民党・安倍政権）

には改定指針案が公表されたが、厚生労働省が実施のあり方を検討するワーキンググループの立ち上げを指示したため、この改定指針は凍結された。二一年五月に、ワーキンググループは報告書を公表し、同年末時点では「出生前検査認証制度等運営委員会」において検討がすすめられている。

　このように日本では、出生前検査の実施にさいして、国や自治体、そして医療者集団によるガイドラインが掲示されることが常となっている。

　そこでこの補章では、七〇年代の、羊水検査費用への神奈川県の公費拠出に対して展開された障害者運動による主張に注目してみたい。

　資料としては、青い芝の会神奈川県連合会（以下、青い芝の会と略す）のメンバー[7]が残した手記や会報を用いる。青い芝の会は、全国に活動拠点がある脳性麻痺者の当事者団体だが、神奈川県連合会は、七〇年代の日本の障害者運動を牽引《けんいん》した横《よこ》塚晃一《づかこういち》や横田弘《よこたひろし》などをメンバーとしていたことや、省庁や自治体との直接交渉の様子を伝える当時の複数の資料が残されていることもあって、この補章で取り上げることにした。

4――　DPIとはDisabled Peoples' Internationalの略。日本語では「障害者インターナショナル」という。一九八一年の国際障害者年を機に、身体、知的、精神などの障害の種別を超えて自分たちで活動する障害者団体として設立された。

5――　一九八八年に絨毛《じゅうもう》検査の実施にかんする見解を出して以来、日本産科婦人科学会は、出生前検査の実施指針を公表しつづけている。

6――　NIPTについてはじめての報道があった二〇一二年八月三一日、当時の小宮山洋子厚生労働大臣が「医療が高度化する中で、生命倫理に関わる部分は法整備が遅れている。命の選別にならないよう、懸念《けねん》は強く持っている」ゆえに、「なるべく早く日本産科婦人科学会に自主規制の方針を示していただきたい」との認識を示した［朝日新聞、二〇一二年八月三一日］。厚生労働省は、日本産科婦人科学会による指針公表後すぐ、この指針を遵守《じゅんしゅ》して検査を提供するよう、関連団体や各自治体に通知した。

「胎児チェック反対運動」の主張

青い芝の会の会報誌「あゆみ」や、横田弘の著書などに残されている記録では、一九七五年六月一〇日、神奈川県の長洲《ながす》一二《かずじ》知事と面会をするところから「胎児チェックの問題に本格的に取り組み始めた」と位置づけられている〔横田、一九七六：六頁〕。知事との交渉ではまず、子ども医療センターで行なわれている羊水検査は、優生保護法第一条に示されている「「不良な子孫の出生を防止する」という行為につながることを非常に恐れる」と述べて始まる。この強烈な危機感ゆえに、「羊水検査の「医療行為」の典拠を明確に説明すると同時に、これを予防的に使わないことを確認すること」を求めた要請書を提出している▼8〔同書：六頁〕。「羊水検査を予防的に行わないようにお願いしたい」と迫る横田に対して長洲知事は、「要するにいろいろ体《からだ》の具合はいろいろ人によっていろいろあるんでしょうけれど、およそ人間ですからね。そういうことで差別しちゃいけないというご趣旨だと思います」と述べて、担当の課に意見を訊《き》いてから後日にあらためて回答すると述べている。

そして七月二九日付けで、県は青い芝の会に回答を出す。

> 申すまでもなく医療は診断と治療からなり、そのために各種の検査が行われています。／羊水検査も尿や血液の検査や、レントゲン検査と全く同様に医療を行うための前提であります。／この検査により生ま《マ》れ《マ》る小児の危険や異常を予見し、適切な措置をとるために使われています。／その子の出生は両親のきめることであり医療の関与するところではありません。
> 〔会報「あゆみ」（上）No.26、一九七五年九月一〇日発行、「青い芝の会」神奈川県連合会、一九八九a：四三一－四頁〕

県は、検査は胎児の「危険」や「異常」を予見するものであり、「適切な措置」を講じるための医療行為だと回答している。これに対して青い芝の会は、胎児を検査する羊水検査を「尿や血液やレントゲン検査と全く同様」に解釈する県の姿勢を撥《は》ねつけている。

こんにちの私たちにとっても、出生前検査は尿や血液検査と同じだと考えにくいのは、このときの青い芝の会がこんにちに至る歴史の歩を進めたことによるのかもしれない。

青い芝の会は、このような県からの回答には納得できないとして、神奈川県知事、横浜市長、川崎市長を宛先として、要請書を再度送付する。

一、現在、県の子供《ママ》医療センターで行われております羊水検査について［七月二九日の回答では］［…］私たちが最も要求している、羊水検査を障害児の出生を防止する目的として使わないよう確認するという点について何らの回答もないままに終わっております。［…］

先記の回答の中に記されている「生まれる小児の危険や異常を予見し、適切な措置をとるため」という思想こそ、「優生保護法」そのままを踏襲したものであり、私たちはそれを許すことはできません。

現在、子供《ママ》医療センターでは、年間十件ほどの羊水検査を行なっているということです。その中から「異常」が発見された場合、「適切な措置」がとられることは確実だと思います。

私たち「障害者」はこうして生まれる前か

7――「青い芝の会」神奈川県連合会は、一九五七年の東京都で、「脳性マヒ者」の親睦《しんぼく》団体として生まれた「青い芝の会」の神奈川県支部である。団体の初期の活動の中心はレクリエーションであったが、翌年に初めてのバス旅行が企画されて以来、年一、二回継続して実施された。六二年には本部・支部合わせて会員数が五〇〇名を超え、この時期に、社会活動部として、「脳性マヒ者」の福祉向上のための行政交渉などへも活動範囲を広げていた。こうして、親睦と交渉の両方を活動内容とし、ときには資金集めのチャリティショーなどもしながら、六三年に「全国青い芝の会」の結成に至った。六九年には神奈川県連合会が発足している。会報の「あゆみ」は六五年から発行を始めた。

8――さらに「脳性マヒ者が医療を受ける場合［…］いつでも、どこでも無料で医療が受けられる制度を確立する」ことも明記した。

ら「本来、あってはならない存在」として位置付けされ、疎外、抑圧の対象とされていくのです。

私たちはこうした思想が社会、国家の根底にある限り、どのように制度的、物理的に「福祉」が充実したところで、それは真の福祉足りえないばかりでなく、むしろ「重度障害者」を抹殺《まっさつ》することによって成り立つ「福祉」でしかないと断定せざるを得ないのです。

私たちが六十八国会に提出された「優生保護法改定案」に強力な反対運動を行ったのも、この「改定案」がそうした「障害者」抹殺の思想を法律の名によって正当化することを目的としていたからです。

処《ところ》が、私たちの運動によってこの「改定案」が廃案になると、今度は国家の方針として地方行政による「胎児チェック」を進める方向がとられはじめました。[…]

県立の子供医療《マ マ》センターで羊水検査を始めとした「胎児チェック」が行なわれているとゆうことは、社会の人たちに対して「優生思想」を助長させる効果以外のなにものでもありません。

こうした「優生思想」が社会の中に広がっていった結果が障害者が街の中に存在すること自体間違っているのだということになり、日常的な差別、抑圧となってあらわれるのだと思います。

私たちは、こうした「優生思想」を否定し、私たちの生存する権利と生活する権利を守るために、少《すく》なくとも子供医療《マ マ》センターを始めとした県立病院において羊水検査を含めた胎児チェックを行なわないことを強く要求致します。

〔会報「あゆみ」No.27、一九七五年一一月二三日発行、「青い芝の会」神奈川県連合会、一九八九b：四六二―三頁〕

この要請書の前半部分は、七五年六月一〇日に送った要望書とは一線を画している。羊水検査を「障害児の出生予防のため」に使わないことを確認したいという意図を県側が退けたと考え、より具体的に、直截《ちょくせつ》的に、なぜ自分たちが予防的に使わないでほしいと訴えるのかを説明している。

「生まれる前から〔…〕「あってはならない存在」として位置づけされ、疎外、抑圧の対象とされていく」とはつまり、もし出生の前に検査で何らかの「異常」が検知されたら、県側はその胎児を存在させなくすることを公然と遂行する運びになると言っているのである。したがって、「私たちの生存する権利と生活する権利を守るために」、すなわち自分たちの生のために、「少なくとも」県立病院において実施することを中止するようにと要求しているのである。

というのも、検査によって「異常」が発見されると、選択的中絶が妊婦やその関係者によって選ばれることを当然と見なすような偏見や差別意識が、県の回答から透けて見えるからである。県が、障害者の存在を、生まれる前から「本来、あってはならない存在」と位置づけている姿勢を、青い芝の会は県の回答のなかに読みとった。そして、「こうした思想」、すなわち障害者は本来あってはならない存在だと前提する「福祉」のあり方を批判している。

しかし、要望への返答が県から示されなかったため、引き続き一一月一二日付けで、「こども医療センターで行われている羊水検査をはじめとした胎児チェックは、脳性マヒ患者を社会から差別する優生思想にもとづくものであるので、今後これを行わないことを強く要求します」という要請書を送る。これに対し県から一二月二四日に、次のような回答が届く。

> 申すまでもなく、医療は診断と治療からなり、そのために各種の検査が行われています。／こども《ママ》医療センターにおいては過去に先天異常児を出生した経験のある両親からの要望があった場合のみ、羊水検査を行っております。／この検査は、胎児の染色体の正常の有無から生まれるこどもの危険や異常を知る検査であり、尿や血液やレントゲン検査と全く同様に医療を行うための前提であります。／また、そのこどもの出生については、あくまで両親が自主的に決めることであります。
> ［会報「あゆみ」No.28、一九七六年二月一五日発行、「青い芝の会」神奈川県連合会、一九八九b：五二三頁］

青い芝の会はこの回答を不服とし、ふたたび翌年一月二六日に問い合わせる。

> 県の名において羊水検査を含めた胎児チェックを行なう限り、いかに他の面において「福祉」が充実したとしたところで、それは脳性マヒ者を始めとした「重度」障害者を抹殺し続けることによって成り立つ「福祉」であると断定します。
> 〔会報「あゆみ」No.28、一九七六年二月一五日発行、「青い芝の会」神奈川県連合会、一九八九b：五二八－九頁〕

そして同じ日に神奈川県庁に出向き、担当者と交渉を行なっている。交渉に出向いたメンバーは、「横田、小山、小仲井万蔵、矢田、小仲井千鶴子、原田、小山清子、漆原ハギエ、宮沢、福田、寺田（青い芝全国常任委員会事務局）、相模緑風園 園生七人」だと記録されている。県庁側の対応者は、民生部長、衛生総務室主幹、障害福祉課長、教育庁指導部指導第一課長、医療整備課長補佐、保健予防課課長代理など、総勢一〇名であった。

交渉は、青い芝の会側による「県立病院において胎児チェックを行ってはならない」との要求に対して、衛生部はどのように考えるのかを尋ねることから始まっている。

> **岡村**（神奈川県衛生部主幹）――　やる、やらないという事を行政の面では、個人の自由を停止する事になるので。胎児チェックをやめろ、と言う事は行政の面からは言えない。全てにチェックしていると言う事ではなく、親達の相談にのっての上でこれ以上は……
>
> **横田**――　医療行為の一環としてお医者さんの判断だと。〔…〕他の医療機関で胎児チェックが行われているなら、それは親の自由であると、しかし神奈川県立と言う行政機関が行なっていると言う事はやっぱり、社会の人々に与える影響が非常に大きい訳ですよ。神奈川県で胎児チェックをやっているという事は「障害者は世の中にいない方がいいのだ」と言う事を一般の人々に植えつけて行く訳です

よ。私達は、他の医療機関で胎児チェックが行なわれる事までやめろと言っている訳じゃない訳です。少なくとも、神奈川県の医療機関で胎児チェックを行なってはならないと。[…]／

岡村―― 私の方から……異常児に対していない方がいいと言う事じゃなくて、胎児の尊厳は守って行くが、たまたま親ごさんの遺伝相談と言う事で、それを抹殺するのか、と言う事ではなくて……[…]／

横田―― […]私達は、他の医療機関で胎児チェックが行なわれる事については何とも言っていない訳ですよ。神奈川県の医療機関で、胎児チェックが行なわれていると言う事を、一般社会の人々にやっぱり「障害者はいない方がいいのだ」と言う気持ちを起《おこ》させる訳ですよ。[…]

[会報「あゆみ」(中)№29、一九七六年四月一五日発行、「青い芝の会」神奈川県連合会、一九八九b：五六一―二頁]

矢田―― 兵庫県だの和歌山県だのは止めたんですよね。それを神奈川県においては、極端に言って同じ様な形でさ、神奈川県においては異常児を主体とするという形でやってらっしゃる訳でしょ。[…]物事の流れが変わっていった様に、民間で胎児チェックをするのなら話し《ママ》は判る。そうじゃあないでしょ。県がやってらっしゃる。[横田、一九七六：五八頁]

ここで横田や矢田が訴えているのは、「他の医療機関」や「民間」での実施と、県立の医療機関での実施とでは、社会的な影響が異なるという事態である。他の医療機関、つまり私立の病院は、親が親の好みによってその病院を選択するため、病院の方針と親の方針(好み)が合致するならば、羊水検査を受けるか受けないかについても、そこで決めればよいのかもしれない。

しかし、公立の医療機関は立場性が異なるはずである。公立病院の医療に対する方針は、親の方針(好み)とは別の論理にあるべきだからだ。なぜなら、公費での実施は、身体《からだ》に何らかの「障害」をもって生まれてくる人は、「あってはならない」存在として前提していることを、県民に表明する行ないになってしまうからである。その行為は、「障害」のある者と共に暮らす社会づくりを、神奈川県みずからが放棄するに等しい暴挙だというのが、横田たちの主張であった。

　これに対して神奈川県は、患者の求めに応じるのが医療の義務であり、その求めに応じうる技術があって制度もあるのなら、県が実施するのは当然であろうと反駁《はんばく》している。そして、親のニーズに応《こた》えて県が羊水検査を提供することに、なんら問題はないはずだと述べている。

　双方の基本的な主張は、この初回の交渉でほとんどが出されており、以後も大きくは変化しない。しかしながら、青い芝の会側は、自分たちの主張を県側に伝えるべく、訴えの表現を変えていく。

親と医師の問題なのか

　一九七六年三月二五日に、あらためて交渉の席につく。「青い芝の会」からは、横田弘、小山正義、小仲井万蔵が参加し、神奈川県側からは衛生部医療整備課課長の松浦健一《まつうらけんいち》（医師）と予防課職員が同席している。

　交渉の冒頭では、神奈川県が「異常児の出生予防措置」として計上した一億四〇〇〇万円の予算の内訳について、青い芝の会側が尋ねるところから始まる。公費負担している羊水検査費用をこの予算から拠出しているのかどうかの確認であった。松浦が答えるに、「出生予防措置」の予算には含まれず、子ども医療センターに勤務する医師に配分される「研究研修費」として実施されているのではないかという返答であった〔横田、一九七六、五三頁〕。県側の報告によると、この枠内で、三年のあいだに二六例が実施されたという。

松浦――　今、二十六と言いましたが、全部ね、いいとか悪いとかではなくて。

横田――　あのね、私は数がさ、二十例だから一万例だからと言っている訳じゃあないの。たとえ一例でも二例でもさ、神奈川県という名前がついた子ども医療センターで胎児チェックを行って、健康な子供とそうでない子供を始めから分けて、健康でない子供は親の

判断で中絶しても構わんと、そうやっていることを神奈川県としてはどう考えているのか、そういう事なんですよ。[…]／

松浦――まあ、私の方といたしましてはね、あくまで医師と両親との間の問題であってですね、私の方でとやかく言うべきではない。

松浦――あの、ただね、そういうまあ、なんて言いますか、検査がね、出来るということで、まあ家族から要望があればそれに答えてやるのが一つの、やっぱりあれだと思います。

横田――いいですか。あの、現に子ども医療センターは神奈川県立でしょ。[…]現実に子ども医療センターでこの子は異常があると言われた場合、親はその子どもを産む事がまず無い訳でしょ。と言う事は、確実にその段階で障害児と健全児を分ける作業を行っている訳だよ。神奈川県の名においてだな。[…]そこら辺を神奈川県としてはどう考えてるの。あくまでもお医者さんと両親の問題だと言って逃げる訳？

松浦――いや、逃げる訳ではないですけれど、そうなるだろうとは思うんですけれど。

松浦――検査は検査として、これは医師である以上依頼があれば出来ない事は別としてやるべきだと思いますよ。

横田――じゃあ、神奈川県としては「やらざるを得ない」と、「要望がある限りやらざるを得ない」と言う事ですか。

松浦――そういう事になりますね。

横田――神奈川県としてもやって行くということね。

松浦――県としても。県としてやるのではなくて。

横田――そこの責任、明確に。神奈川県、卑怯だよ。親とお医者さんに、一際《ママ》の責任をかぶせる気。［横田、一九七八：五五－五八、七〇頁］

青い芝の会側は、県が公費を使って羊水検査を実施することは、障害のある人は社会に存在してはならないと、県みずからが表明することを意味すると批判している。しかし、県の医療整備課課長であり医師でもある松浦は、公費を使った検査を提供することは、障害のある人たちと共に生きる社会を目指す自治体の姿勢を自己否定することにはならないと反駁《はんばく》している。そして横田や小山は、個々の親が羊水検査を希望することではなく、公費を使った提供体制を問題にしているのだと繰り返す。すると松浦は、神奈川県「として」羊水検査を進めているわけではない、つまり親の決めることであって、県の考えではないと答える。ふたたび横田は、県としての提供体制に目を向けないのは責任逃れだと詰め寄る。議論はすれ違ったままである。以下は衛生部長(湯沢)との別の日のやりとりである。

小山――　個人個人問題は別ですと話しあったでしょ。我々もそう思ってる。個人の問題としては、話し《ママ》は別。しかし行政の名の下にやっているんだから、これは問題にしなきゃあおかしい。

〔同書：八六頁〕

ここで小山の言う「行政の名の下」というのは、県立の病院で公費を拠出《きょしゅつ》して検査を実施していることを指す。つまり、公費での実施自体が問題であると、小山も繰り返し述べているのである。

部長――　ただ、むしろ社会の偏見だとかいろいろなものがね、囲り《ママ》にあるからして親ごさんもとりあつかいに困るのであったりして、社会全体も親ごさんも一つ応援して、やっぱり明るい意味のですね、そういう気持ちにやっぱりしてゆくべきではないですか。

小山――　親の個々の問題には関知しない訳ですよ。我々は。

部長――　個々の親ごさん……

小山――　親がどういう風にね、心配しようがどういう措置をとろうが、我々は関知しないわけ。又問題にしないもの。あなた方は親を盾にしてだ。

部長――親を盾《たて》にして、というのはあれだろうけど、

小山――そういう、今部長さんがね、親、親っていう言葉を出す、意味の中には、親を盾にしてだ、神奈川県という行政がだ、その障害者はこの世にあってはならないというようにだね、考え方のもとで胎児チェックをやっているんだよ。［…］／それがやがてだね、県民に伝わってだね、神奈川県の常識と成るわけだ。つまり、障害者はもう在ってはならないんだということは、一般的に常識にされちゃうわけ。［同書：一〇一－一〇二頁］

「個人の問題」や「親の個々の問題」とは、胎児に「障害」があるとわかった親が人工妊娠中絶を選ぶかもしれない事態を指しているのだろう。湯沢部長は、この親の思いを「明るい意味」にしていくべきだと提起する。しかし小山は、親の思いではなく、公費を用いて提供することによって「障害者はこの世にあってはならない」ことが「一般常識にされちゃう」という、既成事実化の怖さを問題にしている。[9] つまり神奈川県が税金を使って羊水検査を提供することは、県が「五体満足ではない」県民に対して果たすべき施策や責任を回避する方便《ほうべん》につながると主張しているわけである。

このように議論はすれ違い続ける。県民の誰もが人として公正に扱われながら、一人ひとりが社会にコミットできるしくみをつくることに県は尽力すべきなのに、逆に県は責務《せきむ》を回避して、「親」と「医師」のみに責任や負担を押しつけようとしているのではないか、というのが青い芝の会による主張であった。

9―― 羊水検査が「尿や血液やレントゲン検査と全く同様」で、「医療を行うための前提」（一九七五年一二月二四日付けの神奈川県からの回答）と位置づけていたこととともつながっている。この認識は、胎児を対象とした検査を、人を対象とした「尿や血液やレントゲン検査」と「全く同様」だと捉えているところからもわかる。

「生まれないほうがよかったというのか」

そこで、横田たちは、膠着《こうちゃく》状態を打開するために、あえて以下のように言う。

横田―― 〔…〕ともかく家族の要求でもなんでもだね、神奈川県の医療機関に行けば確実に羊水検査を行なってもらえると言う事はね、やっぱり僕達が生まれてきた時に、「お前達は生まれない方がよかったんだ」と、「時代が三十年〜四十年後だったら、神奈川県の医療センターで羊水検査を行なって、お前なんか生まなくて良かったんだ」と、つまり「お前たちが生きているのは間違って生きちゃったんだ」と、そういう事になる訳だよ。

松浦―― そうじゃあない。〔同書：五九頁〕

横田―― 神奈川県のね、子ども医療センターで行っているという事がね、一般の人々に対してね、胎児チェックが正しい事なんだと、障害者はやっぱり生まれない方がよかったんだという事になるわけですよ。私達は、お前達が生まれてこない方がよかったんだ、という形で四十何年生きてきたわけですよ。なぜそれが行われているんですか。つまり私達は生まれてこない方がよかった、という大きな源は胎児チェックなんですよ。だから私達はやめてくれといっているんですよ。歩けないことがなぜ不幸なんですか。働けないことが、なぜ不幸なんですか。〔横田、一九七八：一〇五頁〕

横田―― 私達は不幸だとは思ってませんよ。それを不幸だ、不幸だ、障害者は生まれつき不幸だとか、障害者は生まれない方がいいんだと言っているのは、あなた方ではないですか。

松浦―― ちょっと待ってくださいよ。障害者の方々をですね、生まれない方がよかっただろうとか、そんな事私ども一度も申しておりません。〔同書：一〇五頁〕

横田は、自身の人生の四〇何年の来《き》し方《かた》をふりかえって、これまでずっと「生まれてこないほうがよかった」と処遇されつづけてきたと訴える。そして、いま現在の自分自身に「障害者は生まれつき不幸だ」、「生まれてこないほうがよかった」と言わしめる「大きな源」が「胎児チェック」にあるという論理を展開する。

　ここで繰り出された論理は、その字義通りに受け取ると意味が通らない。というのも、横田が生まれた四〇何年前は、国内に「胎児チェック」はなく、たとえあったとしても、横田がいまここに存在しているということは、四〇何年前に、まさに生まれたからこそなのだから。

　むろん、交渉がうまく運ばないために、意図的に交渉の場をかき回す表現を口走ったとも推測できる。現に、「生まれないほうがよかったというのか」という強烈な言葉は、松浦課長から素早い反応をひきだしている。

　横田たちによる主張は、以下のようにも表現された。

横田――　［…］社会の人々が、「障害者が社会の中に存在する事がおかしいんだ」と、「障害者はあってはならない存在なんだ」という社会の考え方が、我々が社会の中で生活出来ない大きな原因になる訳、その大きな原因の一番の基《もと》を作っているのは、胎児チェックなんだよ。

［横田、一九七八：六二―六三頁］

横田――　おれは、爆弾仕掛けようなんて冗談いって笑っているけれど、これは冗談では済まない問題だからな。ともかくただちにこども医療センターの胎児チェック、中止すること。

矢田――　だってさ、簡単に言ってしまうと、障害者の生存権をだよ、否定するものでしかないじゃあないの。

松浦――　どうしてそういう風に。結びつかないなあ。

［同書：六七頁］

　ここで横田と矢田は、このまま公費による検査提供を続行することは、県の名による「障害者の生存権の否定」であると訴えている。この「障害者の生存権の否定」とは、どういう意味だろうか。横田は別のところで「障害児を胎内から殺すことは私達、現に生存している障害者の存在根拠をものの見事に崩していく結果を産むのである」とも言っている［横田、(一九七九)二〇一五：八九頁］。

つまり、いま現に私たち障害者が生きているということ自体を否定するなという意味であるとともに、これまでの私たちの人生の足跡をも否定するな、という意味も込められているのだろう。「生まれてこない方がよかったんだ、という形で四十何年生きてきた」という言葉には、四〇何年間という人生の経験の軌跡《ライン》が折りたたまれているのである。

つまり、障害者の存在自体をありのまま認めよという要求だけでなく、苦しみや苛立ちや怒りや安堵《あんど》といった、その人が経験してきた軌跡《ライン》——〈生きられた障害〉——も認めよという、ふたつの要求が「生まれてこない方がよかったんだ、という形で四十何年生きてきた」という言葉に折りたたまれていると言えよう。しかしながら松浦課長は、障害者の存在自体を否定することにはつながらないという反論に終始してしまっている。医師でもあった松浦課長には、横田たちが経験してきた数十年間にわたる〈生きられた障害〉を想像することが、自身の職責に含まれるとは思いもよらなかったのかもしれない。

障害者が経験してきた人生の軌跡《ライン》も認めよという当時の要求は、二〇一〇年代のインタビュー協力者たちの語りからも読み取ることができるだろう。つまり一九七〇年代においてはまだ、法外な要求として受け止められたか、もしくは想像しようとさえしなかったのかもしれない。「障害者の存在それ自体を認めよ」という要求があることを知るところまでが、当時の時代状況の限界だったのかもしれない。むろんその後の障害当事者運動の展開は、この限界の境界線をすこしずつ押し広げていくのであるが、この点については本書の第8章で取り上げる。

「障害者の生存権を脅かす」をめぐる交渉

結局、一月二六日の交渉は決裂する。その後の三月に、青い芝の会が主催した「生きるとは何か」集会で、公費による羊水検査の問題が取り上げられ、その決議文として、「脳性マヒ者の生存権を確立するため」に、公費での羊水検査の提供中止をあくまで求めることが確認される［横田、一九七八：七二頁］。

さらに四月初めの青い芝の会神奈川県連合会の役員会で、横田は、羊水検査提供の中止を求める座り込みの実施を提案して承認される。そして四月八日と二〇日に街頭カンパ活動を行ない、座り込む場所について会員内で協議をする。候補地として「子ども医療センター」も含まれていたが、しかし「私たちの立場性や主張を障害児の親に分からせる上では必要かもしれないが、それでは神奈川県衛生部の言う「胎児チェックの問題は、両親と医師との間の事で、神奈川県とは関係ない」という言葉をそのまま認めてしまう」という意見が多数を占め、県庁舎内での実施に決まる［同書：七四頁］。これらの経緯からも、青い芝の会が、「親」の行為よりも「行政」による提供のあり方を問題にしていたことが分かるだろう。

そして、四月二五日に「胎児チェック」決起集会を開き、翌日に神奈川県庁で座り込みを行なう。二六－二七日にかけて一晩を支援者らと県庁のロビーで過ごした後、知事室に再度申し入れをする。すると、事態は急展開し始める。

二七日午後に、衛生部の課長から「県は中止を表明したい」との申し出があったのである。

しかもこの日のうちに、中止の確認書を受け取る。その内容は「貴会からの申し入れ書の主旨を尊重し、子ども医療センターにおける羊水検査を含めた胎児チェックを今後中止する事を確約します」と記されていた［同書：一二七頁］。

しかし、この確約書を横田たちは不服とし、「県立病院で中止すること」と「胎児チェックは障害者の生存権を脅かす」ということを「はっきりと」書いてほしいと訴えた。さらには、確約書は部長名で出して、後日に知事名でも出してもらわなければ、受け取ることはできないとつっぱねた［同書：一二八頁］。

小山――［…］ですから私たちの望んでいる

とおりのいわゆる障害者の生存権を脅かすものであると、そういう事であるから、子ども医療センター及び県立病院で胎児チェックをやらない、ということを書いていただければ要はすむわけです。そこまで我々は歩み寄っているんですけどね。

部長―― 歩み寄って…… だんだん話が大きくなってくるんですけども、ま、決して悪い意味の事を我々も考えているわけではないんですよね。どうしましょう、県立病院、と入れましょうかな。

小山―― 僕が言ったことを書いていただければいい訳です。

部長―― それから皆さん方の生存権を脅かす、とその言葉ですけれど、人によっていろんな解釈があるんでね。皆さん方は脅かすおそれが十分あるんだと言う主旨の読解と、ですから、ま、その意味は皆さん方の意志は、申し入れ書の主旨を尊重し、というのはそういう意味ですよ。

［同書：一三二―一三三頁］

湯沢部長は、子ども医療センターでのみ検査提供を中止してお茶を濁《にご》すつもりはない、「県立病院」では検査提供をしない旨《むね》を加筆する、という提案をする。そして、横田たちの書いた「生存権を脅かす」という解釈には同意できないことをあらためて述べたうえで、そのことを示すために「申し入れ書の主旨を尊重し」という表現を採用したと説明する。互いの妥協点を見出そうとする姿勢が表われていることは確かだが、これでも横田たちは納得しない。

部長―― どうですか。要求の主旨を尊重し、というんじゃまずい？

横田―― それじゃまずい。

矢田―― それじゃまずいですよ。

部長―― 要求の主旨を尊重し、という言葉が重なっても、ご主旨を尊重し、障害者の生存権を脅かすという、まあ断定していると、脅かすおそれのあるものという事にしますかな。これはどうですか。

横田―― はい、いい。

［同書：一三五頁］

湯沢部長は「脅かす」に「おそれ」を足してみてはどうかとまで提案する。ようやく横田は受け入れる。そして確約書は完成する。

> 確約書
> 障害者の生存権をおびやかすおそれのある羊水検査を含めた胎児チェックはこども医療センターをはじめ、県立病院では、今後中止することを確約します。また、本確約については、後日県知事名をもって回答します。
> 昭和五一年四月二七日　神奈川県衛生部長　湯沢信治
> 日本脳性マヒ者協会「青い芝」神奈川県連合会会長　横田弘殿
> 〔会報「あゆみ」No.31、一九七六年五月三〇日発行、「青い芝の会」神奈川県連合会、一九八九b：五七七頁〕

こうして、約三年にわたる神奈川県での胎児チェック反対運動は幕を下ろす。▼10 座り込みの最後の交渉に応じた湯沢部長は、一九七六年四月二八日朝日新聞横浜版「胎児チェック全面禁止　県立病院　座り込みで踏み切る「障害者の生存権脅かす」」の記事上で次のように述べている。

> 従来親御さんの要望があったほか、医学の進歩にも役立つと思い胎児チェックを行ってきたが、三年間にわたり「青い芝」の訴えを受け、このまま県立の病院で続けていては県民や障害者のためにならないと思い、関係者の了解もとり中止に踏み切った。これで長年の懸案《けんあん》もようやく解決したわけで、県としてもこれを機に、さらに障害者福祉を進めていきたい。〔横田、一九七八：一四七頁〕

10―― これ以降の会報の「あゆみ」では、出生前検査にかんしては、一九八一年の新聞記事「異常児は胎内処置　双子を選別出産」というダウン症関連の情報を紹介するにとどまり、議論は特になされていない様子である〔会報「あゆみ」下・No.54、一九八一年一一月五日発行「青い芝の会」神奈川県連合会、一九八九c：一二三九頁〕。

横田たちが「障害者の生存権を脅かす」という表現でもって指摘しようとした、障害のある人を人として公正に扱えという趣旨を、神奈川県が受けとめえたかどうかは定かでないまま、胎児チェック反対運動は終わる。

〈生きられた障害〉の共有の挫折

その後、この「障害者の生存権を脅かすおそれ」という表現は、出生前に誕生の中止を可能にする医療技術がもつ社会的倫理的課題を指摘するさいの鍵《かぎ》言葉として、障害当事者だけでなく報道においても広く使われるようになっていく（二〇一三年のＮＩＰＴによる意見書は先述した〔↓302頁〕）。

横田たちは、自分たちの存在を認めよと訴えた。なおかつ自分たちがこれまでどのような生活を送ってきたのかという〈生きられた障害〉を、県側に知らせようとして、職員と同じテーブルで向きあった。

座り込みを決行した日の夜、交渉の場に現われた湯沢部長は、横田の近くに座るよう勧《すす》められる。▼11

横田―― そこへ腰かけて。もう少しこっちへ来て。
矢田―― イスをあけてあげますよ。話は長くかかりますよ。
小仲井千鶴子―― イスもあいたよ。
小山―― 部長さん、そこへすわりなさいよ。
横田―― 私の言葉、よくわかんないと思います。わからなければ何回でもいいますから、わからないでいい加減な答え方をしないで、わかるまで何回でも聞いてください。私達は、神奈川県が親の要求があるから子ども医療センターで胎児チェックを止める事ができないというならば、私達障害者の要求は、一体どういう風に受け止められているのかとお聞きしている訳ですよ。判《わか》りませんか。今まで私がしゃべった事、わからない、わかりませんか。

〔横田、一九七六：九六頁〕

こういったやりとりの後、部長から「皆さん方やっぱりそれは、被害者とおっしゃる、まあ、そういう風にお考えになるお気持ちは判らんでもないでです」、「あなた方がそうおっしゃるのは結構です。まあ、皆さん方のせっぱつまったお気持ちは、私、拝聴して聞いておるんですからね。しかしそれは明日の朝までに回答するとかそういう、あの、そんなその」といった言葉を引き出しており、同じテーブルで直接に向き合ったからこその相互作用があったことを窺《うかが》わせる［横田、一九七六：一〇〇頁、一一〇頁］。ただし、中止を決定づけた第一の要因が、横田らの説得にあったかというと、それは疑わしい。

神奈川県で胎児チェック反対運動が終結したのは七六年四月であった。この時期の横田たちは、障害のある子どもを死なせた母親に対する減刑嘆願反対、養護学校義務化への反対、交通公共機関の乗車拒否に抗議する川崎バスジャック、リハビリセンター設立反対などを、同時並行に展開させ

11――横田は、脳性麻痺により発話が明瞭ではない。私は、二〇一二年二月二四日に、当時従事していた仕事の関係で、神奈川県横浜市の障害者自立生活センター「きょうの会」の渋谷治巳氏に研修会講師を依頼するために、当会の事務局を訪れた。このとき、渋谷氏の厚意により「きょうの会」代表であった横田氏と話をする機会をもつことができた。会話では、耳に入る氏の声と、目に入る口元のかたちなどの情報から発言内容の推測をしたり、聞きとれない場合は聞きなおしたり、介助者に補足してもらったりしながら会話をした。出生前検査についての意見をたずねると、「個人では反対」、「親が差別されるから、親の生活が苦しくなるから検査をするというならわかる。差別をされたり、生活が苦しくなることの責任を親がとらされるから検査をするというなら話はわかる。しかし、子どもがかわいそうだから検査をするというのは僕は絶対に許せない」と話した。また、胎児の障害を理由とした中絶を法律で禁止することについては、「そんなことを国家が決めるのは親の人権を奪うことになる。それは僕はいけないことだと思う」と述べた（以上、当日のメモより）。氏は二〇一三年六月三日に逝去された。

ていた。これらの運動のどれもが「障害者の存在それ自体を認めよ」という要求に貫かれていた。

県の中止の確約を得た直後に、横田は自分たちのとった今回の行動を顧《かえり》みて、「これでいいのか。過《あやま》ちがなかったろうか」という疑念が何度かよぎったことを、記録に残している［横田、一九七六：一頁、一二四頁］。自分たちの存在を認めさせ、さらに自分たちの苦しみや怒り、すなわち〈生きられた障害〉を少しでも人びとと共有しようとする試みが運動によって実現できたのかというと、そのように言い切ることはできないのかもしれない。

＊　＊　＊

次の第8章では、二〇一〇年代のインタビュー協力者たちによる語りに考察を戻す。そして、一九七〇年代の横田たちによる主張もふたたび取り上げる。そうすることで、二〇一〇年代の協力者たちの語りのなかに、七〇年代の声の残響を聞きとってみたい。つまり、二〇一〇年代の協力者たちは、七〇年代から何を継承しているのか、いかなる課題と対峙《たいじ》しているのか、認識や立場にズレや違いはあるのか、という問いである。これらの問いを通じて、一人の個人の人生の軌跡《ライン》とともに、過去からこんにちへ至る歴史の軌跡も確認してみたい。

8

二〇一〇年代の声、過去からの声

トオルからの指摘にもあったように〔↓80頁〕、私は、インタビュー調査の開始から分析に至るまで、「障害のある男性女性にインタビューすることで、出生前診断を否定するようなロジックとかリアリティとかを引っ張っていこうとしている」という、自覚なき意図を抱いて調査に取り組んでいた。表出（表明）主義者たちによる抗議内容もそうであったように〔↓29頁〕、そして一九七〇年代の青い芝の会の人びとがそうであったように〔↓補章300頁以下〕、出生前検査は「障害」のある人のことを「生まれてこなかった」かもしれない存在として格づけする医療技術であると、きっと協力者たちもそう述べるだろうと考えていた。

しかし、インタビューとその分析をつづけていくなかで、私のこの予断は修正を迫られた。たとえば、協力者たちは次のように語っていた。

［着床前診断などの医療技術を率先して患者に提供している医師に］もうむっちゃ文句言《い》ってやりたいってそういう気分にもなるんですけど、でも、あの、そこまで興味がないっていうか（エリ）

［出生前検査によって自分は否定されていると考えていたが］最近はどうでもよくなってる（トオル）

このような発言に私はとまどいを覚えた。つまりこれらの協力者たちは、出生前検査を親が受けていれば自分は「生まれてこなかった」かもしれないと考えていた時期を経て、少なくともこのインタビュー時点では、そのような考えからすでに離脱していたのである。「興味がない」と突っぱねた協力者たちは、研究者や障害者運動や医療・福祉の関係者たちから、出生前検査の社会的倫理的課題を体現する当事者として見なされるという、名ざしやまなざし（期待や配慮）に気づいた瞬間、抗議や批判を表明する立場から、降りていたのである。

出生前検査にもとづいて診断される〈名としての障害〉のある胎児に、障害当事者が自分自身を投影するような言動を、エリは批判も否定もしていない。しかしエリ自身は、出生前検査が抱えるそもそもの問題は、あらゆる人が「その子の特質」のままに生まれてくることができないことにあると考えていた［→68・205頁］。

トオルの場合は、障害当事者としての立場を根拠にして、出生前検査や選択的人工妊娠中絶を受ける行為を優生思想だと糾弾《きゅうだん》するような言動は、ある種の暴力だと考えるに至ったと、私に語ってくれた［→198頁］。

このような語りに直面するなかで、調査の前提の再点検が必要だと思うとともに、協力者たちが「胎児」や「障害」という言葉に抱いているイメージと、私のイメージとのあいだに、何かズレや違いのようなものがあるのではないかとも考え始めていた。

経験の軌跡を遡行する

この調査は、インタビューの対象として、非障害者ではなく、障害者の属性を自認する人たちに絞《しぼ》って行なったものである。出生前検査については、その導入段階の一九七〇年代からすでに、不快や侮辱《ぶじょく》だという声が障害者たちから上がっていた。この当事者の声は、その後も、さまざまな運動やパブリックコメントを通じて、政府や自治体や医療者などに届けられた。こうした障害者たちによる働きかけもあって、開発されたばかりの医療技術の導入をめぐる議論の場に、非障害の専門家ばかりでなく、障害当事者も参画できるようにする試行錯誤がなされてきた。

しかしながら、議論の場で発せられる言葉の意味内容の共有については、十分になされてきたとは言えないだろう。委員会や審議会の場だけをアリバイ的に設《しつら》えてみても、意味内容の認識がそれぞれ異なったまま閉会されてしまえば、すれ違いばかりがよけいに強調されてしまう。意見を述べあうときに、それぞれが使っている言葉の内容を確認しあうことが、議論の土台をつくるのに不可欠であろう。

医療者をはじめとした専門家、障害のある人、障害のある子どもの親、障害のある子どものいる家族、これから子どもをもつことを希望している人、子どもをもつ予定のない人、子どもをもたなかった人、出生前検査や着床前診断に疑問や批判のある人、これらの技術の実現を推進したい人、待望している人……。それぞれの個人が経験する身体《からだ》にもとづきながら、胎児や障害をめぐって、いったいどのような認識をもっているのか――この問いをすこしでも明らかにしたいと願い、私はまず、障害者の属性を自認する人たちに焦点を絞《しぼ》って、直接に会ってインタビューしたいと望んだ。かれらの語りに耳を傾けることによって、言葉に折りたたまれた経験に少しでも近づけるのではないかと願い、調査を始めたのであった。

そして、インタビューとその分析をすすめていくなかで、私が「障害」という言葉に抱いているイメージと協力者たちがもつイメージとのあいだに、ズレや違いがあることに気づいていく。また、協力者がイメージしている胎児と、一般的にイメージされる胎児（すなわち、ある妊婦の胎内にある胎児）との違いも、調査当初は判然としなかった。分析の過程で、〈名としての障害〉と〈生きられた障害〉という視座が立ち上がったことで、胎児イメージの整理ができるようになった。

つまり、障害者運動が出生前検査への反対を表明するさいの従来からのシーンでは、自分たちを、「障害のある胎児」が生まれて成長した後の存在、生まれてくることの中止をまぬがれた生き残りとして位置づけることもあった。そのうえで、胎児との連続性が意識された表現が、運動の進捗《しんちょく》につれ、共有され活用される展開も見られた。

このインタビューにおいても多くは、みずからの経験の軌跡を遡行していった先にイメージされた胎児は、いま妊娠している人の胎内にある胎児＝他者ではなく、自分自身が母親の胎内にあった時点での胎児＝自分として語られていた。協力者たちが語ったこの胎児イメージは、ごく表層だけを見れば、従来からのシーンにも見られた、胎児との連続性を意識した表明を踏襲《とうしゅう》する語りにも見える。

しかし、協力者たちの語りをさらに分析していくと、協力者たちが出生の前の存在（つまり受精卵や胎児）に想定する「障害」と、自身の経験の軌跡を辿《たど》り直したうえで活用する「障害」とは、異なることがはっきりしていった。つまり、これから生まれてくる「障害のある胎児」

〈名としての障害〉）に用いる「障害」という言葉と、生き残りとして生きてきた自分の経験（〈生きられた障害〉）に用いる「障害」という言葉との違いが、明らかでなかったのである。

繰り返すが、トオルが私に指摘したように、「障害のある男性女性にインタビューすることで、出生前診断を否定するようなロジックとかリアリティとかを引っ張っていこうとしている」という、自覚なき意識が私のなかに潜在《せんざい》していた。

とはいえ、インタビュー調査を計画した当初から、出生前検査をめぐる見解を複数の協力者たちから収集できさえすれば目的は達成されるとはまったく考えていなかった。

たとえば、第3章でも述べたように［→101頁］、インタビュー調査の三分の二くらいの時間を、親、学校、医療従事者などとの関係性のただなかで経験される〈生きられた障害〉がどのような経験であったかをめぐる、聞き取りに費やした。そのため、インタビューが始まっても出生前検査にかんする質問をしない私に、協力者のほうから、「というので、ま、話につなげると、出生前検査でわかる障害ではなかったことは確か」（メグミ）、「あれ［妊娠］何ヶ月くらいのときかな、出生前診断ね」（ヒサコ）、「そういう、まぁ、出生前診断とはかなり離れちゃうけれども」（トオル）、「出生前診断のはなしから脱線して申し訳ないなって思うんですけど」（トオル）というように、このまま出生前検査にかんする質問にたどりつかずに終わってしまっては具合が悪いのではないかと、私を気遣ってくれた協力者たちもいた。

そのたびに私は、その心遣いに感謝しながらも、出生前検査についての考えを聞かねばならないのは当然として、しかしその質問は、目の前にいる協力者個人が過去にたどってきた「障害」をめぐる経験の足跡を聞きとったうえでなされるべきだと、調査開始時から考えていた。ところがその理由となると、はっきり自覚されたものではなく、分析の作業を通じて少しずつ言語化されていったのである。そうして、出生前検査についての質問に対して語られる〈名としての障害〉は、協力者たちが経験してきた〈生きられた障害〉とは重ならず、ふたつは同じ文脈上にないのではないか、と考えるようになった。

ふたつの「障害」

エリやトオルは、出生前検査を親が受けていれば自分は「生まれてこなかった」存在だったかもしれないと考える立ち位置から、すでに降りていたケースであった。

では、そうではないと述べていた協力者たち、つまり出生前検査というものがあることを「自分自身や自分の大切なひとが否定されたように思う」と述べた協力者たちは、いったいどのように語っていただろうか。第5章でとりあげたタクヤの語りのなかに、その内容を確認できる［→184頁］。

タクヤは、出生前検査があること自体が、障害者はその「いちばんおおもと」から「あってはならない」存在だと決めつけられてしまっていると語っている。この語りの文脈における「障害のある胎児」とは、タクヤが〈私〉を意識する前の三歳頃からさらに時を遡《さかのぼ》った、母親の胎内に見出された存在イメージであった。

また、ヒサコ、リカ、サエ、ヒロトの場合も、出生前検査のことを、それまで生きてきた過去の〈私〉の経験の軌跡だけでなく、〈私〉の現在の存在さえも否定するものとして語っていた。

ヒサコ　でもね、ほんとね、ああいうところ〔病院〕って障害を怖がるから、なんかね、私、自分が障害をもってることも否定されてる感じがした。私自体を否定されて、お腹《なか》の子もね、なんかもう障害をもってるものみたいな感じにね、思われてるんじゃないかって。そう確信されてたような、くらいに感じたよね。二人ともが、なんか否定されたみたいな感じがして。〔↓247・280・284頁〕

サエ　だから、五体満足に生まれてきますようにっていうのが、なんか変だし、それこそ、ある意味そんなこと言ってたら、自分を否定するみたいな感じにもなるじゃないですか。

ヒロト［エリのパートナー］ エリの障害は「重篤《じゅうとく》な障害」にあたるので、卵の段階から排除されることになる。そしたら僕はエリさんと会えなかったわけですから、そしたら僕の人生はなかった、その人生はなかったわけで。それを考えたときに、それはありえない［笑］って、単純にすごくそう思う。［↓188頁］

出生前検査があることによって、今までの〈私〉自身や〈私〉の大切な人を否定されたように思う、生きてきたことがなかったことにされたかのように感じる、でも実際は違う、なぜなら〈私〉が生きてきた事実は消えようがないからだ、そのはずだ、しかし……しかしなお〈私〉は、不意に抹消《まっしょう》されてしまったかのように感じてしまう……。このように一部の協力者たちが語ったのは、〈名としての障害〉と〈生きられた障害〉とが同一視される事態への批判や抵抗の反応であったと解釈できるだろう。つまり、私（調査者）を含む周囲の人びとや、非障害者の属性で暮らす世間の人たちが、〈私〉のさまざまな経験が折りたたまれた〈生きられた障害〉の軌跡がどのようなものなのかを知らない現状、さらには知ろうともしないあいかわらずの姿勢を指摘するために、「否定されたように思う」と語ったのだろう。

出生前検査や着床前診断で「障害」が見つかったら人工妊娠中絶するという文脈で、「自分が「障害」をもっていることを否定される」ように感じると協力者たちが語るとき、このふたつの「障害」に注意深く耳を傾けねばならない。検査で検出され診断され名づけられる「障害」は、協力者たちが経験してきた「障害」と同じではないのである。

「障害」は、出生前検査で診断され名づけられる分類の名で、そこに〈私〉の経験の軌跡は折りたたまれていない。この「障害」を、私は〈名としての障害〉として考察した(従来の「インペアメント」との区別については第6章[↓228頁]を参照)。他方、「自分が「障害」をもっていることを否定される」ように感じるさいの「障害」のほうは、しんどさ、せつなさ、大変さ、安心感などを、この言葉「障害」のなかにたたみ込んでいる。この「障害」を、私は〈生きられた障害〉として考察した。

医学的な診断名や行政的な分類名――〈名としての障害〉――を告げられ、学校や職場などで理不尽な出来事に遭《あ》うその都度、対処を迫《せま》られたり他者から助けられたりするなど、〈生きられた障害〉とは、そのような一つひとつの出来事をめぐって経験を紡《つむ》ぎあげながら生きる軌跡《ライン》なのである。それゆえ、時を経るにつれて、過去の〈生きられた障害〉の意味は変容していく。後年に経験した出来事や、自身の加齢《かれい》によって、変わっていくのである[↓193頁]。

また、医療の現場で名指される〈名としての障害〉と、自身が経験を積み重ねてきた〈生きられた障害〉とのあいだにある隔《へだ》たりを、経験を重ねるにつれて認識するようにもなる。〈名としての障害〉には、〈私〉の経験(しんどさ、せつなさ等)は折りたたまれていない。しかしながら〈名としての障害〉は、〈生きられた障害〉を説明するときに活用されることがある。自分の〈生きられた障害〉を他人に説明するさいに、その都度の〈私〉によって、医学や行政などの言説に由来する表象《ひょうしょう》が、臨機応変に〈名としての障害〉に投影されるのである。したがって〈名としての障害〉は、社会モデル［→27頁］における「インペアメント」という概念が人びとに与えかねない「自然なもの」や「実体的なもの」や「本質的なもの」といった認識から慎重に距離を置く。〈名としての障害〉は、〈私〉の人生を宿命として決めつける通告――「この診断が下された人のその後は○○のようになる」――ではないのである。

先述したように［→330頁］、出生前検査が行なわれていること自体が、自分や自分の大切な人の存在が「否定されたように思う」と語られていた。これは、現在の社会への異議――〈生きられた障害〉の軌跡のごく一端《いったん》さえ知ろうとせず、〈名としての障害〉を実体や本質や宿命のように見なして、そのイメージだけにもとづいて人の人生を勝手に決めつける状況への異議――として、語られたのではないだろうか。

一九七〇年代から二〇一〇年代へ

日本における障害者運動に大きな影響を与えた、一九七〇年代の横田弘《よこたひろし》たちによる主張は、私がインタビューをしたタクヤをはじめとする協力者たちの語りのなかに、そして障害者自立生活センターのスタッフや障害当事者グループメンバーなどの言動のなかに、その残響を聞きとることができる。

たとえば一部の協力者たちは、出生前検査が行なわれていること自体が、自分自身や自分の大切な人の存在が「否定されたように思う」と語っている。二〇一〇年代の協力者たちは、一九七〇年代に唱えられた「私たちがこの社会に生きていることを認めよ」という切実な訴えを、確かに継承している。しかしその訴えには、ズレや違いのようなものも含まれるのである。

横田弘たちは、「日本脳性マヒ者協会青い芝の会神奈川県連合会」（以下「青い芝の会」と表記）の活動を通して、七〇年代にはすでに、「私たちは生まれてこないほうがよかった、という大きな源《みなもと》は胎児チェック」にあると主張して、「だから私たちはやめてくれと言っている」と唱えた。そして、神奈川県立の医療機関での羊水検査実施中止の確約書に記すよう求めたのが、「障害者の生存権を脅かすおそれ」という文言であった［↓317頁］。

横田たちがこの文言に込めたのは、「私たちがこの社会に生きていることを認めよ」ということであった。つまり「あってはならない存在」という位置づけを「あってよい存在」、「あってあたりまえの存在」にせよという訴えである。どういった属性が「あってはならない存在」であるかや、どの分類名が検知の対象となっているかを問題にしたのではない。公的機関が「あってはならない存在」を設定すること、そのこと自体に否《いな》を突きつけたのであった。

七〇年代に横田たちが提起したこの主張の枠組みは、以来、出生前に生まれてくることを中止する医療技術に反対を表明するなかで用いられてきた。たとえば「障害者の命が脅かされている」、「初めて出生前診断の技術を知ったとき、私たちは「自分が廃棄《はいき》されてしまう。私の存在は皆から否定されている」と絶望的な思いに悲しみを隠せませんでした」、さらには「「生まれようとしている命」を、障害を理由に抹殺《まっさつ》する検査」といった表現が、二〇一〇年代でも用いられている（それぞれ［第二九回DPI日本会議全国集会in神戸 資料集、二〇一三：八〇頁］、［同、八一頁］、［二〇一八年三月一〇日、新型出生前診断実施拡大阻止集会チラシ］）。

たとえばタクヤは、出生前検査への考えを問うと、次のように返答した。

タクヤ あの、見つけようと思わなくていいんじゃなかろうかっていう。ってなるのがハッピーですよね、きっと。そっちのほうがハッピーだと思いますよ。
――なるほど。「どっちでも」っていう……。
タクヤ うわぁ……。
――なに？……え？
タクヤ ものすごく無責任な話をしてますよね。
――［笑］そうですかね。なんでそう思ったの？
タクヤ 今んとこ、自分にとってリアリティのない話だから、ずいぶん無責任な話ができるんですけど。

――あー。

タクヤ　実際、いざとなったとき、どうなるかわかんないですからね。

しかし同時に、タクヤはこうも語っているのである。

タクヤ　下手《へた》に優生《ゆうせい》思想の本をだいぶ読んだ気がするので、僕はすんなり「使ってはならない」って思う。うん、これ使ったらあかんもんやろって。〔↓184頁〕

横田たちが一九七〇年代の障害者運動で提起した重要な鍵《かぎ》言葉として、「あってはならない存在」という表現がある。これは、医学的な用語とは異なる次元にある表現であり、表明である。医学的な分類上の名を問うているのではない。「あってはならない存在」を国や自治体が一方的に決めたり表明したりすること、つまり国や自治体が「あってはならない存在」を名指す行ないとその遂行（統治）を問題にしているのである。

このタクヤの場合では、出生前検査が行なわれているという現実が、「基本のところで、本来あってはならないと言われちゃってる」ことなのだと語られている。タクヤは、「本来あってはならないと言われちゃってる」がゆえに、この状況に「与《くみ》するのはいや」であると、拒否感をあらわにしている。タクヤのこの拒否の姿勢に、横田たちの発した声からの残響や共鳴を聞き取ることもできるかもしれない。

しかしながらあくまでも残響であって、二〇一〇年代の協力者たちは、一九七〇年代の運動とは異なる文脈から語っている。

一九六〇年代後半の日本はまだまだ、障害者が地域社会に暮らすことを「あってよい」としない現実があった。横田たちは、国や自治体がまるで社会に障害者が存在していないかのように政策を押しすすめる姿勢に、異議申し立てを行なった。また、異議を唱えることによって、自分たちもまた社会に生きて暮らしている現実を人びとに知らせようとした。その言動は、一九七二年の、優生学的理由にもとづく中絶の正当化を含む優生保護法改正案への抗議にも結実している［→261頁］。また、改正を阻止した後に、自治体が公費負担による「胎児チェック」を開始すると、それも中止させた。

これらの運動は、公的機関みずからが「あってはならない存在」を名指して「障害者」の人生を勝手に決めつける暴力に対して、激しく抗議した言動であった。このような障害当事者による運動とともに、優生思想・優生政策の歴史的な実態が報道や学問によって明らかにされていった経緯も手伝って、「あってはならない存在」という考え方自体に内在する暴力が、やがて広く社会に知られていくようになる。

しかしながら、二〇一〇年代を生きる協力者たちのなかには、「あってはならない存在」の立場から出生前検査への反対を表明する役割を自分に期待されていることに気づくと、「興味がない」、「どうでもいい」と突き放した者たちもいた。出生前検査の社会的倫理的課題を体現する当事者として見なされるという、名ざしやまなざし（期待や配慮）から距離をとろうとしたり、あるいはすでに降りていたりしていた。また、出生前検査をはじめとする医療技術への異議を表明するよりも、自分やパートナーにとっての現実的な選択を重視する協力者たちもいた。

つまり、協力者たちは、「どうでもいい」と突き放すことによって、「障害」をもって生きることを「あってよいこと」だと「認めよ！」と争う立場性から、次代の立場性へ移行させようとしていたのである。

協力者たちが生きる二〇一〇年代の立場性は、少なくとも建て前としては、「あってはならない」存在として「障害者」を排除したり抹消したりしてはならないという認識が、まだまだ不十分とはいえ、社会的に共有されるようになってきた状況を足場にしている。

繰り返し強調するが、この次代の立場性がかろうじて成り立つようになったのは、過去からこんにちまで粘り強く、「障害」をもって生きることを「あってよいこと」にするための働きかけが、障害者運動によって積み重ねられてきたからである。したがって、次代の立場性には、「認めよ！」という過去のさまざまな声がたたみ込まれているのである。▼1

1――　ここで、一九七〇年代と二〇一〇年代における、「障害」のある人の暮らしについてスケッチしておきたい。長文のため、煩雑《はんざつ》な場合は読み飛ばしてほしい。

二〇二〇年の時点で、日本国内には九六四万七〇〇〇人（人口の約七・六％）の障害者がいるとされる。

そのうち、身体障害者は四三六・〇万人で、その内訳は、六五歳以上が約七〇％で、六五歳未満が約三〇％である。そして、知的障害者は一〇九・四万人で、その内訳は、六五歳未満が約八〇％で、六五歳以上が二〇％弱である。精神障害者は四一九・三万人で、その内訳は、六五歳以上が約四〇％、未満が約六〇％となっている。

これらを人口一〇〇〇人あたりの人数でみると、身体障害者は三四人、知的障害者は九人、精神障害者は三三人となる。

むろん、複数の「障害」をあわせもつ人もいるため、単純な合計にはならない。しかし、国民のおよそ七・六％がなんらかの「障害」をもっていることを概観《がいかん》できよう。ただし、ここには認知症の六〇二万人、さらに弱視、難聴、発達障害、難病などは含まれていない。そのため、これらを足すと、人口の約二〇％がなんらかの「障害」をもっていることになる［「令和二年度障害者白書」、二〇二〇年］。

一九九〇年代半ばより、内閣府の「障がい者制度改革推進会議」と「障害者政策委員会」が始動し、二〇一一年には「障害者基本法」が改正され、一三年には、「障害を理由とする差別の解消の推進に関する法律」が施行された。その翌年には「障害者権利条約」が批准された。

国家予算に目を向けると、二〇一六年度の障害者福祉サービス関係費は一兆二〇〇〇億円であった。そのGDP比は一・〇％（OECDの平均は二・一％）である。社会保障給付費には一一六兆九千億円が割かれているが、障害者福祉サービス費は、このうちの一％にすぎない。社会保障給付費の内訳は、年金が五四・四兆円、医療費が三八・四兆円、高齢者介護が二四・一兆円で、障害者福祉は一兆二〇〇〇億円である。

一九七七年生まれで車いすユーザーである海老原宏美《えびはらひろみ》は、二〇一五年に次のように述べている。

> 昔（私が生まれた頃）は、障害者差別って、バスに乗せてくれなかったり、「障害がうつるから近づくな」と言われたり、もっと単純でわかりやすいものでした。でも、最近は、まだまだ人並みにとはいかなくて

も、駅にエレベーター・エスカレーターが付きアクセスはよくなってきているし、車いす用トイレ（だれでもトイレ）も設置され、十分ではなくとも介助が使えて、障害者一人でもアパートが借りられ、年金や生活保護で経済的にもそこそこの生活ができるようになってきちゃった（でもこれって、全部障害者の当事者運動が勝ち取ってきたもので、一つとして黙っていて実現したものではないんですよ）。

［海老原、二〇一五：一二〇頁］

行政書士の渡部伸《わたなべしん》の著書『障害のある子が将来にわたって受けられるサービスのすべて』では、誕生時から二〇歳、そして親の高齢を迎えるまでの障害のある子の人生において、どのような公的なサービスを受けられるかが網羅的に示されている［渡部、二〇一九］。

たとえば、国が障害児・者に支給する福祉手当には、「特別児童扶養《ふよう》手当」（二〇歳未満の児童の父母等に支給、それぞれ月額一級五二二〇〇円、二級三四七七〇円）、「障害児福祉手当」（二〇歳未満の者に支給、月額一四七九〇円）、「特別障害者手当」（二〇歳以上の者に支給、月額二七二〇〇円）があることが紹介されている。また、障害者医療費助成制度を利用すると、東京都では、住民税非課税の場合は所得制限三六〇万円以内であれば自己負担がないことや、あるいは、東京都内のグループホームで生活をする場合は、障害基礎年金二級であれば、年金と区の福祉手当を合わせた収入が八万一五〇〇円、グループホームを利用するにさいしてかかる経費が一一万五〇〇〇円、助成金が五万四〇〇〇円となり、収入から支出を引くと二万五〇〇〇円が毎月手元に残り、これを休日の余暇活動などに充てることができるといった事例も紹介されている［同書］。

このように、一九七〇年代の障害者運動の高まりと、その後の運動の展開と蓄積によって、二〇一〇年代の、「障害」のある人が地域社会で生きるためのさまざまな制度が整備されていったのである。二〇一〇年代は、親を頼らずとも生活をしていける最低限の生活保障がなされつつあったと言えよう。繰り返し強調するが、海老原も述べているように、これらの諸制度はどれも「障害者の当事者運動が勝ち取ってきたもので、一つとして黙っていて実現したものではない」のである。

こういった展開を背景にして「障害」がもつ意味あいが変容していったという指摘もある。

障害者文化を研究する荒井裕樹《あらいゆうき》は、「障害」は、かつては生きにくさの象徴であり、克服すべき否定的なものであったが、「いまではむしろ、自分になんらかの「障害」があると認定してもらったほうが生きやすくなれるという感覚をもっている若い人もいたり」すると述べている［荒井ほか、二〇一九：七一頁］。さらには、「社会全体がドンっと落っこちて、みんなが生きにくくなってしまったときに、不十分ながらも福祉のサポートがあったり、世間からの配慮が期待できる「障害」が、皮肉なことに相対的な位置が上がってしまった」、あるいは、「「障害」という言葉は「否定すべきもの」とイコールだったと思うんですけれど、そのなかに「生きやすさのカケラ」みたいなものが含まれ始めている」とも述べている［同書：七一－七二頁］。

現代は、かつて障害者が置かれてきた「除外」の状態が社会全体に蔓延《まんえん》してきたことによって、「障害者」の輪郭が滲《にじ》んでいったということかもしれない［荒井裕樹、「障害者が生きることに説得力なんていらない」、二〇二〇年一一月二七日取得 https://wezz-y.com/archives/70345］。

ここでさらに、横田弘とインタビュー協力者のエリ、このふたりの生きた時代を並記してみよう。

DPI日本会議事務局長の尾上浩二《おのうえこうじ》は、前述の荒井裕樹との対談で、一九七〇年代、障害者は「戦後の繁栄から除外」されてきたという。すなわち、「横田［弘］さん、横塚［晃一］さんにならえば、戦後民主主義のなかで高度経済成長の豊かな繁栄がもたらされたんだけれど、そこから除外され差別されてきたのが自分たちだ、ということなんだと思うんですね」と述べている［荒井ほか、二〇一九：六三頁］。横田弘の四〇代は、高度経済成長のまっただなか、他方のインタビュー協力者のエリは、経済的・社会的な格差拡大が顕著になった九〇年代から二〇〇〇年代の、活気を削がれた不況期を生きていた。

横田弘は、一九三三年に神奈川県に生まれた（以下の略歴は［横田、一九七三：五一－八一頁］を参照した）。横浜の自宅が戦争で焼けた後は、親戚を頼って岩手に疎開するなどした。一九五一年、横田が一八歳のときに母親が脳溢血《のういっけつ》で他界して以降は、母親の妹夫婦に世話をされたという。日本は四六年に「官立盲学校及び聾唖《ろうあ》学校官制」交付まで、障害者施策と呼べるものがなかった。

戦後の四九年に「身体障害者福祉法」が交付され、一八歳以上の障害者に身体障害者手帳や補装具の交付、更生援護などが規定される。このとき横田は一六歳。そして五〇年に、生活保護法が交付される。翌年に身体障害児の療育指導などが創設され、さらに翌年には、厚生省による「肢体不自由児実態調査」がようやく実施される。

五四年には、身体障害者福祉法が改正され、身体障害者に対する更生医療給付が創設される。この制度は「更生」できる障害者が対象となっており、更生できない障害者は医療給付の対象から外されていた。横田は当時二一歳であった。

六〇年には、労働省が第一回身体障碍者雇用状況調査を実施する。翌年に障害福祉年金の支給が開始される。ただしその額は、一日あたり一〇〇〇〜一五〇〇円（今の換算で約四二〇〇〜六三〇〇円）であり、その対象者は二三〇万人にすぎなかった［杉本、二〇〇八：六四頁］。このとき横田は二八歳であった。

六一年、精神衛生法が改正され、措置入院の経費の国庫負担が二分の一から一〇分の八に引き上げられる。翌年には、サリドマイド薬禍が起こった。

六三年、横田が三〇歳の年に、父親が交通事故に遭《あ》い、横田の兄の家に父親とふたりで移った。横田は母屋から離れた四畳半の部屋で父親と寝起きをする。食事は兄嫁が運んでくる。「青い壁と毎日にらめっこしているだけの生活」であったという［横田、一九七三：八〇－八一頁］。同年六月には、小説家の水上勉《みずかみつとむ》による「拝啓池田総理大臣殿」が『中央公論』に掲載される。

全国で初めて青い芝の会が結成されたのは、翌年の六四年であった（六七年には会員数が二四〇名になっている）。六三年から大仏空《おさらぎあきら》による閉居山コロニーに、マハラバ村ができる。横田はこのコミュニティに参加する。そして六七年四月には、横田叔子とのあいだに第一子が誕生する。

国会では、六五年の社会開発懇談会が「巨大コロニー建設」を答申し、同年に一七・三万床だった精神病床数は、七五年には二七・八万床（一九八五年には三三・四万床）になるなど、「施設化」が押し進められていた。当時の身体障害者福祉法は、更生や社会復帰を基本理念とし、生産活動を見込めない重度障害者は対象としていなかったのである［荒井、二〇二〇：二八－二九頁］。

というのも、身体障害者福祉法の趣旨は、戦争の傷痍《しょうい》者保護がもともと根本にあり、当時の政府が把握していた身体障害者の六六％が傷痍軍人・軍属であったのである［杉本、二〇〇八：四三頁］。法律は、あくまで「職業更生」が可能な中・軽度者が対象であった。

この時に対象として設定された障害の種類は、視覚・聴覚・言語機能・肢体・中枢神経機能（脳血管障害）に限られ、全身性障害である脳性麻痺や内部障害者は除外された。

その後の身体障害者福祉法は、法の目的が繰り返し改正された。五一年の法改正では「職業更生」から「生活更生」へ、六七年の法改正では「生活の安定に寄与する」となった。また九〇年には、「身体障碍者の自立と社会経済活動への参加を促進する」と改められた［同書：四五頁］。ちなみに、五二年当時は、知的障害児の多くは就学猶予・免除の扱いを受けていた［同書：四九頁］。

五六年に日本で初めて刊行された『厚生白書』には、当時の社会の障害者観が現われている。たとえば身体障害児童は、早期に障害を発見して治療を行ない、極力その障害の除去ないし軽減をはかることで将来の自活能力を与えることが肝要であると位置づけている［厚生白書、五六頁］。また、公的な「白書」のなかに次のような文言も見られた。

> 身体障害は、人間をおそう不幸のなかでもきわめて深刻なもののひとつである。それは人の各種の能力の欠損をもたらすものであって、特に人間の労働能力を奪うことによって生活を破綻《はたん》に陥れることが多い。［…］身体障害者福祉の課題は、身体障害者の職業能力あるいは生活能力を回復させて、すみやかに社会経済活動に参加させること、言いかえれば、身体障害者の自立更生の援助にあるということができる。
>
> ［厚生労働省、一九五六：七六頁］

このような認識ゆえ、福祉の内容は、更生医療給付や補装具の交付・修理、自営業の奨励などであった。つまり「更生」可能な者には「訓練」と「指導」を提供し、「更生」の可能性が薄ければ「発生予防」と「隔離収容」を行なうというのが、政策の基本的な考え方であった［杉本、二〇〇八：五九頁］。

なお、一九七〇年の身体障害児者数は、六五歳以上が三一・四％で、未満が六一・九％であった（この数値は二〇一一年には反転し、六五歳以上が六八・七％で、未満が二八・八％となる）。この七〇年に施行された心身障害者対策基本法では、「心身障害者は、その能力を活用することにより、進んで経済活動に参与するように努めなければならない」（第六条）、「国及び地方公共団体は、重度の心身障害があり、自立することの著しく困難な心身障害者について、終生にわたり必要な保護等を行うように努めなければならない」（第一一条）と記された。

地域社会で自立して生活するために欠かせない介助者にかんしては、六三年に制定された老人福祉法に続き、七三年には、障害者も介護人派遣事業の対象となった。しかし七五年の厚生省の見解では、「一日四時間以上介護が必要なものは施設入所が望ましい」と示していた［杉本、二〇〇八：一四四、一五六頁］。ゆえに、一定の時間の介護が必要な人が自立生活をすることは想定されておらず、家族による介護あるいは施設で生活することが当然視されていた。しかも、ヘルパー業務は「家事援助」と「身体介護」に分けられ、利用の上限は週三回（一八時間）とされていた。

このような時代状況のただなかで、一九七二年に、優生保護法改悪反対運動が起こったのである。そして七九年から養護学校義務制の開始の頃まで、青い芝の会は激しい運動を展開していった。

当時の青い芝の会のメンバーは、マハラバ村に参加するまでは主に、実家で暮らしていた。マハラバ村が解散になり、横田たちを含めたメンバーは、家族とともに横浜市内の公営住宅で暮らし始めていた。そして子どもが小学生になっていた七六年に「胎児チェック反対運動」を展開する。

このとき横田弘は、四三歳であった。

エリに最初のインタビューをしたのは、二〇一一年八月、彼女が四三歳のときだった。

エリは一九六七年に生まれた。彼女は地元の小学校に通い、中学校から養護学校へ進んだ。高校卒業後は通信制の大学を卒業する。三〇歳を過ぎるまで実家で暮らし、主に母親からの介助で暮らした。

二〇歳のときに母親ががんになり、当時のエリの、近所の子に勉強を教えるという仕事が、母親からの介助を受けられなくなったために中断する。このときの八七年頃に初めて、施設に短期入所をする。障害基礎年金制度が成立する前後であったので、利用にともなう自己負担分はエリではなく、親に課せられていた（八八年より親が支払い義務から外れる）。

なお、エリは二四時間の介助が必要であった。当時の公的な支援としては、八六年に大阪市で初めて制度化された「全身性障害者介護派遣事業」があった。この事業は、七〇年代の東京都の「脳性麻痺者介護人派遣事業」（後に国庫補助となる）に由来するものであった。そして、九七年には約八〇の市町村、二〇〇二年には一〇〇以上の市町村で展開されるようになる［杉本、二〇〇八：一四四頁］。

八五年には国民年金法が改定され、障害者基礎年金制度が成立し、一級には六万五〇〇〇円／月が配分されるようになった［同書：一二二頁］。それまでは障害福祉年金として一級で約四万円弱であったため、大きな拡大だったと言える。九九年から二〇〇二年の障害基礎年金一級の手当額は、月あたり八万三七七五円（二級は六万七〇一七円）であり、その後は一七年頃まで大きな変動がない［『平成二九年版　障害者白書』、二〇二〇年］。この制度にもとづいて、「健康で文化的な最低限度の生活を送るため」の最低生活費を、自治体が仮りに一五万円として算定した場合、一五万円から障害基礎年金分を引いた額が生活保護費として支給されることになり、自立生活の経済的基盤を支えることを可能にしている。

八二年に、中央心身障碍者対策協議会が「障害者対策に関する長期計画」を公表した。これは、国連の一九八一年国際障害者年の「障害者の完全参加と平等」の理念をかたちだけ掲《かか》げたものであった［同書：一六三－六四頁］。なお、「長期計画」の主軸は「発生予防」と分離別学教育であり、「先天異常の発生予防」と「遺伝相談事業」が書き込まれていた。そして八二年になると、経済条項の削除を目的とした優生保護法改正案が持ち上がる。そして再び女性運動を中心とした「改悪反対運動」も始まる。

九三年には、障害者にかかわる「基本的考え方」に、「障害者の主体性、自主性の確立」、「心身障害の発生予防と、早期発見・早期療育」が明記された［同書：一六三－四頁］。

エリは一九九六年の二八歳の頃に、ピアカウンセリングに出会っている。

ピアカウンセリングとは、全国の自立生活センターが拠点となった、障害のある当事者同士が悩みや経験を聞きあうカウンセリングである（「ピア」とは「仲間」や「対等な立場の人」という意味である［↓45頁］）。八六年には障害者リーダー育成研究に参加した当事者が中心となって、ヒューマンケア協会（東京都八王子）が設立され、日本におけるピアカウンセリングの普及の拠点となった。九一年には、全国自立センター協議会（ＪＩＬ）が発足している［ＪＩＬ、一九九九、『ピアカウンセリングってなあに？』］。つまりちょうどその普及期に、エリはピアカウンセリングに出会っていたのである。

さらに八一年の国際障害者年をきっかけに、財団法人「広げよう愛の輪運動基金」の障害者リーダー育成米国研修によって、年間三、四人の障害者がアメリカの自立生活センターで研修を受けるようになっていた。エリもこの基金を利用し、演劇を学ぶために渡航している。

九九年、エリは三一歳で自立生活を開始した。九〇年より、社会福祉関係八法が改正され、ホームヘルプサービスやショートステイ、デイサービスなど、在宅福祉にかんする制度が整えられた。これらの制度の存在は、自立生活の立ち上げを支えたであろう。そして三四歳のときにパートナーと暮らし始めた。

当時の交通アクセスについては、九一年に全国に先駆けて大阪府で「福祉のまちづくり条例」が発出され、翌年には建築基準条例が改定された。この動きをけん引したのが「駅にエレベーターを!福祉の街づくり条例を!大阪府民の会」(三〇の障害者団体や市民団体が加盟)であった。この会は、条例の検討と制定に際して、策定プロジェクトに障害者を過半数参加させることや、障害者の移動保障、条例運用にあたって障害者が参加するチェック機構の創設を求めた[杉本、二〇〇八:一六九頁]。これらの働きかけにより、新築の公共施設にはスロープ、車いすトイレ、エレベーターの設置が義務づけられるようになった[同書:一六八-七〇頁]。そして九八年には、新バリアフリー法(ハートビル法と交通バリアフリー法を統合した法)が法制化されている。建物を建てる際の基本構想の策定にあたっては協議会を設置し、現状調査と施設改善は国の責務であることが明記された[同書:二六七頁]。このように、エリが一人暮らしを始めたのは、障害者の移動保障が整えられていった時期とちょうど重なっていた。

日本社会は、八九年に、女性が生涯に産む子どもの数一・五七ショックを経て、〇三年には少子化社会対策基本法が施行された。

〇四年、慶応大学医学部で、日本で初めて着床前診断の実施が承認される[→203頁]。エリは当時の報道に衝撃を受け、ピアカウンセリングで知りあった仲間たちとともに、着床前診断の推進に反対する団体を立ち上げた。

このときエリは、三七歳であった。

「認めよ!」から「興味ない」へ

さらに別の課題や訴えも、二〇一〇年代の協力者たちの語りのなかに見出せる。現在の出生前検査や着床前診断を用いて検出可能な種類や数と、一九七〇年代の、たとえば羊水検査を用いて検出可能な「障害」〈名としての障害〉の種類や数とでは、すさまじいほどの差がある。こんにちの医療技術をもってすれば、〈名としての障害〉の範囲はおそらく、どこまでも拡げられる。

つまり現在の私たちは、先端の医療技術によって、エリの言う「あらゆる人が「その子」のままに生まれてくることができない」社会に、すでに現に生きているのである。にもかかわらず、「あらゆる人が「その子」のままに生まれてくることができない」社会をいまだ自分自身の問題として考えようとはせず、「障害」を体現する協力者たちに抗議姿勢の表明を頼ってしまうあいかわらずの現状に対して、「興味がない」と言い放つことで、抗《あらが》おうとしているのではないだろうか。

つまり、「興味がない」という語りは、〈生きられた障害〉を知っていくこと、「「その子」のままに生まれてくること」ができる社会を充実していくこと、これらの責務をあなたたちも担っているのですという態度表明《メッセージ》であると、私は考えている。これは深読みかもしれない。しかし少なくとも、一九七〇年代の運動の「認めよ！」という訴えから、二〇一〇年代の「興味ない」へという姿勢の変化は、横田たちが後世に残した思想の継承と、障害者が置かれている社会状況の違いの、両方を表わしていると言えるだろう。

「当事者」とは誰か？

ここまでは、二〇一〇年代の協力者たちの立場性について、一九七〇年代の運動と比較しながら、かれらの語りを通して考察してきた。しかし、出生前検査などの医療技術における「当事者」とは誰なのかについては、まだ十分に述べきれていない。立場性の内実に分け入って、さらに詳しく確認していく必要がある。このインタビュー調査では、出生前検査などの医療技術の適用においては、「当事者」はまぎれもなく「女性」であり「妊婦」であるという認識が、協力者たちのあいだで語られていたのである。

たとえばトオルは、男性である自分自身が、出生前検査のことを「優生思想と言ってしまえることの暴力さ」というように言い表わしていた［↓371頁］。また、エリは、着床前診断の推進に反対する団体においては、女性も男性も「女性が産むか産まないかを決める権利について、みんな肯定的で、どんな子を産むっていうことを決める権利はもともと女性はもってないだろうってことで、みんな一致してる」と語っていた［↓67頁］。

では、これら二〇一〇年代の協力者たちが語った「当事者」についての認識は、たとえば一九七〇年代の青い芝の会による運動から一貫してありつづけたものなのだろうか。そこに時代的なズレや違いはなかったのだろうか。

青い芝の会神奈川県連合会は、一九七〇年代に、公費を使って羊水検査を県立病院で実施しようとする神奈川県に対して、「親とお医者さんに、一際《ママ》の責任をかぶせる気」かと詰めより、「提供体制に目を向けないのは、責任逃れ」であると批判した［補章↓311頁］。しかしながらこの批判は、妊娠の当事者の、とりわけ女性の、性と生殖を人から勝手に決めつけられない自由（後の世代で主張された〈性と生殖にかんする健康と権利〉という考え方［↓260頁］）を尊重する姿勢に根ざしたものではなかった。▼2

このことは、当時の青い芝の会が、男性主導の運動であったことと無関係ではないだろう。実際に女性は、「頭数《あたまかず》をそろえる時だけ」必要とされていたという［「青い芝の会」神奈川県連合会、一九八九c、九五八頁］。

このことは、一九七九年一月の、小仲井千鶴子（青い芝の会神奈川県連合会）による「私の提起」と題された文章のなかにも確認できる。彼女は、養護学校義務化に反対するための県庁座《すわ》り込みに「時折、出かけて感じたこと」を、「女の立場から皆さんに問題提起をし、共に考えていただきたい」と望み、以下の投稿を寄せていた。

ここで提起したいことは、歩けない障害者ばかりが障害者ではない、ということを申しあげたいのです。県庁に十数人の健全者がおりました。あの中の一人が女の家に来てくれたら私は心残すことなく行動を共にした《ママ》ことができたでしょう。［…］幸か不幸か、全国で一番主婦とか母親を会員に持つ神奈川として考えていただきたいと思います。事務所に子供を集め、ボランティアに見て《ママ》もらうとか、また、家庭の中に入ってもらうとかしたら、みんなが心おきなく参加できるのではないでしょうか。［…］これからの運動方針の一環として私の提起を、執行部の皆さん考えて下さい。［…］でも皆さんと同じように生存権も生活権も私もほしいのです。ただ、それだけの事です。家にいてＴＶを見て、新聞を読むとき、自分の存在がいかにちっぽけなものかを知るときに、本当に危機迫る思いです。

私はほしいのです！　生存権が……‼

［会報「あゆみ」No.47、一九七九年一月一五日発行、「青い芝の会」神奈川県連合会、一九八九c：九五八－九頁］

ボランティアたちは、県庁で座り込み運動をしている障害者(男性)の介助に、当然のごとく回されてしまい、女たちは、子どもの面倒をみるために家にとどまらざるをえなかったという。この状況に対して小仲井は、「私は一人の母親としてこの運動に真剣に取り組みたかった。でも、主婦としての立場で参加できない」と述べて、「執行部」に異議を唱えているのである。

この問題提起は、女性の障害者が生きる状況には、「歩けない」ことによる障壁《しょうへき》のほかに、「母親」や「主婦」であることにともなう障壁も立ちはだかっていることを示唆している。性別と性別にもとづく役割は、あたかも自然のものであるかのように、変えられない本質や宿命で

2――　たとえば、二〇〇四年に行なわれた横田弘と「SOSHIREN女(わたし)のからだから」のメンバー(一九七〇年代当時はリブ新宿センターメンバー)の米津知子との対談には、以下のようなやりとりがある。

横田――　[…]僕たちの感じ方からすれば、やっぱり障害者を現実に殺していくのはお母さんなんですよね。お母さんの場合が極めて多いんですよ。まぁ、お父さんの場合もあるけれど、比較的……。

米津――　そう、でもそれはどうしてかと言うと……。

横田――　わかります。

米津――　あの、子どもに対してものすごい責任を負わされているのが女だからでしょ。で、すごく子どもの一番近くにいて一番背負っていくからよね。男は子育てや子産みのところから離れているから、殺さないですんでいるのよって言いたかったわ……。/[…]

横田――　[…]すべて女性が悪いんだと、そういう社会のあり方を、申し訳ないけど当時の「青い芝」にはそれを考えるだけの余裕がなかった。　[横田、二〇〇四:七五頁]

あるかのように、障害者運動の内部で決めつけられてしまっているのではないか。つまり、小仲井によるこの異議は、運動に参加するための条件が男性と女性とでは異なってしまっていることへの、重要な批判である。[3] 彼女は、「家にいてTVを見て、新聞を読むとき、自分の存在がいかにちっぽけなものかを知る時」、すなわち、運動の場にいない自分自身を認識した瞬間に、女である自分を囲繞《いじょう》する壁の構造を、「危機迫《せま》る思い」で知ったのではないだろうか。

一九七八年時点の青い芝の会の女性たちは、主婦役割や母親役割に阻まれて、運動の場に現われることがままならず、「胎児チェック反対運動」についても、かれらによる記録には、わずかな発言しか残していない。さらに遡《さかのぼ》った一九七〇年代初期の、優生保護法改悪反対〔阻止〕運動の記録にも、産む／産まないにかかわる発言を見つけることはできなかった。[4]

他方で、インタビューに答えてくれた二〇一〇年代の協力者たちは、妊娠した女性が、産むか産まないかを決めることを、紛《まが》うことなき前提として語っていた。当事者は女性であり妊婦であるという認識を、協力者たちはすでに共有していたのである。

協力者たち以外にも目を向けてみると、たとえば、女性障害者による全国ネットワークであるDPI女性障害者ネットワークは、二〇一三年の「「母体血を用いた新しい出生前遺伝学的検査に関する指針〔案〕」に対するDPI女性障害者ネットワークの意見」において、次のように主張している。

新型［出生前検査］に限らず、出生前検査を受けるかどうか、妊娠を継続するかどうかについて、妊婦の判断が尊重されることは当然です。［…］しかし、その判断が何の圧力もなく自由になされるのではないこと、障害に否定的な社会背景、家族をふくめた周囲と

3―― 当時の主要メンバーは、男性も女性も、マハラバ村の大仏空《おさらぎあきら》が設定したお見合いや、または恋愛によって、結婚した者たちから成っていた。当時、CPのカップルが結婚することはきわめてまれで、マスコミもセンセーショナルな扱いをした［横田、一九七五：二〇五頁］。社会学者の立山徳子は、一九七五年を社会変動の転換期と位置づけ、「一九七五年とは首都圏において最も人々が結婚をし、核家族を形成し、女性が就労することよりも専業主婦となり子どもを産み育てることを選択した時代だった」と述べている［立山、二〇〇五：二二頁］。七〇年代という時代は、郊外に移り住んで核家族世帯をもって性別役割分業を受容することが、将来のライフコースだと見なされていた。青い芝の会の主要メンバーは、このライフコースを選択した（できた）者たちであり、かれらは、地域で子育てをした先駆的な存在であった［瀬山、二〇〇一：三六頁］。

4―― 男性たちのあいだでは、映画『さようならCP』に見られるように、性交にかんする体験が一部で表わされていた。しかし、女性たちのあいだでは、一九八七年に「子宮摘出問題」が俎上《そじょう》にのるまで、性交や避妊や人工妊娠中絶について話題にされた形跡がない。

ただし、九〇年代に入ってから公表された手記には、妊娠の経験が表わされている。彼女たちは、少しずつふくらむお腹をなでながら、「私のおなかの中で私以外の命が絶えず動いている。生きようとしている。この命を母親の私にさえ殺す権利はない」ことを実感したと記している［CP女の会、一九九四：三四頁］。そして「健康な子であれ」と祈る経験もしたという［寺ノ門、一九七三：一八〇頁］。なかには、第一子をもうけた後に二度の人工妊娠中絶を経験した者もいた［CP女の会、一九九四、一六八頁］。その他の手記などからも、同様の経験があったことがうかがえる。

の関係の中でなされることが理解されるべきです。従って、妊婦個人のみに責任を負わせてすませることはできません。

トオルが、妊娠の当事者ではない人（男性である自分自身）が、出生前検査のことを「優生思想と言ってしまえることの暴力さ」と述べていたように、妊娠している女性の人生の軌跡に変容を強いるかもしれない構造的な力を、ＤＰＩ女性障害者ネットワークは問うているのである。二〇一〇年代の協力者たちは、一九七〇年代の運動が看過《かんか》していた課題や、その後に生じた課題が山積する、次代の立場性から声低く語っているのである。

一九七〇年代の立場性においては、出生前検査や着床前診断をめぐる社会的倫理的課題は、「人を存在させること」に重心が置かれていた。そのうえで、胎児を代弁していると称する立場から、生まれてくることの中止をめぐる論争が繰り広げられた。しかし、「出産前に医療技術によって産むことが中断となる」妊婦が直面する問題も、その当時もつねに、社会的倫理的課題でありつづけていたのである。青い芝の会神奈川県連合会が、羊水検査を公費で実施しようとする神奈川県に対して、「親とお医者さんに、一際《ママ》の責任をかぶせる気」と詰めよったことを想起してほしい［↓311頁］。妊婦が、女性が直面する問題は、ずっと伏在《ふくざい》していたのである。

小仲井のように、声を上げた人もいた。八〇年代以降も、さまざまな女性たちが声を上げてきた。過度な反撥《はんぱつ》を買うことも多かったであろうこうした女性たちによる取り組みによって、声に耳を傾ける人たちが少しずつ増えていった。そして二〇一〇年代の協力者たちは、こうした女性たちの声がたたみ込まれた次代の立場性から、こんにちの課題をめぐって語っているのである。[5]

一九七〇年代と二〇一〇年代とでは、障害当事者が直面する課題や、主張するさいの語り口など、置かれた立場性は異なっている。二〇一〇年代の協力者たちは、自分たちの〈生きられた障害〉をめぐるさまざまな経験を語ってくれた。しかし、この立場性の違いとともに、七〇年代に伏在していた問題の継承という連続性も見出せるだろう。トオルが、妊娠の当事者でない人が出生前検査のことを「優生思想と言ってしまえることの暴力さ」と語っていたように。その語りには、過去からの声がたたみ込まれている。

いま聞こえる声は、かつての声の残響でもある。現在の声は、過去の文脈からの軌跡にあるのだから。

5――このような立場性の更新は、旧優生保護法［↓287頁］にもとづいた強制不妊手術の対象となった人びとを、〈性と生殖にかんする健康と権利〉の観点からも補償しようという動向とも重なるだろう。

トオルの語り

――トオルさんは障害名となると、何になるんですか。

トオル　身体障害者の場合でいくと、難聴……。

――手帳ってもってるんですか。

トオル　［手帳を出している］

あ、もってらっしゃるんですね。両感性難聴……これ、いつとったんですか。

トオル　これ自体は、赤ちゃん。生まれたとき。これは……えぇと、生まれつき耳がないっていう、耳の形がないっていう障害で、小耳症《しょうじしょう》っていう障害があるんだけど……。

――小さい耳？

トオル　「小耳症」［と書く］。あと「外耳道《がいじどう》閉鎖症」［と書く］。

ようするに、耳たぶしかないっていう、耳の形がない障害。と、外耳道がない、耳の穴がないっていうそういう……、奇形？　両耳にそういう奇形があって生まれてきて、今の耳は手術をしてね、ろっ骨をとってきて耳の形をつくって埋める、みたいな手術がある。そういうのを小耳症の人っていうのは、だいたいするんですよ。

――何歳くらいのときに？

トオル　小学校四年生くらいのときに。だから、今の耳の形っていうのは、軟骨をとってきて移植した、つくった耳。

――へー、じゃ生まれたときは……。

トオル　耳たぶしかない。

――このぴよーんっていうのがなかった？

トオル　そうそうそう。で、耳の穴がない。

――ぴちゃって？

トオル　うん、たぶんインターネットで検索すれば写真も出てくると思うけど、ま、耳がないと。

――こっちだけですか。

トオル　両方とも。だからとうぜん難聴にもなるし。で、今は骨伝導《こつでんどう》式の補聴器を使ってる。振動させてね、音をね、骨に振動させて聴くと。

――ふーん。じゃぁ振動が……じゃ放送とかは［聴くのは］厳しくなるんですか？

トオル　……。

——　だいたいはキャッチするんですか。

トオル　うん、いや、けっこう補聴器……、雑音とかあるとね、まぁ、静かな場所で一対一でしゃべってるぶんにはぜんぜん支障ないんだけど。まぁ、場所によっちゃ、ぜんぜん聴こえないし。状況によって非常に……、まったく聴こえなくなったり、聴こえたりなんで。

——　へー……、穴がなくても、聴こえの機能は、なかにはある？

トオル　［穴が］ないほかはできてるっていうことなんだよね。

——　あー、そっか、外見がこの形状じゃない。なるほどー。じゃ四年生のときにした手術は、外見の整備というか？　であって、聴こえには影響しない？

トオル　［うなづく］

——　そうなんですね。じゃ、ちっちゃいときからの聴こえが四年生のときに変わったっていうことではない？

トオル　［うなづく］

——　あ、ないんですね。

トオル　耳の穴を開ける手術もやってるんだけども、耳の穴がふさがっちゃう。というか実際にはほとんど成功してなくて。外耳道の形成術っていう、穴を開ける手術があるんですけど。実際のところは、あまり成功してないですね。▼1

——　ほんとは穴の開いている形状をつくろうと

1——　トオルが手術を受けたのは八〇年代であり、現在と状況が異なる［↓159頁］。外耳道形成術による聴力改善率は二〇一二年の日本では「六〇%強」だったという。また、「外耳道を形成する手術が古くから耳鼻科医によって行われてきましたが、その効果の少なさ、合併症の多さから、次第に行われなくなって来ています。外耳道形成直後は多少聴力改善の認められる方もいますが、2、3年の経過で元に戻る方が圧倒的に多いのが実情でしょう」と医療機関のホームページに記す形成外科医もいる（二〇二一年五月一日取得 https://web.sapmed.ac.jp/prs/shojisho/about/uc1n6k000000kdp.html）。

している手術なんだけども……。

トオル　いや、だから、あのね、外耳道に穴をあける手術っていうのは、小学校の一年生とか二年生以降にやる手術なんですね。耳の形をつくる手術とは別に。耳の穴をあける手術は耳鼻科。耳の形をつくるほうは形成外科。だから医者の分野も違うし。耳の穴をあける手術はけっこうな人がやるんだけども、実際には成功してないっていうのがあって。そういうことって、けっこうあるじゃないですか。実際には成功してないんだけど、いわば藁《わら》をもすがる思いでやるっていう。そういうことはけっこうあって。僕も手術はしたんだけども、成功はしてない。

――　ふーん、そっか。そのちっちゃいときに、自分の体《からだ》は、そういうもんだと思って、［母親のお腹《なか》のなかから］出てきてるわけじゃないですか。で、耳の形が、お友達と違うんだなとか、聴こえにくいんだな、ぼくはっていう、そういう記憶ってあります？　はじめて認識したっていうか。

トオル　……うん……いやぁ、ぼくね、ちっちゃいとき髪の毛、長くされてた。

――　親に？

トオル　そうそう。あれは耳のかたち、今にして思うと隠すためじゃないか。そういう、親は言い方してなかったけれど。……ようするに髪が、今だったら髪がロング……男の子でもするけど、当時はそんなことなかったから。まぁ、あとから思うと、そういう意味で隠されていたっていうかな。どんな理由をつけていたかわからんけども、まぁ、考え方として隠されていたと。小学校……まぁ、二年生くらいまでそんな感じだったと思うね。ちっちゃいときから。

耳が聴こえにくいっていうのは補聴器してたからね、すぐわかる。

――　それは自分が気づいたときには、つけてたっていう感じですか。

トオル　うん。別に……生まれつきだからね……。

――　……それは、いつも自分はこれつけてておし友達はつけてないんだって……。なんか特別に思ったりしなかったですか

トオル　幼稚園くらいのときは、ね、周りも「これなあに？」って訊《き》いてくるからね。でも、それ

も小学校くらいまで。「補聴器だよ」って、訊かれたときは言ってたかなぁ。もともと聴こえないので、もともと形もちがうので。それがあたりまえだと思ってたから。逆に手術をするときに意外に思ったっていうか。なんで手術をするんだろうっていうのは思ったけど。

―― そうなんですね。

トオル　それはけっこう僕のなかでも、今でも、ね、不思議な経験だよね。だから要するに、自分が当たり前だと思っていた身体に対して、介入して、かたちを変えるみたいな。割礼《かつれい》とかさ、文化人類学的に言うと、ああいうテーマもね、かかわってそうな気がするね。

　そんな……、耳のないのが自分の身体として当たり前だと思ってたのに、あるとき、病院に連れていかれてね、かたちをつくる手術をするんだよって言われてさ。ろっ骨とってきてって。えー？と思うやん。今まであたりまえだと思ってた身体、［たとえば］指とかもさ、あ、今までのが間違ってたんだっていうことをさ、思うわけやん。今までの身体に対する考え方が、自分に対する認識が間違ってたっていうね。だから、耳の形をつくる手術って、けっこう倫理的に問題あると思うんだけど。まぁ……ねぇ、難しいよね。

―― ……うん……。

トオル　……まぁ、片耳で小耳症の人は左右違うわけだから、そもそもはじめっから、なんか違うと思って、するかもしれないし。僕なんか両耳でしょ？　両耳の人はどうかっていうと、違うわけやん。手術するのにかなり時間、回数があるわけ。

―― そうなんですか。

トオル　ひとつやるのに三回でしょ？　合計六回。そんな大きい手術を、かなりの回数すると。ものすごい大きな手術なわけ。それはなかなかちょっと言葉では伝わんないと思うけど……けっこうでかい手術。耳の形をつくるっていうのは。ろっ骨を取ってきて耳のかたちにする。ろっ骨を切って。それだけでもなんか。ね。

　それで、それを起こすのね。耳の形をこうやってただ埋めただけだったらこうなってるだけでしょ？　それを起こす。「耳起こし」っていって。骨を埋めるのと起こすのを二回めくらいに分けてやって、で、耳の後ろにも傷ができるでしょ。だからそういう意味でも……まぁ、「それって治療なのかよ」っていうかさ。そういうの僕のなかにはあるし。

——だって四年生だったら一〇歳だから、ぜんぜん世の中のことも、自分のことも……。

トオル　赤ちゃんのときだったら、これが自分の身体だっていう自分の感覚ないから、もうちょっと抵抗ないかもだけど。

——四年生って……大きいですよね。

トオル　そのくらいになってると、微妙だよね。でも四年生くらいにならないと顔の大きさとか形とかわかんないから。ろっ骨がちゃんと発達してないから。そんな理由で四年生くらいでやる。親はもうちょっと早い段階でって言うわけだけど、医者の判断としては顔の大きさが定まって、ろっ骨が発達してっていう。でもそういう以前のところで倫理的に問題あると思うんだけど、正直。

——あとトオルさんは自分は障害者カテゴリーに入るっていう意識ってありますか。障害者っていう属性を自分はもってるっていう。

トオル　だから、障害もってるって思わないとやってけないやん。ほんと。健常ってパッシング[2]できないから。パッシングって、ようするに、それはそれで、聴こえてないこと多いんだから。それはそれで問題児になるわけやん。障害をもってるってわかってくれれば、あ、聴こえてないんだってわかってくれるけど。うん……、まぁ、手帳の等級がどうであれ、今までの、あの……障害者としてのアイデンティティをもってるかっていうともってるよね。

——それはちっちゃいときからずっと……。ちっちゃいときは、そうじゃないよって思ってるときもあって、でも……。

トオル　いやぁ、昔からもってたと思うな。

——自分が男であるっていうのはどうですか。男の属性は。

トオル　ま、そりゃ男だし……。

——なんか感じるときはありますか。それによって、おもしろいとか、しんどいとか、プレッシャーとか……。

トオル　男であることと障害もってること。僕の障害なんかは外形の問題やん、けっこう。だから男のほうが、ユニークフェイス[3]もそうだけど、女のほうが多いやん、あそこの会って。だから女性のほうがたぶん苦労するんだろうけど。男は、でもまぁ、いじめとかもあるしね。

――いじめられたことってあります？

トオル　そりゃあるよ、うん。

――小学校のときとか？

トオル　うん、中学校のときとか。うん、いじめられたこともあるし。

――そしたら六級の難聴で、場所によっては聴こえづらいとかあると思うんですけど、ふだん使ってる福祉サービスがあったり、医療機関にかかっていたりとかあるんですか。

トオル　最近はないけど、補聴器は……あるけどね。ちっちゃい補聴器でＢＡＨＡ［バッハ］っていうのがあって、その話はまた……。

――ふたつ補聴器つけてるんですか。

トオル　今は、今日はもってきてないけど、ＢＡＨＡっていう、あの……、Bone Anchored Hearing Aidっていう……（「あー、これも骨系の……」）。骨系の。でもこれは今はまだ、日本ではちゃんと認可されていないっていうか[4]。

――ふーん。これはその「この先生」みたいな先生はいるんですか。いろいろ情報とかサービスとか相談できるような。

2――パッシングとは、「まだ暴露されていないが信頼を失うことになる自己についての情報の管理／操作」[Goffman 1963: 58＝二〇〇一：八一頁]のこと。スティグマ（個人や集団に烙印《らくいん》されるマイナスの表象）を押し付けられた者が、それが明らかになったり、明らかになることによる反作用を回避したりするために行なう情報の管理や操作を指す。

3――「ユニークフェイス」とは、自身も顔に血管腫のあるジャーナリストの石井政之が二〇〇二年に設立した、顔や身体に病気や怪我などによる大きな変形やアザや傷がある当事者を支援するＮＰＯ法人を指す（二〇一五年に解散）。

トオル　うーん。僕くらいの年代くらいになっちゃうと、たいてい、耳の形をつくる手術も終わってるし、耳の穴あけても、どうせ聴こえるもんでもないし、ある程度、聴こえに不便はありつつも、こうして生活できるわけだから。うん。

――文字通訳を使ったりとか、そういう経験はあるんですか。

トオル　ないね。ろう学校の幼稚部行ったけど。「言葉の教室」とかも行ったけど。「言葉の教室」なんか、あんなんさぁ、あんなんって言ったらあれだけど、あんなんで治るわけないいんだよ。

――［笑］そっか。療育《りょういく》じゃないけど、そういうのにずっとつながっていてということはなく？

トオル　だから、耳の形をつくる手術がいちばんでかい。

――あ、そっかそっか。

トオル　ほんとに耳の形をつくる手術もそうだけど、耳の穴をあける手術は、ほんとに病院通い。

――それはZの最寄りの病院に行かれた？　それともどっか大きいとこに行かれたんですか。

トオル　Z大病院。こういうでかい手術になっちゃうと。しかもまれなね、障害。

――じゃ四年生のときも夏休みは、けっこう入院してとか、そういう感じだったんですか。

トオル　そう。

――へビーな経験……？

トオル　うん……、まぁまぁ、この手術をして死ぬっていうことはないからね、基本的にはね。

――でもね、メス入るわけだし。病院に暮らさなきゃいけない時期があってっていう……。

トオル　……。

――……そしたら、さっき、ろう学校の幼稚部に行かれてたと言ってましたけど、それは親御さんが？

トオル　母子教室っていうのがあって、あれは、0《ゼロ》歳一歳二歳くらいまでだと思うんだけどね。

――すごいちっちゃいときから行ってたんですね。

トオル　母子教室は、ろう学校で口話教育［↓127頁］が……あの、母親が、早期教育で、言葉の訓練みたいな、そういうのだよね、0歳から。補聴器つけさせて聴こえてるかどうか確認して、みたいな。

聴力を活用するっていう面では、それなりに効果はあるんだろうとは思うけど……、うん。

―― 今、トオルさん、発話けっこうクリアなのは、やっぱそういう。

トオル いやぁ、関係ないと思うね。

―― そうですか。

トオル そんなに訓練したからといって、上達するとは思えない。

―― あー、そうなんですね。口話《こうわ》を習得して、そのあと手話を習得してという方……。

トオル いやいや……、僕なんかの場合はたいした練習もしてないし、訓練の量も、小学校はろう学校で過ごしましたと、一応学校は朝から夜までびっちりトレーニングしてっていう、ああいう人だったら話は別だけど、僕みたいに中途半端にやったところで、言葉がどうとか関係ないと思う。僕の場合はある程度、単純に条件が整えば聴こえてる、から。

―― あー、聴力的に。

トオル うん、しゃべれるんであって、別に努力したからではない。

―― じゃ［ろう学校は］幼稚部と小学部に行かれたんですか。

トオル 幼稚部だけ。

―― 小学校はどこに?

トオル ふつうの。通級ってあるやん。あの、週に一回「ことばの教室」とかさ、難聴学級っていうのがあって、今でいう特別支援学級。特別支援学校と特別支援学級っていうのがあって、特別支援学級っていうのは難聴学級とかね、があって、

4―― 骨固定型補聴器を指す。骨伝導を利用して音声を伝える補聴器で、頭蓋骨の耳の後ろの部分にチタン製の小さなインプラントを植え込んで一定期間してから骨と結合させて用いる（二〇二一年五月二三日取得 https://www.cochlear.com/jp/home/discover/baha-bone-conduction-implants/baha-system）。このインタビューをしたのは当補聴器の保険適用前であり、二〇一三年一月から認められた。

そこに週に一回は通う。あれは法的には学校教育法施行令の第五条あたりに……、まぁ、「原則別学」みたいなことが書いてたりするけど▼5、要するに、普通学校に入りながら週に一回は通級でっていう人もいて。まぁ、訓練っていうこと。あれも、ぜんぜん効いてるとは思えない。

――　[笑]

トオル　そんな週に一回行ったところで……。(「そっかそっか」)。親の気休めだと思うんだけど。

――　中学もそのままふつうに……?

トオル　中学くらいになると、さすがにね、さすがに見切りもつくというか、あきらめもつくというか。

――　小学校のときは、どんなふうに授業?　前のほうに座らせてもらって?

トオル　前のほうに座ってました。それは小学校中学校おなじ。

――　先生の言ってることはどこくらいキャッチしてる感じでした?

トオル　だから授業……うん、教室が静かであれば聴こえる。小学校って、学校って結局、テストだけできればいいでしょ、それこそ。うん。黒板、板書して家で復習して……。

――　なんとかなっちゃったんですね。

トオル　なんとかなるんだと思うんだよね、たぶん。

――　みんながわーって盛り上がってたりとか……。

トオル　……うん、自分では聴こえなかったりとか。遊んでるときとかも、けっこう雑音とかね、あの狭い教室でね。休み時間とかもね、聴こえないけどね。

――　なんでかな、とか、思ったりすることもあったんですか。それとも、それはそれでっていう……。

トオル　うん……聴こえないからね、聴こえないのがあたりまえだから、うん。まぁ……しょうがないね。

――　しょうがないな、みたいな。

トオル　うん。とくにショックとか……いう経験はないかな。

―― 「治らないかな」って思ったことはないですか。聴こえにくいのが。

トオル 治らないと、ずっと思ってた、はじめから。

―― はじめから。

トオル はじめから思ってた。このまま生涯、このままになるだろうって思ってた。

―― 親が言ったんですか。

トオル 親も……、治療法だって……一回治療してるからね。耳の穴開けて一回失敗してるから。

―― ［小学校］一年生のときに。

トオル うん、その耳の穴開けるのって、けっこうでっかい手術で、けっこうでっかい手術もう一〇回くらいやってて。

―― え、そんなやってるんですか。

トオル だから、手術はもう、もういいよって感じ。

―― 記憶してるのでも一〇回くらいあるっていうこと。

トオル 一〇回まぁ、一〇回ちかく……。

―― 四年生以降に六回だし。

トオル 耳の形つくるので。

―― あ、一年生のときは、これで聴こえるのかもしれないなとか思ったりしてた?

トオル あー、そのときは、そこまで思ってなかったと思う。ただ、周りの同じ障害をもってて、

う―― このインタビューをしたのは、二〇一三年の学校教育法施行令改正前であった。改正後は、障害のある子どもは特別支援学校に原則就学としていた従来の就学先の仕組みを改めて、「視覚障害者等のうち、当該市町村の教育委員会が、その者の障害の状態、その者の教育上必要な支援の内容、地域における教育の体制の整備の状況その他の事情を勘案して、その住所の存する都道府県の設置する特別支援学校に就学させることが適当であると認める者」以外は、小学校や中学校の入学期日を保護者に通知しなければならないと定められた（二〇二一年五月二三日取得 https://www.mext.go.jp/a_menu/shotou/tokubetu/material/1339311.htm https://elaws.e-gov.go.jp/document?lawid=328CO0000000340）。

耳の穴開ける手術するでしょ。で、入院とかするやん。同じ病室に同じ障害の人がさ、いるやん。で、その周りの子どもみてても治ってないわけ。みんな失敗してるわけ。

―― そっかそっか。

トオル だから入院しはじめて、あ、この手術は失敗するんだっていうことがわかるわけ。で、僕もその医者のコメントとか聞いたことあるけど、「手術の成功率三〇%から六〇%」[▼6]ってなってたりするの。三〇%から六〇%って、幅《はば》あるやん。だから、その何をもって成功とするか。途中まで聴こえてて、あとで耳の穴、ふさがっちゃってって言っても、いっとき聴こえていたんだから「成功してました」ってカウントしてるかもしれないし。でもそれって、成功したって言えるのかよって思うけど。

あと、みみだれがすごいわけ。耳の穴を開けると。人によると思うんだけど、みみだれがしちゃって。傷口をあけるようなものだから、そりゃさ。だから、あそこに耳の穴を開けて、さらにそこに気道式の補聴器を耳の穴につける、あれを使うこともあるんだけど、みみだれがひどくて、すぐに汚れちゃって、補聴器がだめになっちゃう。耳の穴のなかが、すごく、しめっちゃって。

要するに、何をもって治ったというのか。完全に治ったと言いきれない状況のまま医者は治ったとしてカウントしてたりするから。この外耳道形成術っていうのは、けっこう、僕からみると怪しい手術だね。でも親はこぞってやる……。

―― もしね、外耳道形成手術がこれがもう九九%くらいの確率でできると、開発されたと、医療技術として。やってみたいですか? 今。

トオル 今ね、だからBAHAっていう補聴器のほうが。(「はい」)。これは、耳の……、あの出生前診断の話から脱線して申し訳ないなって思うんですけど。

―― 全然だいじょうぶなんです。

トオル あのね、耳の骨にチタンがあって、これチタンなの。

―― あ、ほんとだ。

トオル 骨にチタンつけて、このうえに補聴器つけちゃうの。いま補聴器つけてないけど、そのほりがね、手術もね、二、三日、入院で。アメリカだったら日帰りでできちゃうような手術でね。チタンを埋めちゃうような、こういった手術のほうが、ほんとは無難な手術で、リスクもないし。こんな耳の穴開けるって、神経細胞とかさ、このあたり細胞いっぱいあるわけ。その細胞に触れちゃって切っちゃってってなると顔面麻痺《まひ》しちゃう。だから耳の穴［を］開けるだけじゃだめで、そこに皮膚を合わせて、で、しばらくすると耳の穴ふさがっちゃう人もいるし。そんな外耳道形成手術よりも、こういうチタンをどんと埋めちゃって、そこに補聴器［を］置いたほうがほんとはいいんだけど、でも、こんなの医者からみたらぜんぜん業績になんない［笑］。こんなピアスみたいなさ、ね、簡単なピアスじゃ、自分の医療の研究になんない、そんな。

――［笑］そういうもんなんですかねぇ。

トオル そういうもんなんだと思うよ。耳鼻科で外耳道形成手術っていうのが、これまで長々とやってきた歴史があるわけだし、それを簡単に消すわけにもいかないし。

ようするにインプラント。チタンの。歯とかに埋めてね、それを応用したものらしいんだけど。うん。医者からみたら、「ただこんなのチタン埋めただけでしょ」みたいなさ。で、患者からみると「いや、それだけでいいよ」ってね。そういうね、認識の違いみたいなのはあるよね。そんなオーバーに穴開けなくたって、別に健常者と同じような穴開けなくったって、サイボーグ的に乗り越えていったほうが、いいでしょっていうね。

――サイボーグ的に……、じゃそういう意味のものは使ってみたいけどっていう感じ?

6―― 朝戸らによる報告では、「海外では小耳症に対して外耳道形成も行う報告も見られ、最近の報告でSiegertは七六%、Yellonは五五%の患者で聴力が改善したと述べている。われわれも六〇%強の改善率である」と記している［加茂、二〇一二:二六七頁］。

トオル　耳の穴開けるって、ほんと相当の、相当の、相当の手術だよ。相当な手術、相当な手術なんです。だから、これだけで二ヶ月くらい入院してないといけない。

――二ヶ月は長いなー。

トオル　長い。おまけに治んないと。

――そっか。

トオル　ねぇ、皮膚移植して傷だけ残ってさ。

――ふつうにリスク［と］ベネフィット考えただけでも。

トオル　ぜんぜん見合ってない。

――そっちで治るほうっていうのは。

トオル　ぜんぜん合ってない。コストに合ってない。でも親はやると。可能性があればやると。

――親御さん、ご両親はどうなんですかね、あの……。

トオル　いや、家の親は、ほんといたって常識的だと思う。

――ご家族と耳のこと話したりとかってしますか？

トオル　……。

――ふだん。

トオル　……。

――あの、小っちゃいとき、はじめて話したときのこととか。

トオル　……あんまり言わなかったんだろうね。触れたくなかったと思うし……。

――今も話さない？

トオル　……今も、あんま話さないね。

――自分からも言おうとも思わないしっていう感じ？

トオル　……あ、いやぁ、この歳《とし》になってくるとね。言ってもしょうがないし。親はぜんぜん……。やっぱり……。本人と相当ね、認識の違いってあるしね。耳の形つくる手術ひとつについてもぜんぜんやっぱ、親は思ってること違うし。

――そっかそっか。なんでこんな手術受けさせたの？とか訊《き》いたこともない？

トオル　親を責めることになるからね。

――あー、責めちゃうしって思って口には出さない。

トオル　それもあるし、あと僕のなかでも「なんごこんな手術をしなくちゃいけなかったんだろう」っていう思いもあるし、あと、小学校四年生が九歳、一〇歳だとしたら、耳の形をつくって二〇年経つわけやん。自分の、今の、つくった耳に対する愛着もあるわけやん。

――そのほうが長いですもんね。

トオル　長い。だから今さらっていうのもあるし。

――そしたら、次に、妊娠とか出産とかに関係して……についてうかがいたいんですけど、あの、さしつかえなければパートナーがいらっしゃるかどうか。

トオル　今はいません。

――いません。これまでにいらっしゃったことって？

トオル　二年前くらい、一年前くらいまではいました。

――めっちゃ最近じゃないですか。この人とのあいだにとか、将来をとか、結婚っていうのは。

トオル　結婚ってだから、いや、だから経済的にどうにもならん。生活機能が、家庭生活機能が成り立たせないといけないわけやん。

――結婚は、トオルさんとしてはどういうあれだったんですか。結婚っていうのは……。

トオル　だって自分の就職も決まらないやん。（「あぁ」）。でしょ？……。

――そっか。今後はどうですか、子どもがいたらなって思ったりとか。

トオル　あー、なかば諦《あきら》めてる感じ。なかば結婚諦めてます、みたいな。（「そんな……」）。だって、いま三三やんか。統計的に見るとさ、三〇代後半になって独身になってると、だいたいそのままいっちゃうやん。

――あの、彼女の前につきあってた人とかはいるんですか。

トオル　いたけど……。

――その人と将来を、とかはどうだったんですか。

トオル　いた、男ってさぁ、二〇代の前半とかって考えないやん。でしょ？

――……うん、まぁ、そうかもしれないですね。

トオル　女性はだいたい二〇代の後半くらいにな

ったら焦《あせ》ってくるけれど、男は二〇代の後半って焦ることあんまりない。っていうのは、僕が勝手に思ってることだけど。だから、男と女って、そうとう違うよね。女って半年くらい付き合ったくらいで結婚とか考えるやん。男って半年くらい付き合ったくらいじゃ結婚とかぜんぜん考えないでしょ。で、あとから、え？　結婚したいと思ってたん？って、別れるときに思うみたいなさ。

——元カノの前の彼女とはどのくらいつきあってたんですか。

トオル　大学のとき。二回つきあって、一年間と一年半くらい。

——ふーん。二〇代前半のふつうな感じですよね、うん。

トオル　だからそんときは、まだ大学生だから、向こうもね、ある程度、経験積んで、男を見極める能力を身につけてね、うん、選ぶ時期だと思うし。

——そんな感じだったのかな。

トオル　うん、僕もそんな結婚まで考えてないし。

——出生前診断が自分を否定しているという話が、最近は「どうでもよくなってる」っていう、そこのところをお聞きしたいなって思ってて。

トオル　最近はどうでもよくなってる。

——否定されていると考えていたのが二〇代の頃ですよね、二〇代前半から二五くらいまでですかね？

トオル　ひとつは、遺伝の問題を……遺伝性の障害のある子どもをもつ家族の会で遺伝の問題を取り上げていくなかで、自分があんまり当事者だと思えなくなってきたと。ひとことで言うと。出生前診断の問題に対する。

——……あー。

トオル　だから、遺伝の人のほうが深刻に考えてるわけ。自分の子どもが障害もってね、産まれてくるかもしれない。そういう不安とか恐怖とかがあるわけ。実際に胎児に障害があるとわかってる妊婦さんからみると、自分の身に降りかかった問題ってあるわけやん。出生前診断を自分が考えてるっていうことを言ったら「おまえ優生思想の持ち主だ」って言われかねない、みたいな。そういうときに、僕なんかが「優生思想だ」って言っちゃえるみたいな。我が身のことじゃないからデリカシーなく言っちゃえるみたいな。

―― 自分が、自分の、障害が遺伝性のものではないっていうところが、けっこう大きいっていうことですか。

トオル　そうそう。それはおっきいよね。うん、だから、（「自分の子どもにとかそういうことはないっていう」）、そうそう、こういうふうに聞いていくなかで、妊婦の苦しみとかね。胎児に障害があって、ものすごい葛藤《かっとう》するとか。そういう話を聞いたときに、自分は当事者じゃない。向こうのほうが当事者だっていう感じがしてるっていうか、っていうのがあるわけ。

だから、障害者運動と女性運動の対立みたいな歴史があって、ね、あの場合のイメージとして青い芝の会もウーマンリブも当事者だっていうイメージがあるけど、でもウーマンリブだってさ、自分の子どもが障害もつって、そこまで身につまされることないわけやん、女性にとっても。だから、女性が当事者かっていうと、そんな一括《ひとくく》りに言えない、みたいなとこあるでしょ？

ほんとに身に降りかかってる人から見ると、いちばんリスク高い、すでにわかっちゃったみたいな。そういう人を前にしたときに、なんか、優生思想だって言ってしまえちゃうことの一種の……なんか暴力さみたいな、そういうのがあるのと。

―― 出生前診断の存在によって、自分が否定されているって思った二〇代の頃、その論拠っていうのは、つきつめていくと、他の障害だったらみたいな……。

トオル　そうそう。もしもだから……。そう、遺伝の人と話をしたりして、自分がね、もしもね、子どもを産むときに、障害をもった子を産めるのかっていうと、そんなに産めないなっていうことがわかってるわけやん、簡単に。

話をするなかで、けっこう自分に置き換えて経験してるっていうのが多くて、遺伝性の障害の……。やっぱり、おれは、自分はどうなんだって思うわけやん。自分だったら子どもに障害があってそんなに簡単に産めますって言えるかというと、……苦しいな。パートナーしだいだよなとか。

……これは遺伝の人もいうことだけど、自分と同じ障害だったら自分と同じ経験を子どもに……味あわせたくないっていうのもあるけれど、自分の経験が役に立つっていうこともあって、そういう意味ではよかったりするけれど、自分よりもっと重い障害だったらどうする？みたいな。耳が聴こえないだけだったらいいけど、手足もだったらどうするみたいな。そういうことにかんしては、ちょっとね。自分と同じくらいの障害だったらいいけども……、うん。

―― さっき言ってた「どうでもよくなった」っていうのは……。

トオル　どうでもよくなったっていうよりか、もうちょっと柔軟に考えなきゃなっていうこと。どうでもいいっていう言い方は語弊《ごへい》があるけど。もうちょっと、ほんとの遺伝性の問題かかえてたり、妊婦さんの立場にたって、相手の気持ちをちゃんと考えないとだめだよねって。

（二〇一二年一二月一六日）

あとがき

本書は、二〇一六年三月に明治学院大学大学院社会学研究科より博士号（社会学）を授与された論文『生きられる障害と出生前に検出される障害――障害のある女性／男性の語る妊娠と出生前検査』を、研究者や医療従事者だけでなく、「障害」当事者、そして「障害」や出生前検査や妊娠・出産の問題に関心がある多くの人びとにも読んでいただけるよう、全面的に加筆修正した書物である。

このなかの第2章は次の既発表論文を土台としており、第7章と第8章は次と同じトランスクリプト（音声を文字起こししたテキストデータ）や資料を用いている。

「「障害」者が出生前検査について語るということ：調査方法論の検討」、『明治学院大学大学院社会学研究科社会学専攻紀要』三八、明治学院大学大学院社会学研究科社会学専攻、二七‐四二頁、二〇一四年（第2章）

「出生前診断に関する医療者言説への応答」、『年報社会学論集』二八、関東社会学会、一一二‐一二三頁、二〇一五年（第7章）

「1970年代の障害者運動における女性障害者の意識変容：青い芝の会神奈川県連合会「婦人部」をめぐって」、『女性学』（日本女性学会学会誌）一九、日本女性学会、八九‐一〇七頁、二〇一一年（第8章）

生殖医療技術とジェンダーを勉強するための基礎を学びたくて、二〇一〇年の春、女性学専攻の修士課程に社会人大学院生として進学した。毎週月曜日の夜は、東京の永田町駅近くの城西国際大学キャンパスで、故・原ひろ子さん（文化人類学者）の「人口問題」の授業を同期の数名と受講した。

ある日、原先生が「次は優生保護法をやりましょう。二階堂さん、来週までに国会図書館で法律のコピーをとって来てくださる?」とおっしゃった（国会図書館は永田町にある）。私は「インターネットに掲載されているのではないですか? みなさんの分を印刷してきますよ」と答えた。インターネットではなくて六法全書で、と先生。私は、講義とは別の日に仕事を休んで国会図書館に行くのはきついなぁ、という顔をしたと思う。すると「それならいいわ」とおっしゃった（今すぐにあの教室に戻って「もちろん行きます」と言いたい）。

次の週、A3用紙に原先生の字で出典の記された優生保護法の写しが配られた。法律の一番初めから最後までを受講生で順番に音読した。読めない漢字につかえると原先生が助けてくださって、別表の最後まで読み切った。そのあと、母体保護法や刑法堕胎《だたい》罪について学んだ。

授業が終わったのが二一時半。学生も教員も急いで帰り支度をして、同じエレベータに乗り込んだ。私の様子がおかしいと思ったのか、原先生が、どうなすったの?という表情で私の顔をご覧になった。私は、別表に載《の》っていた障害をもっている知り合いがいるんです、ということを小さな声で言った。原先生はやさしく「そう」とだけおっしゃった。

このとき頭に思い浮かんだ何名かにこの本でインタビューをさせてもらった。補章と第8章は原ゼミで書いた修士論文の一部である。原先生にこの本をお渡ししたかったが間に合わなかった。

明治学院大学大学院社会学研究科博士後期課程の指導教員であった柘植あづみさん（社会学部教授）には、インタビュー調査のすべてについて手ほどきを受けた。本書の原稿にもコメントをくださった。先生の主催される複数の研究班や有志グループへの参加を通して得ることのできた大切なご縁は、現在まで続いている。研究のことだけでなく、仕事のうえでどうにも一人で抱えきれないことが起こったときには、電話をすれば「どうした？」と助けてくださる。大学で授業をし、本を書き、管理職で、NPO活動と国の審議会委員の複数を同時かつ精力的にこなし、誰にでも気さくであたたかい、いつでもその場をぱっと明るくする先生に、研究者としての構えの多くを学ばせていただいている。

澤野雅樹さん（同大学、社会学部教授）には博士学位申請論文の専門審査委員会委員長として、加藤秀一さん（同大学、社会学部教授）には専門審査委員として、松原洋子さん（立命館大学、先端総合学術研究科教授）には学外専門審査委員としてご指導をいただいた。博士後期課程一年目に澤野先生の大学院の授業を聴講させていただいたことは、社会学という学問の魅力を改めて感得する経験となったと同時に、言説分析に取り組むにあたっての基礎を学ぶ機会にもなった。加藤先生は、博士論文を通して出生前検査をめぐる議論の何を掘り下げ、何を言語化すべきかについて、常に私の見えている景色の一歩先に立って適切な導きを与えてくださった。〈生きられる障害〉と〈名としての障害〉の原型となった概念セット（「遡行される障害」と「浮遊する障害」）は、加藤先生が私への応答に時間を割いてくださった過程で生まれた。松原先生には、博士論文の構成や先行研究、障害学や生命倫理分野の研究として見据えるべき課題について多くの有益なコメントをいただいた。博士論文を仕上げていく過程は、私が書こうとしていることを読み取ろうとする人がそこにいて、応答があることへの驚きと喜びがあり、自分の身体に力が漲《みなぎ》っていくという初めての経験をした。この本が、四名の方々のご指摘にすこしでも応えられていることを願う。

そして、就労しながら学ぶ大学院生のために土曜日や平日夜の環境を整えてくださった城西国際大学と明治学院大学の教職員のみなさま、本務が研究ではない私に研究の場を与えて継続して支援して下さっている国立民族学博物館の教職員のみなさま、自分の時間を惜しみなく私に分けてくれた二階堂憲さんに深く感謝を申し上げます。

この研究は以下の助成に支えられ遂行することができた。住友生命保険第四回スミセイ女性研究者奨励賞（二〇一一年二月）、公益財団法人上廣倫理財団研究助成（二〇一七年二月から二〇一九年一月）、公益財団法人倶進会科学技術社会論・柿内賢信記念賞奨励賞（二〇一七年十一月）。上廣倫理財団の研究助成発表会は、他の助成決定者との交流の機会となり、第6章で用いた榊原賢二郎さんの著書との出会いにつながった。榊原さんにはその後、原稿への助言を直接いただいた。記して感謝を申し上げます。

二〇一六年の夏の終わり、洛北出版の竹中尚史さんに博士論文を読んでいただいた。ひどい文章だが内容はいい（大意）というお返事をいただき、書籍化の正式なお断りはないまましばらくが経った。一般書にして協力者にお渡しするまであきらめてなるものかと、少しずつ修正を進め、二〇二〇年の冬に改めて原稿をお送りした。このとき「もう引き受けるしかないな」と心を決めてくださり、今回の出版に至った。竹中さんが私のそもそもの出来無さに呆れつつも制作を進めてくださったおかげで本書は世に出る。ありがとうございました。

なによりもお礼を申しあげねばならないのは、本書に登場する十一名のインタビュー協力者（本書では「協力者」と略記）です。協力者には、約十年前のインタビューの内容とその分析の確認を、複数回にわたってお願いした。それぞれインタビューの後に、結婚したり、離婚したり、子どもが生まれたり、子どもが巣立ったり、自分が病気をしたり、さまざまなことが起こっていた。「十年も経つと考えも変わるよね」と言いながら、でも「あの時の私の考えだから」と掲載を認めてくださった。やりとりのさいに必ず感想やコメントを添えてくださるので、そのたびに、書く役目をしっかり果たさねばという思いをあらたにした。

掲載した語りにある私の質問内容からわかるように、私は協力者の断りもなく、〇〇障害者としてこれをどう思うかとか、経験してきたことが〇〇障害のイメージにどのように影響しているかとか、暴力的であるだけでなく、そもそも何を言っているのかが不明な質問を重ねている。インタビューが成立したのは、私のぶしつけな問いかけに、なんとか気持ちを静めて応答しようとしてくださった協力者のおかげである。心より感謝を申し上げます。順序不同で、エリさん、メグミさん、アサコさん、ヒサコさん、ケイコさん、リカさん、ヒロトさん、トモコさん、サエさん、タクヤさん、トオルさん、ほんとうにありがとうございました。

二〇二二年七月

二階堂祐子

文献一覧

数字・アルファベット

94カイロ国際人口・開発会議女性と健康ネットワーク、一九九五、『94カイロ国際人口・開発会議女性と健康ネットワーク報告集』、Japan's Network for Women and Health Cairo '94

CP女の会、一九九四、『おんなとして、CPとして』、CP女の会。

DPI女性障害者ネットワーク、二〇一三、「母体血を用いた新しい出生前遺伝学的検査に関する指針（案）に対するDPI女性障害者ネットワーク意見」、二〇二〇年一一月二七日取得 https://dwnj.chobi.net/?p=289

DPI日本会議、二〇一三、『第29回DPI日本会議全国集会in神戸資料集』、特定非営利活動法人DPI日本会議。

あ

日本語の文献（五十音順）

「青い芝の会」神奈川県連合会、一九八九a、『会報あゆみ創立30周年記念号』上巻、「青い芝の会」神奈川県連合会。

――――、一九八九b、『会報あゆみ創立30周年記念号』中巻、「青い芝の会」神奈川県連合会。

――――、一九八九c、『会報あゆみ創立30周年記念号』下巻、「青い芝の会」神奈川県連合会。

秋久理眞、大森安恵、嶺井里美、清水明実、東桂子、佐中真由実、本田正志、平田幸正、大内広子、一九八六、「多発奇形を伴った骨形成不全のある児を出産後計画妊娠により正常児を得た9歳発症糖尿病の1例」、『糖尿病』二九・一〇、九三七－九四二頁。

荒井裕樹、二〇二〇、『障害者差別を問いなおす』、筑摩書房。

か

荒井裕樹、木下ようすけ、九龍ジョー、二〇一九、『どうして、もっと怒らないの――生きづらい「いま」を生き延びる術は障害者運動が教えてくれる』、現代書館。

石川准、長瀬修（編著）、一九九九、『障害学への招待』、明石書店。

石川准、倉本智明（編著）、二〇〇二、『障害学の主張』、明石書店。

上野千鶴子、二〇〇一、『構築主義とは何か』、勁草書房。

――、二〇〇五、『脱アイデンティティ』、勁草書房。

江原由美子、一九八五、『女性解放という思想』、勁草書房。

――、一九九六、『生殖技術とジェンダー』、勁草書房。

――、二〇〇二、『自己決定権とジェンダー』、岩波書店。

――、二〇二一、『増補 女性解放という思想』、ちくま学芸文庫。

海老原宏美、海老原けえ子、二〇一五、『まぁ、空気でも吸って――人と社会：人工呼吸器の風がつなぐもの』、現代書館。

大久保真紀、二〇一四、『献身　遺伝病　FAP（家族性アミロイドポリニューロパシー）患者と志多田正子たちのたたかい』、高文研。

大森安恵、二〇〇八、『糖尿病と妊娠の医学――糖尿病妊婦治療の歴史と展望』、文光堂。

荻野美穂、二〇一四、『女のからだ　フェミニズム以後』、岩波新書。

加藤秀一、一九九一、「リプロダクティヴ・フリーダムと選択的中絶」、『年報社会学論集』、一九九一（四）、一一－一二頁。

――、一九九六、「女性の自己決定権の擁護」、江原由美子（編）『生殖技術とジェンダー』所収、勁草書房、四一－七九頁。

――、二〇〇七、『「個」からはじめる生命論』、日本放送出版協会。

――、二〇一七、「〈生まれる〉ことをめぐる倫理学のために」、『現代と親鸞』三六、親鸞仏教センター、六八－一〇九頁。

さ

加茂君孝、二〇一二、「先天性両側小耳症・外耳道閉鎖疾患に対する良い耳介形成・外耳道・鼓膜・鼓室形成術の開発と両耳聴実現のためのチーム医療に関する研究」、『平成23年度総括・分担研究報告書：厚生労働科学研究費補助金難治性疾患克服研究事業』。

北島加奈子、二〇一九、「インペアメントがディスアビリティに先行するのか――インペアメントとディスアビリティの個人化をめぐって」、『Core Ethics』一五、立命館大学生存学研究センター、二一五－三四頁。

――、二〇一八、「インペアメントの意味――アイデンティティとの関係に着目して」、『Core Ethics』一四、立命館大学生存学研究センター、三五－四五頁。

北村　文、二〇〇九、『日本女性はどこにいるのか――イメージとアイデンティティの政治』、勁草書房。

熊谷普一郎、二〇〇九、『リハビリの夜』、医学書院。

厚生労働省、一九五六、『厚生白書（昭和31年度版）』、二〇二〇年一一月二七日取得 https://www.mhlw.go.jp/toukei_hakusho/hakusho/kousei/1956/

小宮友根、二〇一九、「表象はなぜフェミニズムの問題になるのか」、『世界』九二〇号、岩波書店、二二八－二三六頁。

榊原秀也、二〇一七、「倫理委員会　着床前診断に関する審査小委員会報告（1999－2015年度分の着床前診断の認可状況および実施成績）」、『日本産科婦人科学会誌』六九・九、一九一六－一九二〇頁。

榊原賢二郎、二〇一六、『社会的包摂と身体――障害者差別禁止法制後の障害定義と異別処遇を巡って』、生活書院。

――、二〇一九、『障害社会学という視座　社会モデルから社会学的反省へ』、新曜社。

左合治彦、二〇一四、「出生前診断の方法とその変遷」、『日本医師会雑誌』一四三・六「特集 出生前診断を考える」、一一四一－一一四四頁。

佐々木愛子、左合治彦、吉橋博史、山田重人、三宅秀彦、鈴森伸宏、高田史男、増崎英明、平原史樹、久具宏司、小西郁生、二〇一八、「日本における出生前遺伝学的検査の動向1998－2016」、『日本周産期・新生児医学会雑誌』五四、一〇一－一〇七頁。

澤井英明、杉浦真弓、二〇〇八、「遺伝カウンセリングと出生前診断　先天性疾患の胎児遺伝子診断」、『日本産科婦

人科学会雑誌』六〇・九、N－三一四－N－三一九頁。

清水　宏、一九九三、「遺伝性皮膚疾患の胎児皮膚生検による出生前診断」、『皮膚科の臨床』三五・一、一一－二一頁。

神経筋疾患ネットワーク、二〇一三、「新型出生前診断に対する反対声明」、『第29回DPI日本会議全国集会in神戸資料集』、特定非営利活動法人DPI日本会議、八一頁。

杉野昭博、二〇〇七、『障害学　理論形成と射程』、東京大学出版会。

――――、二〇二〇、「解説 アメリカ障害学の原点」、『ミッシング・ピーシーズ――アメリカ障害学の原点』所収、生活書院、四〇一－四一一頁。

杉本　章、二〇〇八、『障害者はどう生きてきたか――戦前・戦後障害者運動史 増補改訂版』、現代書館。

瀬山紀子、二〇〇〇、「日本に於ける女性障害者運動の展開（1）70年代から80年代後半まで」、『女性学』八、三〇－四七頁。

全国自立生活センター協議会、一九九九、『ピア・カウンセリングってなあに？』、全国自立生活センター協議会。

立岩真也、一九九七、『私的所有論』、勁草書房。

立山徳子、二〇〇五、「首都圏都市空間における「近代家族」の在り処――1970～2000年国勢調査データに見る家族変動」、『家計経済研究』六六「特集 都市」所収、二一－三一頁。

玉井真理子、一九九九、「「障害」と出生前診断」、石川准、長瀬修（編著）『障害学への招待』所収、明石書店、一〇九－一二五頁。

田村智英子、二〇二一、「諸外国における着床前診断の現状と日本の課題」、『遺伝子医学』一一・一「特集 着床前診断」所収、七三－八〇頁。

柘植あづみ、一九九二、「出生前診断の受診をめぐる状況」、生命倫理研究会・生殖技術研究チーム『出生前診断を考える――1991年度生殖技術研究チーム研究報告書』、四五－七八頁。

柘植あづみ、加藤秀一（編著）、二〇〇七、『遺伝子技術の社会学』、文化書房博文社。

柘植あづみ、菅野摂子、石黒眞里、二〇〇九、『妊娠――あなたの妊娠と出生前検査の経験をおしえてください』、洛北出版。

柘植あづみ、二階堂祐子、二〇一四、「諸外国の出生前診断の状況とその背景」、『日本医師会雑誌』一四三・六「特集　出生前診断を考える」所収、一一六六－一一七〇頁。

土屋　敦、二〇〇七、「「不幸な子どもの生まれない運動」と羊水検査の歴史的受容過程――「障害児」出生抑制政策（1960年代半ば－70年代初頭）興隆の社会構造的要因」、『生命倫理』一七・一、一九〇－一九七頁。

――――、二〇〇九、「母子衛生行政の転換局面における「先天異常児」出生予防政策の興隆――「（少産）少死化社会」における生殖技術論と「胎児」の医療化の諸相」、『三田学会雑誌』一〇二・一「小特集「いのち」の歴史学に向けて――われわれはいまどんな時代に生きているのか」所収、九一－一一八頁。

寺ノ門栄、一九七三、『偽りよ死ね――脳性マヒ者の愛と闘いの記録』、参玄社。

な

中村満紀夫（編著）、二〇一九、『日本障害児教育史　戦後編』、明石書店。

は

浜田寿美男、一九九二、『「私」というもののなりたち：自我形成論のこころみ』、ミネルヴァ書房。

東桂子、大森安恵、秋久理真、清水明実、平田幸正、仁志田博司、山口規容子、中林正雄、武田佳彦、一九九〇、「3人の健常児を出産し得た7歳発症インスリン依存型糖尿病（ＩＤＤＭ）の1例」、『糖尿病』三三・六、四七三－四七八頁。

藤井克徳、二〇二一、「藤井克徳　証言――優生保護法の犯した罪」、『国から子どもをつくってはいけないと言われた人たち　優生保護法の歴史と罪』所収、優生保護法被害者兵庫弁護団、六七－一一四頁。

藤野　豊、二〇二一、「藤野豊　意見書――優生保護法の歴史と責任」、『国から子どもをつくってはいけないと言われた人たち　優生保護法の歴史と罪』所収、優生保護法被害者兵庫弁護団、一一五－一五六頁。

ま

松田一郎、一九九八、『出生前診断の実態に関する研究　研究報告書』、厚生省心身障害研究「出生前診断の実態に関する研究」研究班。

松永真純、二〇〇一、「兵庫県「不幸な子どもの生まれない運動」と障害者の生」、『大阪人権博物館紀要』五、一〇九－一二六頁。

松原洋子、二〇〇〇、「日本——戦後の優生保護法という名の断種法」、米本昌平、松原洋子、橳島次郎、市野川容孝『優生学と人間社会——生命科学の世紀はどこへ向かうのか』所収、講談社新書、一六九—二三六頁。

——、二〇〇九、「まえがき」、生存学研究センター報告書10『出生をめぐる倫理——「生存」への選択』所収、五—七頁。

——、二〇一四、「日本における新型出生前検査（NIPT）のガバナンス——臨床研究開始まで」、生存学研究センター報告22『生殖をめぐる技術と倫理——日本・ヨーロッパの視座から』所収、六九—八五頁。

道木恭子、二〇一〇、「女性脊髄障害者の妊娠・出産の現状と課題」、『助産雑誌』六四・五、四二六—四三〇頁。

——、二〇一一、「女性脊髄障害者の妊娠・出産・育児」、『総合リハビリテーション』三九・七「特集 脊髄損傷——社会生活上の課題」、六三九—六四二頁。

道木恭子、堀房子、二〇〇五、「女性脊髄障害者の妊娠・出産に関する保健指導」、『Monthly Book Medical Rehabilitation』五三「特集 性機能障害治療マニュアル」、六九—七五頁。

三宅秀彦、二〇一四、「胎児・新生児の遺伝子検査・診断の現状」、『周産期医学』四四・二、二一三—二一七頁。

柳澤田実、二〇一七、「どのように線を描けばよいのか——ティム・インゴルドの場合」、『現代思想』四五・四「総特集 人類学の時代」、青土社、二八〇—二九三頁。

柳沢慶香、二〇二一、「1型糖尿病患者の妊娠と出産」、『チャイルドヘルス』二四・四「特集 子どもの糖尿病を知る」、診断と治療社、二七八—二八一頁。

山中美智子、二〇二一、「出生前検査のあり方について考えること」、『生命と倫理＝Sophia bioethics』八、上智大学、七七—八一頁。

山本和成、二〇二〇、「「生きていること」の共有としての教育——ティム・インゴルドの「線」概念による幼児期の自然体験の考察」、『滋賀大学教育学部紀要』六九、三五—四四頁。

山根純佳、二〇〇四、『産む産まないは女の権利か——フェミニズムとリベラリズム』、勁草書房。

優生手術に対する謝罪を求める会、二〇〇三、『優生保護法が犯した罪——子どもをもつことを奪われた人々の証言』、現代書館。

横田　弘、一九七三、『炎群』、しののめ叢書、一三、青い芝神奈川連合会事務局。

――、一九七五、『ころび草』、自立社、仮面社（発売）。

――、一九七六、『あし舟の声　胎児チェックに反対する「青い芝」神奈川県連合会の斗い』、青い芝神奈川連合会事務局。

――、一九七九、『障害者殺しの思想』、ＪＣＡ出版。

――、二〇〇四、『否定されるいのちからの問い――脳性マヒ者として生きて　横田弘対談集』、現代書館。

――、二〇一五、『増補新装版 障害者殺しの思想』、現代書館。

横塚晃一、二〇〇七、『母よ！　殺すな』、生活書院。

吉峯康博、一九九八、『医療と子どもの人権』、明石書店。

米津知子、二〇〇二、「女性と障害者――女で障害者の私が、女の運動の中から考えること」、斎藤有紀子（編著）『母体保護法と私たち』所収、明石書店、二二五－二三九頁。

利斎輝郎、一九八四、「脳性小児麻ひ患者の妊娠・分べんの1例」、『医療』三八・一二、一一八四－一一八五頁。

ろう教育科学会、二〇一二、『聴覚障害教育の歴史と展望』、風間書房。

渡部　伸、二〇一九、『障害のある子が将来にわたって受けられるサービスのすべて』、自由国民社。

ワロン、アンリ・、一九八三、『身体・自我・社会――子どものうけとる世界と子どもの働きかける世界』、浜田寿美男（編訳・解説）（収録原著論文が複数のため原著表記を略す）、ミネルヴァ書房。

わら

日本語以外の文献

Abberley, Paul, 1987, The concept of Oppression and the Development of Social Theory of Disability, in *Disability, Handicap & Society*, 2(1) : pp.5-19.

Butler, Judith P., 1990, *Gender Trouble : Feminism and the Subversion of Identity*, Routledge.（竹村和子 訳、一九九九、『ジェンダー・トラブル　フェミニズムとアイデンティティの攪乱』、青土社）

————, 1997, *Excitable Speech : A Politics of the Performative*, NewYork & London : Routledge.（竹村和子 訳、二〇〇四、『触発する言葉——言語・権力・行為体』、岩波書店）

Cornell, Drucilla, 1995, The Imaginary Domain: Abortion, Pornography & Sexual Harrassment, 'Dismembered Selves and Wandering Wombs', in *The Imaginary Domain*, Ch.2, Routledge.（後藤浩子 訳、一九九八、「寸断された自己とさまよえる子宮」、『現代思想』二六・八「特集 自己決定権：私とは何か」、八二－一〇五頁）

Finkelstein, Victor, 1990, "We" are not disabled, "you" are, in Gregory, S., Hartley, G. M. (eds.), *Constructing Deafness*, Pinter, London / The Open Universuty, Milton Keynes.（「障害（ディスアビリティ）の共通性」、長瀬修 訳、倉本智明、長瀬修 編著、二〇〇〇、『障害学を語る』所収、エンパワメント研究所、六五－七頁）

Goffman, Erving, 1963, *Stigma : Notes on the Management of Spoiled Identity*, Englewood Cliffs, New Jersey : Prentice-Hall.（石黒毅 訳、二〇〇一、『スティグマの社会学——烙印を押されたアイデンティティ』改訂版、せりか書房）

Good, B., 1994, *Medicine, Rationality, and Experience : an Anthropological Perspective*, Cambridge University Press.（江口重幸、五木田紳、下地明友、大月康義、三脇康生 訳、二〇〇一、『医療・合理性・経験：バイロン・グッドの医療人類学講義』、誠信書房）

Hughes, B., and K. Paterson, 1997, The Social Model of Disability and the Disappearing Body : Towards a Sociology of Impairment, in *Disability & Society*, 12 (3): pp.325-340.

Ingold, T., 2007, *Lines : a brief history*, Routledge.（工藤晋 訳、二〇一四、『ラインズ　線の文化史』、左右社）

————, 2015, *The Life of Lines*, Routledge.（筧菜奈子、島村幸忠、宇佐美達郎 訳、二〇一八、『ライフ・オブ・ラインズ　線の生態人類学』、フィルムアート社）

————, *Making : Anthropology, Archaeology, Art and Architecture*, Routledge.（金子遊、水野友美子、小林耕二訳、二〇一七、『メイキング　人類学・考古学・芸術・建築』、左右社）

Jordan, B., 2008, *L'humanité au pluriel : la génétique et la question des races*, Editions du Seuil.（山本敏充 監修、林昌宏 訳、二〇一三、『人種は存在しない——人種問題と遺伝学』、中央公論新社）

Kayess, R. and French, P., 2008, Out of Darkness into Light? Introducing the Convention on the Rights of Persons with Disabilities, in *Human Rights Law Review*, (8): pp.1-34.

Kleinman, Arthur, 1988, *The Illness Narratives: Suffering, Healing and the Human Condition*, Basic Books.（江口重幸、五木田紳、上野豪志 訳、一九九六、『病いの語り　慢性の病いをめぐる臨床人類学』、誠信書房）

Parens, Erik., Asch, Adrienne, 1999, The Disability Rights Critique of Prenatal Genetic Testing : Reflections and Recommendations, in *Special Supplement, Hastings Center Report*, 29, No.5 (September-October 1999), S1-S22.（土屋貴志 訳、「出生前遺伝子検査に対する障害者の批判：考察と勧告」、『ヘイスティングスセンターリポート』二九・五、特別付録一－二二、二〇一四年一一月五日取得 http://www.arsvi.com/1990/199909.html）

Parens, Erik., Asch, Adrienne (eds.), 2000, *Prenatal Testing and Disability Rights*, Georgetown University Press.

Saxton, Marsha, 2010, Disability Rights and Selective Abortion, in Davis, Lennard J. (ed.), *The Disability Studies Reader 3rd edition*, Routledge, pp.120-132.（二階堂祐子 訳、二〇一二、「障害者の権利と選択的中絶」、『明治学院大学大学院社会学研究科社会学専攻紀要』三六、九－二〇頁）

Shakespeare, Tom, 1995, Back to the future? New Genetics and disabled people, in *Critical Social policy October 1995*, 15: pp.22-35.

————, 1999, 'Losing the plot'? Medical and activist discourses of contemporary genetics and disability, in *Sociology of Health & Illness*, 21(5), 1999: pp.669-688.

————, 2013, Nasty, Brutish, and Short? On the Predicament of Disability and Embodiment, in Bickenbach, Jerome E., Felder, F., Schmitz, B. (eds.), *Disability and the Good Human Life Cambridge*, Cambridge University Press: pp.93-112.

————, 2014, *Disability Rights and Wrongs*, Revisited 2nd Edition, Routledge.

Stone, Deborah A., 1984, *The Disabled State*, Temple University Press.

Tremain, S., 2001, On the Government of Disability, in *Social Theory and Practice*, 27(4): pp.617-636.

———, 2002, On the Subject of Impairment, in Coker, M., and Shakespeare, T. (eds.), *Disability/Postmodernity : Embodying Disability Theory*, London and New York : Continuum: pp.32-47.

———, 2015, This Is What a Historicist and Relativist Feminist Philosophy of Disability Looks Like, in *Foucault Studies*, 19: pp.7-42.

———, 2017, *Foucault and Feminist Philosophy of Disability*, Michigan : University of Michigan Press.

Tsuge, Azumi, 2015, What Do Women Want to Choose?: Prenatal Testing and Women's Experiences in Japan, a paper for keynote speech at the 13th Gender and Medicine International Conference, Yang-Ming University, Taipei, April, pp.25-26.

Viveiros de Castro, Eduardo, 2009, *Métaphysiques cannibales : lignes d'anthropologie post-structurale*, Presses universitaires de France.（檜垣立哉、山崎吾郎訳、二〇一五、『食人の形而上学――ポスト構造主義的人類学への道』、洛北出版）

Zola, Irving Kenneth, 1982, *Missing Pieces A Chronicle of Living With a Disability*, Temple University.（ニキリンコ訳、二〇二〇、『ミッシング・ピーシーズ――アメリカ障害学の原点』、生活書院）

母体血を用いた新しい出生前遺伝学的検査が産婦人科領域を超えた社会的要素を内包した臨床診療手段であることを考慮し、上記の認定・登録の主体となる委員会は、日本産科婦人科学会だけでなく、関連する他の機関をもって構成されることが望ましい。

(附) 指針の提示にあたって

本検査には倫理的に考慮されるべき点があること、試料を分析する検査会社がいまだ国内にはないこと、わが国独自の解析結果が存在しないことなどから、その実施は、まず臨床研究として、認定・登録された施設において、慎重に開始されるべきであります。当分の間、本検査実施施設の認定・登録については、臨床研究の形態をとったもののみを審査の対象といたします。

スク管理についての具体的方法を呈示しなければならない。

この検査業務の遂行によって得られる個人情報、検査結果等についての秘密保持を徹底するとともに、検体は検査終了後速やかに廃棄し、他の検査や研究に利用してはならない。

本条項の順守のために、検査実施施設は検査会社との間に文書をもって契約を交わし、その文書を保管しなければならない。

Ⅵ　母体血を用いた新しい出生前遺伝学的検査に対する医師、検査会社の基本的姿勢

母体血を用いた新しい出生前遺伝学的検査の実施施設であるかないかに関わらず、すべての医師は母体血を用いた新しい出生前遺伝学的検査に対して次のような姿勢で臨んで差し支えない。

1．母体血を用いた新しい出生前遺伝学的検査について医師が妊婦に積極的に知らせる必要はない。ただし、妊婦が本検査に関する説明を求めた場合には、医師は本検査の原理をできる限り説明し、登録施設で受けることが可能であることを情報として提供することを要する。

2．医師は、母体血を用いた新しい出生前遺伝学的検査を妊婦に対して安易に勧めるべきではない。

　また、検査会社等がこの検査を勧める文書などを作成し不特定多数の妊婦に配布することは望ましくない。

Ⅶ　認定登録制度の確立

第Ⅴ章に記載した各種要件を満たすために、母体血を用いた新しい出生前遺伝学的検査を実施する施設を認定し、登録する制度を発足させることが必要である。この、実施施設の認定・登録を行う委員会は、各施設から「実施施設」となることの申請を受け、その施設が母体血を用いた新しい出生前遺伝学的検査を行う施設として第Ⅴ章に記載した各要件を満たしているか審査する。あわせて申請施設と検査会社（および代理店がある場合はその代理店）との間の契約書の写し、被検者に対する遺伝カウンセリングの際の説明文書の写しについて申請施設から提出を受け、検査会社（および代理店がある場合はその代理店）との契約が交わされていること、および被検者への説明文書が作成されていることを確認する。認定された各「実施施設」は、実施された母体血を用いた新しい出生前遺伝学的検査の結果、およびその妊娠の転帰について、認定・登録を行う委員会に報告しなければならない。また、この認定・登録を行う委員会は、認定された各「実施施設」に対して定期的に評価を行う体制を整え、実行する。

異常がないことを確定させることにはならないこと。

2. 結果が陽性の場合、対象とする染色体異常のみられる可能性は高くなるが、偽陽性がありうること。陽性適中率は事前確率により異なること。確定診断をするには、侵襲を伴う検査（絨毛検査または羊水検査）が必要になること。

3. 陰性または陽性と出た結果を再確認するための再検査は意味がないとされていること。

4. 結果が判定保留（Not Reportable）の場合、血液中の胎児由来DNA濃度が低いことが理由である可能性のあること。その場合、再検査を行うこと、または、侵襲を伴う検査を行うことが選択肢であること。

（2）（1）の他、必要に応じて検査前に説明した項目（V-3）の、（1）、（2）、（3）、（5）について、妊婦およびその配偶者（事実上婚姻関係と同様の事情にある者を含む）の理解が得られるように説明する。

（3）確定診断としての侵襲を伴う検査（絨毛検査または羊水検査）を受けるか、または受けないかの方針決定については、十分な遺伝カウンセリング下での妊婦およびその配偶者（事実上婚姻関係と同様の事情にある者を含む）による決定を尊重する。

（4）説明した内容、およびその後の方針につき、文書に記載し、文書による同意を得たうえで、同意文書を保管する。

（5）V-1-1項に述べた産婦人科医師と小児科医師（および認定遺伝カウンセラーまたは遺伝看護専門職）は、当該妊婦の妊娠終了まで担当医と連携して当該妊婦の遺伝に関する相談に応じる。

（6）V-1-1項に述べた産婦人科医師と小児科医師（および認定遺伝カウンセラーまたは遺伝看護専門職）は、当該妊婦の妊娠終了後も、当該妊婦の要望があれば、遺伝に関する相談に応じる。

V-5　母体血を用いた新しい出生前遺伝学的検査を行う検査会社に求められる要件

母体血を用いた新しい出生前遺伝学的検査を担当する検査会社は、その会社独自の検査精度や精度管理の状況、感度や特異度について基礎データを検査実施施設に示し、検査の質を保証しなければならない。また、検体の輸送手段、取り違えの防止等のリ

6．母体血を用いた新しい出生前遺伝学的検査を行っても、対象となる染色体異常に起因する疾患の治療にはつながらないこと。

（4）母体血を用いた新しい出生前遺伝学的検査の結果の解釈についての説明。

1．検査が陰性の場合は、対象とする染色体異常のみられる可能性はきわめて低いが、0ではなく、偽陰性となることがありうること。したがって、対象とする染色体異常がないことを確定させることにはならないこと。

2．検査が陽性の場合は、対象とする染色体異常のみられる可能性は高くなるが、偽陽性がありうること。陽性適中率は事前確率により異なること。確定診断をするには、侵襲を伴う検査（絨毛検査または羊水検査）が必要になること。

3．結果を確認するための母体血の再検査は意味がないとされていること。

4．検査結果が判定保留（Not Reportable）となる場合があること。

（5）次の段階の選択肢となりうる侵襲を伴う検査についての説明。

1．対象とする染色体異常の有無を確定させるために穿刺による羊水採取で羊水中胎児由来細胞の染色体検査（羊水検査）を行った場合、300分の1の確率で流産が起こる可能性のあること。

2．羊水検査を行っても、染色体異常に起因する疾患の治療にはつながらないこと。

（6）以上の事項を口頭だけでなく、文書を渡して十分に説明し、理解が得られたことを確認したあとに、検査を受けることについて文書による同意を得て、その同意文書を保管する。

（7）遺伝カウンセリングの結果、母体血を用いた新しい出生前遺伝学的検査を受けない選択をした妊婦に対し、その妊婦の要請ある場合は、妊娠の終了まで遺伝に関する相談に応じる。

V-4　母体血を用いた新しい出生前遺伝学的検査を行った後に、医師が妊婦およびその配偶者（事実上婚姻関係と同様の事情にある者を含む）に説明し、理解を得るべきこと。

（1）母体血を用いた新しい出生前遺伝学的検査の結果の解釈についての説明を行う。

1．結果が陰性の場合、対象とする染色体異常のみられる可能性はきわめて低いが、0ではなく、偽陰性となることがありうること。したがって、対象とする染色体

側面だけから子どもをみるのは誤りであること。
3．障害や平均からの偏りをもって生まれた場合でも、その成長発達は個人によってさまざまであり一様でないこと。
4．障害の有無やその程度と、本人および家族が幸か不幸かということの間には、ほとんど関連はないこと。
5．生まれる前に原因の存在する先天的な障害や平均からの偏りだけでなく、後天的な障害が発生することもあること。

（2）母体血を用いた新しい出生前遺伝学的検査の対象となる染色体異常（13番、18番、21番の染色体の数的異常）に関する最新の情報（自然史を含む）についての説明。
1．これらの染色体異常の特徴および症状。
2．これらの染色体異常をもって出生した子どもに対する医療の現状。
3．これらの染色体異常は、出生後の経過が一様でなく、個人差が大きい、したがって出生後の生活は個人によりさまざまであること。
4．これらの染色体異常や合併症の治療の可能性および支援的なケアの現状についての説明。

（3）母体血を用いた新しい出生前遺伝学的検査の位置づけについての説明。
1．母体血を用いた新しい出生前遺伝学的検査の対象となる妊婦は、従来侵襲を伴う検査（羊水検査や絨毛検査）の対象となっていた妊婦であり、母体血を用いた新しい出生前遺伝学的検査がマススクリーニングではないこと。
2．侵襲を伴う検査で診断される染色体異常の60～70%が数的異常であるが、母体血を用いた新しい出生前遺伝学的検査が対象としているのは、染色体数的異常のうちの3つの染色体（13番、18番、21番の染色体）に限られること。
3．母体血を用いた新しい出生前遺伝学的検査は、染色体数的異常以外の次のような異常は対象としていないこと。均衡型転座、微細欠失などの構造異常。微小でも重要な数的異常、胎児の染色体モザイク。胎児遺伝性疾患。胎盤性モザイク。
4．母体血を用いた新しい出生前遺伝学的検査は、特定の染色体（13番、18番、21番の染色体）の数的異常の診断を目的としているが、染色体の数的異常である可能性が高いことを示す非確定的検査であり、検査を受けることにより確定的診断に到達するわけではないこと。
5．特定の染色体（13番、18番、21番の染色体）の数的異常の診断の確定には、侵襲を伴う検査（絨毛検査または羊水検査）が必要であること。

2．遺伝に関する専門外来を設置し、1項に述べた産婦人科医師と小児科医師（および認定遺伝カウンセラーまたは遺伝看護専門職）が協力して診療を行っていること。
3．検査を希望する妊婦に対する検査施行前の遺伝カウンセリングと検査施行後に結果を説明する遺伝カウンセリングのいずれについても、十分な時間をとって行う体制が整えられていること。なお、検査施行前後の遺伝カウンセリングには、1項で挙げた専門職のすべてが直接関与することが望ましい。また検査施行前の遺伝カウンセリングから検査の実施までには、被検妊婦自身が検査受検の要否について十分に考慮する時間をもつことができるよう配慮すること。
4．検査施行後の妊娠経過の観察を自施設において続けることが可能であること。
5．絨毛検査や羊水検査などの侵襲を伴う胎児染色体検査を、妊婦の意向に応じて適切に施行することが可能であること。
6．妊婦が侵襲を伴う胎児染色体検査を受けた後も、妊婦のその後の判断に対して支援し、適切なカウンセリングを継続できること。
7．出生後の医療やケアを実施できる、またはそのような施設と密に連携する体制を有すること。

V-2　対象となる妊婦。

母体血を用いた新しい出生前遺伝学的検査を受けることを希望する妊婦のうち、次の1～5のいずれかに該当する者とする。

1．胎児超音波検査で、胎児が染色体数的異常を有する可能性が示唆された者。
2．母体血清マーカー検査で、胎児が染色体数的異常を有する可能性が示唆された者。
3．染色体数的異常を有する児を妊娠した既往のある者。
4．高齢妊娠の者。
5．両親のいずれかが均衡型ロバートソン転座を有していて、胎児が13トリソミーまたは21トリソミーとなる可能性が示唆される者。

V-3　母体血を用いた新しい出生前遺伝学的検査を行う前に医師が妊婦およびその配偶者（事実上婚姻関係と同様の事情にある者を含む）、および場合によっては他の家族に説明し、理解を得るべきこと。

（1）出生児が先天的に有する障害や平均からの偏りに関する一般的な説明。

1．生まれてくる子どもは誰でも先天異常などの障害をもつ可能性があり、その可能性はさまざまであること。
2．障害は、その子どもを全人的にみた場合の個性の一側面でしかなく、障害という

よる染色体分析を受けていたような、染色体の数的異常の胎児を出産する可能性の高い妊婦が、羊水検査等の前に母体血を用いた新しい出生前遺伝学的検査を受けることにより、侵襲を伴う検査を回避できる可能性のあることを論拠とする意見もある。たしかにこのような妊婦に母体血を用いた新しい出生前遺伝学的検査を実施し、陰性の結果が得られた場合、その的中率が高いために、胎児が染色体の数的異常を有する可能性はきわめて低いことを意味する。その場合においても、母体血を用いた新しい出生前遺伝学的検査が非確定的検査であることを遺伝カウンセリングを通じて妊婦に説明し、妊婦の正しい理解を得ることがきわめて重要であることに変わりはない。

このような状況に鑑み、母体血を用いた新しい出生前遺伝学的検査は、十分な遺伝カウンセリングの提供が可能な限られた施設において、限定的に行われるにとどめるべきである。実施可能な施設として備えるべき要件、対象となる妊婦の基準、実施されるべき遺伝カウンセリングの内容、については第Ⅴ章に記載する。

Ⅴ　母体血を用いた新しい出生前遺伝学的検査を行う場合に求められる要件。

Ⅴ-1　母体血を用いた新しい出生前遺伝学的検査を行う施設が備えるべき要件。

1. 出生前診断、とくに13番、18番、21番染色体の数的異常例について、自然史や支援体制を含めた十分な知識および豊富な診療経験を有する産婦人科医師（産婦人科専門医※1）と、出生前診断、とくに13番、18番、21番染色体の数的異常例について、自然史や支援体制を含めた十分な知識および豊富な診療経験を有する小児科医師（小児科専門医※2）がともに常時勤務していることを要し、医師以外の認定遺伝カウンセラー※3または遺伝看護専門職が在籍していることが望ましい。上記の産婦人科医師（産婦人科専門医※1）は臨床遺伝専門医※4であることが望ましく、上記の小児科医師（小児科専門医※2）は臨床遺伝専門医※4または周産期（新生児）専門医※5であることが望ましい。上記の産婦人科医師（産婦人科専門医※1）、小児科医師（小児科専門医※2）の少なくとも一方は臨床遺伝専門医※4の資格を有することを要する。

※1　公益社団法人日本産科婦人科学会認定産婦人科専門医
※2　公益社団法人日本小児科学会認定小児科専門医
※3　日本人類遺伝学会・日本遺伝カウンセリング学会認定遺伝カウンセラー
※4　日本人類遺伝学会・日本遺伝カウンセリング学会認定臨床遺伝専門医
※5　一般社団法人日本周産期・新生児医学会周産期（新生児）専門医

査についての適切な情報を事前に十分な説明とともに受けるという原則が達成されないおそれがある。

胎児に対して出生前に行われる遺伝学的な検査・診断は、その高度な専門性と結果から導かれる社会的影響を考慮すると、臨床遺伝学の知識を備えた専門医が情報提供と説明にあたるべきである。過去に母体血清マーカーによる出生前遺伝学的検査がわが国において実施されるようになった際に、厚生科学審議会先端医療技術評価部会の母体血清マーカーに関する見解（平成11年6月）が発表された。この中で、母体血清マーカー検査の意義の説明と遺伝カウンセリングの重要性が指摘され、検査の前後に検査の意義の説明と遺伝カウンセリングを十分に行うよう配慮したうえで、検査を慎重に実施するよう注意が喚起された。このため、十分な配慮の下に母体血清マーカー検査が行われることの重要性が認識され、慎重に実施される方向に進んできているとはいうものの、産婦人科医療の現場を見渡すと、現在においても、臨床遺伝学の知識を備えた専門医が診断前後に検査の説明と遺伝カウンセリングを行う姿勢が徹底されているとは言い難い。このため、現状では母体血を用いた新しい出生前遺伝学的検査を行う前に検査についての十分な説明と遺伝カウンセリングを行い、妊婦に適切な情報を提供することが不十分であるばかりでなく、検査施行後にその結果について妊婦が適正な判断をなしうるような遺伝カウンセリングを行うことにも体制の不備がある状況と言わざるを得ない。前章（2）に述べた検査結果に対する妊婦の誤解やその誤解に基づいた判断の可能性は払拭されないのである。

したがって、遺伝カウンセリングを必要とする妊婦に対して臨床遺伝学の知識を備えた専門医が遺伝カウンセリングを適切に行う体制が整うまでは、母体血を用いた新しい出生前遺伝学的検査をわが国において広く一般産婦人科臨床に導入すべきではない。また、遺伝カウンセリングを適切に行う体制が整ったとしても、本検査を行う対象は客観的な理由を有する妊婦に限るべきである。不特定多数の妊婦を対象としたマススクリーニングとして母体血を用いた新しい出生前遺伝学的検査を行うのは厳に慎むべきである。

しかしながら、海外、特に米国において母体血を用いた新しい出生前遺伝学的検査が急速に普及しつつある現状、およびこの検査の簡便さを考慮すると、現在の状況では、適切な遺伝カウンセリングが行われずに検査が施行されるようになることも考えられ、きわめて憂慮される事態を招きかねない。

母体血を用いた新しい出生前遺伝学的検査をわが国においても受けることができるようにと願う意見の中には、全面的に自由化し、すべての妊婦がその自由な意思によって受けられるように希望する意見のほかに、従来羊水検査等の侵襲を伴う手技に

Ⅲ　母体血を用いた新しい出生前遺伝学的検査の問題点

（1）妊婦が十分な認識を持たずに検査が行われる可能性があること。

母体血を用いた新しい出生前遺伝学的検査は、妊婦からの採血により行われるものである。きわめて簡便に実施できることから、検査に関する十分な説明が医療者から示されず、その結果、妊婦がその検査の意義、検査結果の解釈について十分な認識を持たないまま検査が行われるおそれがある。そのため、検査結果によって妊婦が動揺・混乱し、検査結果について冷静に判断できなくなる可能性がある。

（2）検査結果の意義について妊婦が誤解する可能性のあること。母体血を用いた新しい出生前遺伝学的検査は、母体血中のDNA断片の量の比から、胎児が13番、18番、21番染色体の数的異常をもつ可能性の高いことを示す非確定的検査である。診断を確定させるためには、さらに羊水検査等による染色体分析を行うことが必要となる。この点は、従来の母体血清マーカー検査と本質的に変わるところはない。母体血を用いた新しい出生前遺伝学的検査においては、その感度が母体血清マーカー検査と比較して高いために、被検者である妊婦が得られた結果を確定的なものと誤解し、その誤解に基づいた判断を下す可能性がある。

（3）胎児の疾患の発見を目的としたマススクリーニング検査として行われる可能性のあること。

母体血を用いた新しい出生前遺伝学的検査は、妊婦から少量の血液を採取して行われる簡便さのため、医療者は容易に検査の実施を考慮しうる。また検査の簡便さゆえ妊婦も検査を受けることを希望しやすい状況となりうる。その結果、不特定多数の妊婦を対象に胎児の疾患の発見を目的としたマススクリーニング検査として行われる可能性がある。

Ⅳ　母体血を用いた新しい出生前遺伝学的検査に対する基本的考え方

医療の実践にあたっては、受療者に対して適切な情報を提供し十分な説明を行ったうえで、受療者がその診療行為を受けるか否かを決定することが原則である。ここでいう診療行為とは診断に至るための診察行為、検査、診断を受けての治療行為を含んでいる。したがって、母体血を用いた新しい出生前遺伝学的検査は、この原則に則って行われるべき診療行為に含まれることになる。しかし、母体血を用いた新しい出生前遺伝学的検査は、前章（1）に述べたように、その簡便さから妊婦がその意義、検査結果の解釈について十分な認識を持たずに検査を受ける可能性があり、受療者が検なお本指針で対象としている「母体血を用いた新しい出生前遺伝学的検査」とは、13番、18番、21番の3つの染色体の数的異常を検出する非確定的検査を指している。性染色体の数的異常を検出するための血液による非確定的検査も臨床実施が可能となっているが、今回の検討の対象とはなっていない。性染色体の数的異常検出のための検査の指針策定には別途検討を要する。

II　検討の経緯

従来、日本産科婦人科学会は、出生前に行われる新たな検査技術が臨床応用されるようになるたびに、それらの新技術に関する考え方や適用法を「見解」として会員に提示してきた。現在は、「出生前に行われる検査および診断に関する見解」として平成23年6月に改定されたものが提示されている。この領域の技術は進歩が著しく、母体血を用いた新しい出生前遺伝学的検査についても、既にこの検査法に関する考え方を「出生前に行われる検査および診断に関する見解」に取り入れるように「見解」のさらなる改定を目指して平成24年初頭から学会内で検討を始めていたところであった。しかしながら、平成24年8月末、母体血を用いた新しい出生前遺伝学的検査が日本国内で開始されるとの報道がなされるに及び、さまざまな出生前検査がある中、母体血を用いた新しい出生前遺伝学的検査についても学会としてなんらかの指針を示すことが喫緊の課題となったため、「母体血を用いた新しい出生前遺伝学的検査に関する検討委員会」が設置され、検討が行われてきた。

本委員会は、日本産科婦人科学会倫理委員会の中に設置され、日本産科婦人科学会、日本小児科学会、日本人類遺伝学会、法学・生命倫理分野からの専門家が委員として加わり、組織された。委員会では、本委員会を構成する委員だけでなく、委員外の有識者にも随時出席を求め意見を聴取し議論を重ねた。出席を求めた委員外の有識者は、日本産科婦人科学会出生前診断見解改定ワーキンググループ委員長、NIPT臨床研究代表者、日本医師会、遺伝看護学分野、遺伝カウンセリング分野、法学・医療倫理学分野、日本ダウン症協会からである。また公開シンポジウムを開催、さらに指針案を公表してパブリックコメントを求めることを通じて、広く一般からの意見を指針策定の参考とした。(4回の委員会、および公開シンポジウムの日程、パブリックコメント収集期間は次のとおりである。委員会：平成24年10月2日、11月1日、12月7日、平成25年2月4日；公開シンポジウム：平成24年11月13日；パブリックコメント収集：平成24年12月17日～平成25年1月21日)
このたびまとめた指針は、上記の4回の委員会、公開シンポジウム、およびパブリックコメントから得られた結果である。

付属資料4

母体血を用いた新しい出生前遺伝学的検査に関する指針

公益社団法人日本産科婦人科学会倫理委員会
母体血を用いた出生前遺伝学的検査に関する検討委員会

Ⅰ　はじめに

医学の進歩に伴い、出生前に子宮内の胎児の状態を診断する出生前診断技術が向上してきている。一部の疾患については、出生前診断をもとに出生前に子宮内の胎児に対して、または出生後早期の新生児に対して治療することも可能となっている。しかしながら、治療の対象とならない先天的な異常については、出生前診断を行うことにより、障害が予測される胎児の出生を排除し、ついには障害を有する者の生きる権利と命の尊重を否定することにつながるとの懸念がある。

現在行われている出生前の診断技術には、超音波検査、絨毛検査、羊水検査、母体血清マーカー検査などがある。近年になって、母体血を用いた新しい出生前遺伝学的検査が開発され、海外で普及し始めており、米国においては対象を限定した臨床実施が始まった。母体血を採取するのみで、妊婦への身体的リスクなく行われるこの検査は、その簡便さから日本においても容易に普及していくことが予想される。

母体血を用いた新しい出生前遺伝学的検査は、母体血漿中に存在する胎児由来のcell-free DNAを母体由来のDNA断片とともに網羅的にシークエンスすることにより各染色体に由来するDNA断片の量の差異を求めてそれらの比較から、胎児の染色体の数的異常の診断に結び付けるものである。したがって母体血を用いた新しい出生前遺伝学的検査による診断の対象となるのは、染色体の数的異常であり、現在普及している技術は、染色体のうちの特定の染色体（13番、18番、21番）に対するものである。これら3つの染色体の数的異常は、母体血を用いた新しい出生前遺伝学的検査により診断を行っても、それが治療につながるわけではない。その簡便さを理由に母体血を用いた新しい出生前遺伝学的検査が広く普及すると、染色体数的異常胎児の出生の排除、さらには染色体数的異常を有する者の生命の否定へとつながりかねない。

母体血を用いた新しい出生前遺伝学的検査が日本国内でも行われうる状況となっている現在、この検査の問題点とあり方について検討しておくことはきわめて重要である。日本産科婦人科学会では倫理委員会内に母体血を用いた新しい出生前遺伝学的検査に関する検討委員会を設け、さまざまな視点からの議論を行い、「母体血を用いた新しい出生前遺伝学的検査に関する指針」をまとめたので報告する。

フェイスシート

あなたご自身のことについてお尋ねします。

(1) 年齢　　　　　2011年12月31日現在

(2) 性別

(3) 障害名

　手帳の有無

　等級

　「診断」は何歳のときに受けましたか

(4) 家族構成を教えてください

　同居

　別居

　お子さんがいればその人数、年齢

(5) 最終学歴

　中学　　高校　　専門学校　　短期大学　　大学　　大学院

(6) 職歴と現在のお仕事

　職歴

　現在のお仕事

　よろしければその年収

以上

□　妊娠がわかったときはどんな気持ちでしたか。
□　パートナーはどんな反応でしたか。
□　その妊娠の結果はどのようなものでしたか。
　　流産した（　　ヶ月）　人工妊娠中絶した　出産した　死産した（　　ヶ月）
□　妊娠中に生まれてくる子どもについて何か不安に思ったことがあれば教えてください。
　　⇒出産・育児を経験している人は補足質問項目へ

3．に関して
□　どのような出生前検査を受けたのか教えてください。
□　遺伝子検査の経験はありますか。
□　出生前検査を受けたのは（受けなかったのは）なぜか教えてもらえますか。
□　あなたのご家族やパートナー、パートナーのご家族と出生前検査について話し合ったことはあれば教えてください。
□　出生前検査の結果とその後どうされたのかについてよろしければ教えてください。
□　出生前検査のことを周囲に相談したのはいつですか。受ける前／受けた後
□　出生前検査を受けたことをあえて伝えなかった人はいますか。

補足質問項目

出産したときのことを教えてください。
□　出産にいたるまでの経緯、方法を教えてください。
□　出産した場所はどこですか。
　　助産院　　病院　　産院　　自宅　　その他（　　　）
□　パートナーは出産にはどのように関わりましたか。
□　出産の際に不安なことはありましたか。

育児について教えてください。
□　産後すぐ（3ヶ月以内）はどこでどのように育児をしましたか。
□　どのような人々があなた方の育児をサポートしましたか。
□　パートナーはどのような役割を担っていましたか。
□　育児をするうえでの不安はありましたか。

付属資料 3

「障害のある女性／男性の語る妊娠・出産・出生前検査」
インタビュー質問項目

2011年8月

質問項目

1．あなたの障害について教えてください。

2．いままでの妊娠・出産の経験あるいはお考えを教えてください。

3．出生前検査の経験あるいはお考えを教えてください。

チェック項目

1．に関して

フェイスシートに従い、自由に説明いただく。

□ あなたの障害が「診断」されたときのことを教えてください。誰が、どのような状況で診断したのでしょうか。
□ あなた自身があなたの障害について知ったときのことを教えてください。
□ 自分の障害が遺伝性のものか否か知っていますか。
□ あなたの家族とあなたとの関係について教えてください。
□ あなたが受けた医療・福祉サービスは、あなたがもつ障害のイメージにどのような影響を与えたとおもいますか。
□ あなたが受けた教育は、あなたがもつ障害のイメージにどのような影響を与えたとおもいますか。
□ あなたがあなたの障害についてどう思っているのかを教えてください。
□ あなたの人生のなかで、あなた自身の考え方に強く影響した人との出会いや思想があれば教えてください。

2．に関して

□ あなたが妊娠したのは何歳のときのことですか（西暦　　　年）。
□ その妊娠は計画的でしたか。
□ そのときパートナーとは婚姻関係にありましたか。

付属資料 2

「障害のある女性／男性の語る妊娠・出産・出生前検査」
インタビュー調査協力承諾書

私は、「障害のある女性／男性の語る妊娠・出産・出生前検査」に関するインタビュー調査の目的や方法を理解し、私の自由意思でインタビューに協力します。

日付　　　年　　月　　日

お名前　　　　　　　　　　サインまたは印

ご住所
〒

電話

FAX

E-mail

連絡は（郵便・電話・FAX・電子メール・その他　　　　）を希望します。
↑いずれかを丸で囲んでください。

インタビュー調査にあたり、情報保障や介助者の準備の必要な方は下記までご相談ください。その他ご希望についても教えてください。

二階堂祐子
大学の住所・電話番号・メールアドレスの記載（本書では割愛する）

※ご参考までに私のこれまでの主な研究活動を以下に紹介します。これらの研究活動とともに、大学で障害学生の授業支援のコーディネートをする仕事に従事しています（2002年～現在）。

- 「社会福祉におけるシチズン・アドボカシーの可能性」（2002年3月）『龍谷大学大学院研究紀要 社会学・社会福祉学』第10号 pp.119-128.
- 「よくある反省文（ある聴覚障害学生との出会いを通した省察）」（2004年8月）『障害学研究』創刊号、明石書店 pp.257-262.
- 「障害学生支援コーディネーターとは　立命館大学を一フィールドとして」（2008年9月）ヒューマンサービスリサーチシリーズ11『障害学生支援の新しいビジョン』立命館大学人間科学研究所 臨床人間科学オープンリサーチセンター pp.50-61.
- 「専門職養成課程におけるサービスラーニング――アメリカ・ロチェスター工科大学手話通訳者養成課程における取り組み」（2009年10月）桜井政成・津止正敏編『ボランティア教育の新地平――サービスラーニングの原理と実践』ミネルヴァ書房 pp.258-269.
- 「出生前選別とリプロダクティブ・ライツ～1970年代の女性解放運動と障害者運動が示唆するもの」（印刷中）『JIU女性学』城西国際大学ジェンダー・女性学研究所

プライバシーに触れる資料につきましては個人名を特定できないように細心の注意を払うとともに、研究発表として使用する際も個人を特定・推察できない形で使用いたします。

この調査結果は分析・考察ののち、博士学位申請論文として提出すると共に、明治学院大学の図書館に所蔵いたします。上記にありますように、提出の際はプライバシーに十分に配慮いたしますので、ご了解いただきますようお願いします。

また、短い論文にまとめて学術雑誌に発表したり、論文を出版することになった際には、原稿段階で確認をお願いする予定をしております（承諾書に記載いただいた連絡先にご連絡いたします）。その際、インタビュー内容の掲載をためらわれる場合には、お知らせください。削除すべき箇所や体裁などをご相談できればと考えています。

また、謝礼として誠にわずかですが２千円を用意しております（お手数ですが、サインまたは捺印をお願いいたします）。また、インタビューにご協力いただくためにかかった交通費や手話通訳者やパソコン文字通訳者など情報保障者および介助者への謝礼（２千円＋交通費／回）、駐車料金などの経費は、お支払いたします。なお、本調査は、住友生命の第4回「未来を築く子育てプロジェクト」女性研究者への支援の研究テーマ「出生前選別をめぐる女性障害者の語り」の助成を2011年4月から2013年3月まで受けています。

この調査を実施する二階堂と指導教員である柘植あづみ先生の連絡先は以下です。ご不明な点がございましたら、ご遠慮なく、以下までお問い合わせください。

明治学院大学大学院社会学研究科社会学専攻博士後期課程
二階堂祐子
　大学の住所・電話番号・ファクシミリ番号、メールアドレスの記載（本書では割愛する）

明治学院大学社会学部教授
柘植あづみ先生
　大学の住所・電話番号・ファクシミリ番号、メールアドレスの記載（割愛）

この調査は、以下の大学の委員会で承認されています。調査に関して疑問や質問があればご連絡ください。
　大学の住所・電話番号・ファクシミリ番号、メールアドレスの記載（割愛）

付属資料 1

「障害のある女性／男性の語る妊娠・出産・出生前検査」インタビュー調査ご協力のお願い

2011年8月

私は、明治学院大学大学院社会学研究科博士後期課程に在学する二階堂祐子と申します。今回、「障害のある女性/男性が語る妊娠・出産・出生前検査」に関するインタビュー調査へのご協力をお願いいたしたく、お手紙をします。

このインタビュー調査は、障害のある女性／男性が、妊娠・出産・出生前検査についてどのように考えているのかを知りたくて計画しました。お話を伺うのは、これらの経験を実際にされた方と、これから経験をするかもしれない方の両方です。

インタビューでは、障害のある女性が妊娠や出産、出生前検査について何を思ってきたのか、障害のある男性はパートナーの妊娠や出産、出生前検査に寄り添うとき、何を思ったのか、自分たちの子どもが障害をもつかもしれないことを、そして、胎児の障害を「発見」するための医療技術が使えるということをどう考えているのか。それらについて詳しくお話を伺います。また、パートナーや家族、医療関係者・教育関係者との関係、障害とのつきあいかたなどについてもお伺いしたいと考えています。そこから、私たちの生きる社会が規定する「障害をもつこと」「治ること」「生産的であること」「女性であること」「男性であること」等を私たちがいかに引き受け、あるいは、いかに退けながら生きているのかが見えてくるのではないかと思っています。

インタビューの時間はおよそ1時間半を予定していますが、お話の内容によって前後します。場所はプライバシーを保持できる場所を設定しますので、適切な場所についてご相談させていただきたく存じます。なお、調査にご協力いただく方のコミュニケーション手段に合わせて、インタビューに要する時間、インタビューの場所、質問方法、手話通訳者やパソコン文字通訳者などの情報保障者や介助者の体制等の準備をいたします。

インタビューは原則として録音させていただき、その後、文字に起こして資料にいたします。調査中にお話したくないことはお話いただかなくて結構ですし、途中で止めていただいても構いません。

ま

や

ら

わ

は

た

な

か

さ

索　引

ⓐ本文と「語り」に出現した言葉である。
ⓑ文献一覧と「付属資料１～４」のページは対象から外した。

アルファベットと数字

あ

二階堂祐子 Nikaido Yuko

1976年生まれ。明治学院大学大学院社会学研究科博士後期課程修了。博士（社会学）。現在、国立民族学博物館超域フィールド科学研究部外来研究員、奈良先端科学技術大学院大学男女共同参画室特命准教授、近畿大学非常勤講師。専門は医療社会学。

共著として、『出生前診断とわたしたち――「新型出生前診断」（NIPT）が問いかけるもの』（生活書院、2014年）。論文として、「遺伝情報に託される意味――遺伝性疾患のある当事者の語りから」（『科学技術社会論研究』17号、2019年）など。

生《い》きられた障害《しょうがい》

障害のある人《ひと》が、妊娠《にんしん》、出生前検査《しゅっしょうまえけんさ》、親《おや》や子《こ》どもについて、語《かた》ったこと

2022年9月20日　初版 第1刷発行

四六判・総頁数412頁（全体416頁）

著者　二階堂祐子

発行者　竹中尚史

本文組版・装幀
装画とイラスト　洛北出版

発行所　洛北出版

606-8267
京都市左京区北白川西町 87-17

tel / fax　075-723-6305

info@rakuhoku-pub.jp

http://www.rakuhoku-pub.jp

郵便振替　00900-9-203939

印刷　シナノ書籍印刷

定価はカバーに表示しています
落丁・乱丁本はお取り替えいたします

Printed and bound in Japan

ISBN 978-4-903127-33-0　C0036

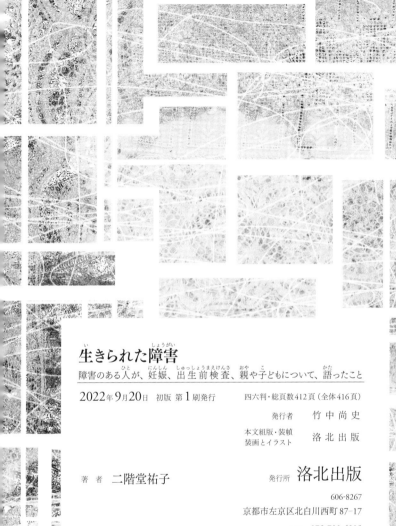

排除型社会　後期近代における犯罪・雇用・差異

ジョック・ヤング 著　青木秀男・岸 政彦・伊藤泰郎・村澤真保呂 訳

四六判・並製・542頁　定価（本体2,800円＋税）

「包摂《ほうせつ》型社会」から「排除型社会」への移行にともない、排除は3つの次元で進行した。⑴労働市場からの排除。⑵人々のあいだの社会的排除。⑶犯罪予防における排除的活動——新たな形態のコミュニティや雇用、八百長《やおちょう》のない報酬配分を、どう実現するか。

レズビアン・アイデンティティーズ

堀江有里 著　四六判・並製・364頁　定価（本体2,400円＋税）

生きがたさへの、怒り——「わたしは、使い古された言葉〈アイデンティティ〉のなかに、その限界だけでなく、未完の可能性をみつけだしてみたい。とくに、わたし自身がこだわってきたレズビアン（たち）をめぐる〈アイデンティティーズ〉の可能性について、えがいてみたい。」——たった一度の、他に代えられない、渾身《こんしん》の一冊。

妊 娠　あなたの妊娠と出生前検査の経験をおしえてください

柘植あづみ・菅野摂子・石黒眞里 共著

四六判・並製・650頁　定価（本体2,800円＋税）

胎児に障害があったら……さまざまな女性の、いくつもの、ただ一つの経験——この本は、375人の女性にアンケートした結果と、26人の女性にインタビューした結果をもとに、いまの日本で妊娠するとはどんな経験なのかを、丁寧に描いています。

不妊、当事者の経験　日本におけるその変化20年

竹田恵子 著　四六判・並製・592頁　定価（本体2,700円＋税）

不妊治療は、少しずつ現在のような普及に至った。昔と比べ、治療への敷居《しきい》は低くなった。とはいえ、治療を実際に始めるとなると、ほとんどの人は、戸惑い、不安、迷い、焦《あせ》りなどの、重い感情を経験する。不妊治療に対するこのような感情は、何が原因で生じるのか。このような感情は、不妊治療が普及していったこの20年間で、どのように変化していったのか。

この本は、二つの時代（2000年代と2010年代）に不妊治療を受けた当事者への、インタビュー調査とアンケート調査をもとに書かれている。日本の家族形成、労働環境、インターネット（情報通信技術の進展）、公的支援などを視野に入れ、医療の素人《しろうと》である当事者が編《あ》み出す、不妊治療への対処法を明らかにしている。

2022年8月1日時点
在庫のある書籍

何も共有していない者たちの共同体

アルフォンソ・リンギス 著　野谷啓二 訳　田崎英明・堀田義太郎 解説

四六判・上製・284頁　定価（本体2,600円＋税）

私たちと何も共有するもののない——人種的つながりも、言語も、宗教も、経済的な利害関係もない——人びとの死が、私たちと関係しているのではないか？ すべての「クズ共《ども》」のために、出来事に身をさらし、その悦《よろこ》びと官能を謳《うた》いあげるリンギスの代表作。

食人の形而上学　ポスト構造主義的人類学への道

エドゥアルド・ヴィヴェイロス・デ・カストロ 著　檜垣立哉・山崎吾郎 訳

四六判・並製・380頁　定価（本体2,800円＋税）

ブラジルから出現した、マイナー科学としての人類学。アマゾンの視点からみれば、動物もまた視点であり、死者もまた視点である。それゆえ、アンチ・ナルシスは、拒絶する——人間と自己の視点を固定し、他者の中に別の自己の姿をみるナルシス的な試みを。なされるべきは、小さな差異のナルシシズムではなく、多様体を増殖《ぞうしょく》させるアンチ・ナルシシズムである。

親密性

レオ・ベルサーニ ＋ アダム・フィリップス 著　檜垣達哉 ＋ 宮澤由歌 訳

四六判・上製・252頁　定価（本体2,400円＋税）

暴力とは異なる仕方で、ナルシシズムを肥大《ひだい》させるのでもない仕方で、他者とむすびつくことは可能なのか？　クィア研究の理論家ベルサーニと、心理療法士フィリップスによる、「他者への／世界への暴力」の廃棄をめぐる、論争の書。

荷を引く獣たち　動物の解放と障害者の解放

スナウラ・テイラー 著　今津有里 訳　四六判・並製・444頁　定価（本体2,800円＋税）

もし動物と障害者の抑圧がもつれあっているのなら、もし健常者を中心とする制度と人間を中心とする倫理がつながっているのなら、解放への道のりもまた、交差しているのではないか。壊れやすく、依存的なわたしたち動物は、ぎこちなく、不完全に、互いに互いの世話をみる。本書はそのような未来への招待状である。アメリカン・ブック・アワード（2018年度）受賞作品！

立身出世と下半身　男子学生の性的身体の管理の歴史

澁谷知美 著　四六判・上製・605頁　定価（本体2,600円＋税）

少年たちを管理した大人と、管理された少年たちの世界へ——。大人たちは、どのようにして少年たちの性を管理しようとしたのか？　大人たちは、少年ひいては男性の性や身体を、どのように見ていたのか？　この疑問を解明するため、過去の、教師や医師による発言、学校や軍隊、同窓会関連の書類、受験雑誌、性雑誌を調べ上げる。

DISABLED PEOPLE'S NARRATIVES ON PRENATAL TESTING: THE LIVED EXPERIENCE OF DISABLED INDIVIDUALS